Tauroggen
Memel
Tilsit
Kauen
(Kowno)
Gumbinnen
310
Sudauen
Mauer-See
Lötzen
Lyck
Grodno
Lomscha
Bialystok
Narew
Bug
Warschau
Siedlce
Brest-Lit

Petra Reski

Ein Land so weit

Petra Reski

Ein Land so weit

List

Bildnachweis: S. 17, S. 229 © Hanns-Jörg Anders/Stern
Alle übrigen Abbildungen stammen
aus dem Familienarchiv von Petra Reski

Der List Verlag ist ein Unternehmen der
Econ Ullstein List Verlag GmbH & Co. KG

ISBN 3-471-78567-1

Gesetzt aus der Berling und der Medici Script
bei Josefine Urban – KompetenzCenter, Düsseldorf
Druck und Bindung: GGP Media, Pößneck

Für meine Großmutter

Inhalt

Prolog

Meine Familie hatte immer die schönsten Beerdigungen. Eine Bergmannskapelle spielte das Ostpreußenlied, die Friedhofshalle quoll über von Trauernden, der Sarg war umgeben von einem Kranzgebirge aus Chrysanthemen, Astern und Nelken, und meine Verwandten weinten. Sie drückten ihre Tränen nicht diskret in Taschentücher, sondern weinten laut, sie stöhnten und jammerten und allen liefen die Nasen. Meine Großmutter bebte unter Tränen, meinem Großvater tropfte es vom Kinn, meine Tanten keuchten mit nasser Brust, und wir Kinder heulten, bis wir Schluckauf kriegten. Die drei Großtanten aus Leverkusen schluchzten, die Großcousins und die Schwippschwäger aus dem Bergischen auch, und wir alle lagen uns in den Armen und versuchten vergeblich, uns zu trösten. Am Ende waren sogar die Schulterpolster von den entfernten Großonkeln nass geweint, Großonkel, deren Namen ich immer durcheinander brachte, weil ich sie außer zu runden Geburtstagen, Hochzeiten und Beerdigungen nie zu Gesicht bekam. Bist doch die Tochter vom Hejini, sagten die Großonkel zu mir. Ach der Hejini, sagten sie, neji, neji, neji. Und schüttelten den Kopf, drückten mich an sich und weinten mir in den Nacken. Ich habe es geliebt.

Bei den Beerdigungen wurde mir die unendliche Weite unserer ostpreußischen Verwandtschaft vor Augen geführt. Gapowskis und Kosslowskis und Meszelinskis und Zakowskis. Und alle waren irgendwie mit mir verwandt. Nu, wejisst nich?, sagte meine Großmutter, ist doch der Paul. Der Bruder vom Anton. Neji, nicht der Toni aus Leverkusen! Der Anton aus dem Sauerland!

Als meine Großmutter starb, war es noch einmal so wie in meiner Kindheit. Ein letztes Mal. Alle waren da und erwiesen ihr die letzte Ehre, ihr, der Herrscherin, die großherzig nach innen und mitleidslos nach außen regiert hatte. So viele Trauernde waren gekommen, dass manche keinen Platz mehr fanden und die Predigt über den Lautsprecher draußen auf dem Friedhofsvorplatz verfolgen mussten. Die Großtanten waren da, die Großonkel, Großneffen und Großnichten. Die Schwippschwäger, Enkel, Schwiegertöchter und Schwiegersöhne, die Nachbarinnen und Bekannten. Tagelang hatte Onkel Oskar Trauerkarten adressiert, er hatte schon lange die geschäftliche Korrespondenz meiner Großmutter geführt, nur die private hatte sie sich nicht nehmen lassen. Nie hätte Onkel Oskar es sich verziehen, auch nur eine Kegelschwester meiner Großmutter zu übergehen. Nur eine große Beerdigung ist eine schöne Beerdigung. Schließlich braucht man Gesellschaft, im Leben wie im Tod.

Für meine Großmutter hatte alles als Anlass zum Feiern getaugt. Taufen, Scheidungen und Sparclubjubiläen, Kommunionfeiern, goldene Hochzeiten und Beerdigungen. Eine Trauerfeier im kleinen Kreis wäre für sie und damit für die ganze Familie undenkbar gewesen. Gottlos. Etwas für jene, die im ganzen Leben keinen einzigen Schnaps angerührt hatten und darauf auch noch stolz waren. Die nichts vom Leben vertragen konnten. Solche mussten eben ohne Begleitung unter die Erde. Bei uns gab es so etwas nicht. Bei uns musste ein Menschenmeer her, der Friedhof überquellen, die Trauernden sich um den Toten drängeln und ihn unter Tränen begraben – und unter einem Berg von Kränzen, der bis in den Himmel reichte.

Vor der Trauerhalle stapelten sich die Kränze und Blumengestecke für meine Großmutter. Wie immer Chrysanthemen, Astern und Nelken. Die drei Großtanten standen vor der Trauerhalle, sie begrüßten zitternd die anderen Trauernden und weinten in den Januarwind. Großtante Babe, die mit meiner Großmutter immer im Kanon gesungen hatte, betrat als Erste die Halle. Die Tante sah aus, als wäre sie vor Trauer geschrumpft, wobei ihr die Brille auf die Nasenspitze gerutscht war. Daneben stand Großtante Rosa, die Jüngste der vier Schwestern. Sie hatte das gleiche schöne Landarbeiterinnengesicht wie meine Großmutter, eine Haut, die nur von der Sonne gestreift werden musste, um sich von elfenbeinfarbener Blässe in dunkelbraunes Leuchten zu verwandeln. *Schwarzbraun ist die Haselnuß*. Hinter ihnen Großtante Mia. Sie hatte die breitesten Schultern, den stärksten Damenbart und die schwärzesten Augenbrauen der ganzen Familie. Zeitlebens hatte sie lauter gesungen, unversöhnlicher gezankt und treffsicherer beleidigt als ihre drei Schwestern. Nicht mal ihr künstlicher Darmausgang hatte es geschafft, sie milde zu stimmen, hieß es, eine Charakterfestigkeit, die meine Familie zu schätzen wusste.

Aus den kleinen, verkalkten Zapfen der Waschbetondecke tropfte es wie in einer Tropfsteinhöhle. Unzählige Nasen schnauften gleichzeitig in Taschentücher, als gelte es, die Gewissheit herbeizuschnaufen, noch am Leben zu sein. Die Großtanten setzten sich in die zweite Reihe, starr und klein und frisch frisiert starrten sie auf den Sarg ihrer Schwester und bissen in die Taschentücher. Alle drei hatten sich kleine, silbergraue Königspudellocken drehen lassen, mit denen sie ungewöhnlich zerbrechlich aussahen. Der Pfarrer bog das Mikrophon zu sich hin, und es fiepte gequält. Die Predigt. Ich hoffte, dass sie bewegend sein würde. Nur eine bewegende Predigt war eine schöne Predigt, so hatte ich es von meiner Großmutter gelernt. Bloß kein geistloses Nachbeten von Altbekanntem aus der Bibel, Johannes irgendwas. Nein, sie sollte auf das Leben des Toten bezogen sein, ihn rühmen und preisen, gleichzeitig die Lebenden trösten, jedoch ohne sie zu belästigen, etwa mit Ermahnungen zu häufigerem Kirchgang oder überhaupt zu gottesfürchtigerem Lebenswandel. Der Pfarrer fasste sich kurz. Das Leben meiner Großmutter, der Krieg, die Flucht, die sieben Kinder passten in einen Nebensatz. Seine Predigt wurde von Schluchzen getragen, es hallte gegen die

Wände und tropfte auf den Boden. Ich hörte, wie meine Tante schluchzte: Mamma! Mamma! Mamma, mit zwei M.

In den ersten beiden Reihen saßen ihre Kinder und wir Enkel. Mein Großvater war schon einige Jahre vor meiner Großmutter gestorben. Die Familie, das war unsere Renate, unsere Leni, unser Oskar, unsere Ursel, unser Roland, unser Heiko, unser Olaf. Unsere Astrid, unser Thorsten, unser Andreas. Unsere Silvia, unser Ralf. Man konnte als Unserer nur geboren werden, nicht einheiraten. Als die Fremden kamen, hatte meine Großmutter immer gesagt und gemeint: Blut ist dicker als Wasser. Ihr Ton hatte keinen Zweifel darüber aufkommen lassen, dass der Einzug der Schwiegertöchter und Schwiegersöhne für sie der Anfang vom Ende war. Sie hätte eine großartige Mafiosa abgegeben. *Carne di carne e carne di contratto,* wie es in Sizilien heisst, Fleisch aus Fleisch geht vor Fleisch per Vertrag. Meine Großmutter hielt es genauso. Und wenn sie sich hätte entscheiden müssen zwischen meinem Großvater, der letztendlich auch nur Fleisch per Vertrag war, und ihren Kindern – sie hätte sich gegen ihn entschieden.

In den Reihen hinter der engsten Familie saßen die Schwäger und Cousins, die Nichten und Neffen meiner Großmutter. Die SPD-Frauengruppe Mitte, der Sparclub Heidekrug, die Hausgemeinschaft Bogenstraße bekam keinen Platz mehr und musste draußen stehen und frieren. Zuerst kommt die Familie. Großtante Babe sang sehr laut und sehr hoch. *Christus, mein Herr.* Ihre Stimme schraubte sich in immer höhere Tonlagen, bis sie dünner und dünner wurde und schließlich ganz abhanden kam. Sie räusperte sich kurz und setzte etwas tiefer wieder an. Während sie sang, schaute sie auf den Sarg, und ich sah, wie das Gebetbuch in ihren Händen zitterte. Onkel Oskar und Großonkel Toni sangen auch sehr laut, aber sie bemühten sich vergebens, die von Großtante Babe vorgegebene Tonlage zu treffen. Wir Enkel sangen nicht, sondern bewegten nur verlegen die Münder.

Die Großtanten waren schon am Vortag angekommen, um noch von ihrer toten Schwester Abschied nehmen zu können. Der Sarg meiner Großmutter war von ihnen für anständig befunden worden: poliertes Nussbaum, genau wie die Wohnzimmerschrankwand. Meine Großeltern, meine Tanten und meine Onkel gingen abwechselnd in die Leichenhalle. Willst sie noch mal sehen?, wurde jeder der angereisten Verwandten gefragt. Niemand hätte gewagt, das Angebot abzulehnen. Zwischen den Besuchen in der Leichenhalle versammelten sich alle im Wohnzimmer meiner Großeltern, die einen kamen von der Toten, die anderen gingen zu ihr hin, und dazwischen tranken alle Schnaps, weinten und rauchten. Wir gingen morgens nach dem Frühstück, kurz vor dem Mittagessen und nach dem Kaffeetrinken, die Tote sollte so wenig wie möglich allein sein.

Von der Decke der Trauerhalle tropfte es weiter. Zwei Buchsbäume standen neben dem Sarg stramm, dahinter wuchs sich ein Gummibaum um den Verstand. Onkel Oskar schluckte knackend. Das Vaterunser wurde gebetet. Alle hielten die Köpfe gesenkt und die Hände gefaltet. Das Vaterunser kam zäh daher, flüssiger bei den

Kirchgängern, schleppend bei den anderen, sie stockten, als trügen sie ein Gedicht vor und erinnerten sich nicht mehr, wie die nächste Strophe ging. *Vater unser, der Du bist im Himmel, geheiligt werde Dein Name, Dein Reich komme* … Der Pfarrer fuchtelte mit den Armen, als wollte er uns beim Beten anfeuern. Es verlor sich in Murmeln. Die Orgelmusik rettete unser Ansehen, singen oder so tun als ob konnten alle.

Dann traten wir an die Luft, eine schwarze, schnaufende Gesellschaft im Winternebel. Das Beten und Singen hatte uns alle einen Augenblick lang vom Weinen abgehalten, aber jetzt erfasste es uns wieder mit Wucht. Großonkel Toni weinte durch die Nase. Es tropfte so schnell, dass er mit dem Abputzen nicht nachkam. Der Tropfen an seiner Nase schimmerte wasserklar. Auch die Freunde der Familie verloren allmählich die Fassung und begannen, mit uns um die Wette zu weinen. Die Kegelschwestern meiner Großmutter jammerten laut um ihre Anja, die Frauen vom SPD-Frauenverein schluchzten, und vom Doppelkinn des Sparclubvorsitzenden tropfte es. Der Sarg rollte auf einem Wagen mit Gummirädern voran.

Schließlich standen wir vor dem offenen Grab. Die Grabstelle war mit grünem Kunststoffrasen ausgeschlagen, dem gleichen, der auch dem Balkon meiner Großeltern einen Hauch von Sommerfrische verliehen hatte. Langsam wurde der Sarg in das grüne Grab herabgelassen, und der Pfarrer segnete ihn. Durch die Luft flogen Weihwassertropfen.

Nach der Beerdigung besuchten meine Tanten und Onkel das Grab meiner Großmutter zwei Mal täglich, sie gingen vormittags und nachmittags, sie zählten die Kränze und notierten die Absender, sie kannten jeden letzten Gruß auswendig, jedes *Für immer unvergessen* in Fraktur tröstete sie, jedes *IN LIEBE* in Versalien, jedes goldene *Stille Gedenken* richtete sie wieder auf. Sie gingen so lange zum Grab, bis die Blumen säuerlich rochen und die Inschriften der Kranzschleifen unter dem Regen verlaufen waren.

Danach wurden immergrüne Pflanzen auf das Grab gesetzt.

1. Nu wejinense ruhich, Froilain

Danziger Grableuchten. Seitdem ich sie sah, gehen mir die Beerdigungen nicht mehr aus dem Kopf. Unweit des Langen Markts entdeckte ich sie in einem Supermarkt. Grableuchten im Sonderangebot, gelb und grün und blau und violett, aufgetürmt wie Gemüse, so herrlich bunte Grableuchten, wie meine Großmutter und ich sie geliebt haben. Ich nehme eine lila Grableuchte von dem Regal und überlege, ob ich sie kaufen soll. Ich drehe und wende sie und denke daran, wie das Grab aussah, wenn meine Großmutter am Totensonntag bereits vor uns da gewesen war. Es leuchtete schon von weitem. Lila Lämpchen strahlten rechts und links neben dem Grabstein, rote davor, blaue und gelbe neben dem Herbstgesteck aus Spinnenchrysanthemen, in der Mitte des Grabes formierten kleinere Lichter ein glühendes, buntes Kreuz. Ein grün-gelb-blau-lila Grab. Es sah fantastisch aus. Es flirrte und flimmerte und schillerte wie eine Erscheinung, und ich fühlte, wie mein Gesicht glühte und ich im Widerschein der bunten Lichter ganz fromm wurde. *Ich bin klein, mein Herz ist rein, soll niemand drin wohnen als Jesus allein, Amen.* Es fehlten nur noch der Weihrauch und die Orgelmusik, und wenn mir in diesem Moment der Sohn Gottes erschienen wäre, hätte es mich nicht gewundert. Gott ist bunt, dessen war ich gewiss. Jedes Kirchenfenster war der Beweis. Ich schloss die Augen und sah

Jesus auf einer bunt leuchtenden Wolke winkend vorbeischweben.

Ja, was ist denn hier los, mein Gott, das sieht ja aus wie an Karneval!, rief meine Mutter empört. Eilig sammelte sie die bunten Lichter auf, obwohl sie noch gar nicht abgebrannt waren, und ersetzte sie durch rote. Ich stand daneben, blickte auf meine Fußspitzen und schwieg betreten. Ich ärgerte mich, dass ich nicht den Mut aufbrachte, die bunten Lichter zu verteidigen. Meine Mutter spürte meinen Widerstand und versuchte mich mit dem Angebot zu locken, das ewige Licht anzuzünden. Das ewige Licht war eine vor dem Grabstein fest eingemauerte Leuchte, bei der sich ein kleines Türchen öffnen ließ. Ich schob eine dicke Kerze durch die Tür und tröstete mich mit der Aussicht, dass sie selbst dann noch brennen würde, wenn Wind und Regen die bunten Lichter bereits ausgelöscht hätten.

Ich versuchte mir den Hang meiner Mutter zum Einfarbigen durch ihre Herkunft zu erklären: Sie kam nicht aus Ostpreußen, sondern aus Schlesien, genauer gesagt aus Oberschlesien, und vielleicht waren die Oberschlesier zur Einfarbigkeit erzogen worden? Ein weiterer Beweis für den oberschlesischen Hang zur Einfarbigkeit schien mir unser Weihnachtsbaum zu sein, den meine Mutter immer nur ganz in Weiß oder ganz in Silber schmückte, er war nie bunt wie der meiner Großmutter, die ohne jede Rücksicht auf farbliche Harmonien einfach all das an den Weihnachtsbaum hängte, was sie am Weihnachtsmorgen in irgendwelchen Kartons fand.

Langfristig musste sich jedoch auch meine Großmutter an einfarbige Grablichter gewöhnen, denn der gute Geschmack setzte sich auf allen Friedhöfen durch, bis man nirgendwo mehr bunte Grableuchten bekam.

Außer hier in Polen. Hier stehen sie wieder vor mir, angespült aus meiner Kindheit. In Polen sind sie nie aus der Mode gekommen. Also nutze ich die Gelegenheit und kaufe eine lila Grableuchte und eine gelbe noch dazu.

Als ich aus dem Supermarkt wieder auf die Straße trete, wölbt sich der Himmel über Danzig so hoch und endlos blau, dass sich die Kirchturmspitzen darin verlieren. Von der Katharinenkirche fällt *Freude, schöner Götterfunken* herab, es streift die Patrizierhäuser und sogar den sozialistischen Klotz von Orbis-Hotel, es perlt von den Dächern der Supermärkte und fliegt durch die ganze Stadt bis hin zur Lenin-Werft. Hanna und ich laufen dem Klang hinterher. Unser Ziel ist das Büro des ARBEITERFÜHRERS. Ihm verdanke ich, überhaupt nach Polen gekommen zu sein. Als Journalistin. Zum ersten Mal zu jener Zeit, als Jaruzelski noch mit schwarzer Brille die Militärparaden abnahm und die Demonstranten mit Tränengas auseinander trieb. Polen war für mich damals ein Land gewesen, das weiter weg war als der Mond. Es rückte mir erst näher, als ein Danziger Hotelportier meinen Namen las und fragte: Nun, Ihr Name, Reski, sind Sie nicht Polin? Ich zögerte. Was sollte ich ihm antworten? Meine Eltern kommen aus … ja … aus Polen, sagte ich. Er sah mich verwundert an. Und Sie sprechen kein Polnisch? Ich schüttelte den Kopf. Er sah mich voller Bedauern an. Und jetzt bin ich wieder hier und spreche immer noch kein Polnisch. Wie immer in Polen muss Hanna für mich sprechen. Ich kann nur sagen: Ich verstehe nicht. *Nie rozumiem*. Oder: Guten Tag. *Dzien dobry*. Oder: Die Rechnung bitte. *Prosze o rachunek*.

Walesas Büro ist nicht weit von der Lenin-Werft entfernt. Der ARBEITERFÜHRER residiert im dritten Stock des alten backsteinroten Gewerkschaftshauses, mit spinatgrün gestrichenen Fluren und gewellten Linoleumböden. Als wir die Treppen hochsteigen, sehe ich einen schwarzen Schatten. Eine alte Frau läuft durch die Gänge, gebeugt, mit Kopftuch und Schürze. Im Arm hält sie einen Korb, darin liegen armselig verwelkte Sträußchen aus Schlüsselblumen, Margeriten und Gänseblümchen, die sie mit Nähgarn zusammengebunden hat. Sie klopft an jedem Zimmer an, aber alle sind verschlossen. Schließlich gelangt sie auch an das Zimmer des ARBEITERFÜHRERS. Während sie wartet, bis ihr jemand öffnet, sortiert sie ihre Sträußchen. Margeriten an Margeriten, Schlüsselblumen an Schlüsselblumen, Gänseblümchen an Gänseblümchen. Die Frau hebt die leblosen Sträußchen ganz behutsam an und flüstert ihnen leise etwas zu, als wollte sie ihnen Mut zusprechen. Nun geht die Tür auf und heraus springen zwei Leibwächter, die so laut auf die alte Frau einreden, als sei sie taub. Sie nehmen sie in die Mitte, wobei der Korb mit den Blumen zu Boden fällt. Die beiden Leibwächter raffen eilig die Sträußchen zusammen und werfen sie wieder in den Korb. Die Frau wendet den Kopf von ihnen ab und blickt uns an. Dann wird sie weggeführt.

Walesa sitzt hinter seinem Schreibtisch wie eine Gewitterwolke. Er blickt uns an wie ein Fürst seine illegitimen Töchter anblicken würde, wenn sie bei ihm vorstellig würden, um ihre Rechte gelten zu machen. Sein Büro gleicht einer Mönchszelle. Außer einem Kreuz, das über seinem Kopf schwebt, schmückt nichts das Zimmer, kein Buch steht im Regal, keine Zeitung liegt herum. Auf seinem Schreibtisch ruhen seine Insignien, ein blauer Solidarność-Kalender und eine große Steinguttasse mit dem Solidarność-Abzeichen, in der ein Beutel Kräutertee zieht. Daneben liegt ein Bernsteinbrocken. Ein Leibwächter bleibt wie ein Lakai vor der Tür stehen, der andere hat das Zimmer des Fürsten nach uns betreten. Mit einem Kopfnicken wird ihm bedeutet, auf einem Stuhl in der Nähe der Tür Platz zu nehmen. Das Telefon klingelt.

Ich schaue aus dem Fenster. Die Kirchturmspitzen stechen schwarz wie Scherenschnitte vom Himmel ab. Ab und zu rennt eine Wolke durch das Bild, getrieben vom Ostseewind. Und von Danzig aus nahmen wir das Schiff, sagte meine Großmutter immer. Und ich bemerkte dann: Aber heute heisst es Gdansk. Sie überging meine Bemerkung und erzählte weiter. Lauernd wiederholte ich: Gdansk, Gdansk! Von wegen: immer schon deutsch! Ich korrigierte sie ebenso unerbittlich wie folgenlos. Dies war Teil meines Kampfes gegen die Revanchisten: Jeden, der Danzig sagte, hielt ich für einen heimlichen Heim-ins-Reich-Deutschen, jeden, der vergaß, vor Ostpreußen das Wort »ehemalig« einzufügen, für einen unbelehrbaren Deutschland-Deutschland-über-alles-Deutschen. Sie hatten schließlich den Krieg angefangen, da schien es mir nur gerecht, dass sie ihre Heimat verlassen mussten. Nu, was wejisst schon, hatte meine Großmutter geantwortet und mich dabei nicht mal angesehen. Wo der Hafen hier wohl ist?, frage ich mich jetzt. Ob von Danzig aus wieder Schiffe nach Deutschland fahren?

Jetzt wendet ER sich uns zu. Sein Schnurrbart ist weiß geworden. Weißer als zu der Zeit, als wir uns noch im Hof der Brigittenkirche um ein Interview mit ihm schlugen. Der Schnurrbart teilt sein Gesicht in zwei Teile, zwei Drittel des Gesichtes liegen oberhalb des Schnurrbarts, ein Drittel darunter. Das Kinn duckt sich, und wäre der Schnurrbart nicht gewesen, der dem unteren Drittel des Gesichts eine gewisse Bedeutung verleiht, dann wäre das Gesicht ohne jede Ankündigung in den Hals übergegangen. Er sitzt in einem braunen Plastiksessel und trägt ein blaues Hemd und ein braunes Jackett. An seinem Revers steckt eine winzige Madonna von Tschenstochau. Ungeduldig rührt er in seinem Kräutertee. Der Leibwächter sitzt da wie ein treuer Hofhund und lässt keinen Zweifel daran, dass er zubeißen wird, sobald wir eine verdächtige Bewegung machen. Der ARBEITERFÜHRER sagt etwas, was sich anhört wie *prosze o rachunek*, ein Missverständnis meinerseits, denn er hat Hanna nicht um die Rechnung gebeten, sondern sie ermahnt, ihn nicht zu unterbrechen. Also wartet sie bis zum Auströpfeln eines jeden Wortschwalls, um ihn dann im Ganzen zu übersetzen. Seine Stimme klingt heiser, und er spricht ohne Pause. Während ich auf die Übersetzung warte, höre ich, wie draußen schon wieder die *Freude, schöner Götterfunken* vorbeifliegt. Die Silhouette Danzigs mit den Patrizierhäusern sieht vor dem türkisfarbenen Himmel aus, als säße ich in einer überdimensionalen Schneekugel.

Ich habe das richtige Saatgut gesät, sagt der ARBEITERFÜHRER. Und jetzt warte ich auf die Ernte. Als ich ein Kind war, habe ich die Landwirte beobachtet. Ich sah, wie sie Saatgut auf den Boden streuten. Je größer das Feld war, umso mehr streuten sie. Und so war das auch bei mir. Ohne mich wäre die Mauer nicht gefallen! Zwar haben andere das verwirklicht, aber ohne mich wäre es nicht möglich gewesen. Es gibt viele, viele andere Dinge …

Ich höre ihn reden und finde ihn traurig. Die Welt hat sich ohne ihn weiter gedreht. Und er hat es nicht gemerkt. Alles an ihm stimmt mich traurig, sein weißer Schnurrbart, seine Lakaien, seine Solidarność-Tasse, seine Art zu sprechen, alles. Aber ohne ihn hätte ich nie erfahren, dass es DIE HEIMAT wirklich gibt. Ich erinnere mich an meine erste Fahrt von Warschau nach Danzig, mitten im Winter, als mir Hanna sagte: Wir fahren jetzt durch Ermland und Masuren. Und ich schwieg. Ich traute mich nicht zu sagen: Lass uns doch kurz anhalten. Weil sie mich vielleicht für eine Revisionistin halten würde.

Auf dem Schreibtisch des ARBEITERFÜHRERS erblicke ich einen Bernsteinbrocken. Das Gold der Ostsee. So nannte es mein Großvater – mit einem Pathos, als sei er der Minenbesitzer. Meine Großmutter besaß eine Kette aus Bernstein, die sie in einer Samtschatulle in ihrer Frisierkommode aufbewahrte und nur zu besonderen Anlässen anlegte. Es war ihr Lieblingsschmuck. Verwandte aus Ostpreußen hatten sie ihr geschickt. Es war eine Kette mit unregelmäßig großen, honiggelben Steinen, in denen Krümel, kleine Luftblasen und winzige Fliegen eingeschlossen waren. Jedes Mal, wenn sich meine Großmutter die Kette anlegte, starrte ich auf die toten ostpreußischen Fliegen, die nun auf dem Dekolleté meiner Großmutter ruhten, und schauderte. Jedem, der es hören wollte, erklärte sie, dass diese Kette aus der HEIMAT komme. Dabei fasste sie immer kurz an die Kette, wie um sich zu vergewissern, ob die HEIMAT noch da war. Anders als meine ostpreußische Großmutter sprach meine schlesische Mutter nicht von der HEIMAT, sondern sagte immer nur »bei uns zu Hause«. Das machte mich jedes Mal etwas betroffen, denn sie meinte damit ja nicht das Zuhause, das sie mit mir teilte, sondern ihre richtige HEIMAT, woraus ich schloss, dass sie sich mit mir keineswegs richtig zu Hause fühlte, und das stimmte mich etwas traurig. Es schmerzte mich, dass meine Mutter kein Zuhause mehr hatte, ich hätte ihr gerne geholfen, aber offenbar konnte sie auch unser gemeinsames Zuhause nicht wirklich trösten. Die HEIMAT war für mich eine heikle Angelegenheit, etwas, das man besingen und beweinen musste, und ich war froh, dass ich mit so etwas nicht geschlagen war. Ich nahm mir vor, mich in meinem Leben auf gar keinen Fall mit einer HEIMAT zu belasten. Ich würde um das Ruhrgebiet garantiert nicht weinen. Ich hatte das bereits unter Beweis gestellt, als ich zum ersten Mal allein in Ferien fuhr, zu meiner Tante Renate in den Schwarzwald. Da hatte mir das Ruhrgebiet keineswegs gefehlt, im Gegenteil, ich fand den Schwarzwald entschieden schöner, überall Wald und Berge, jede Menge Blaubeeren und Bauernhöfe und Bäche, in denen man baden konnte. Ich wollte überall leben können. Und nie Heimweh haben. Ich sah nicht ein, wie man eine Gegend aus dem alleinigen Grunde lieben konnte, dass man dort geboren worden war. Eine Liebe zu einem Landstrich war das Allerletzte, was ich in meinem Leben als erstrebenswert betrachtete. Das Ruhrgebiet mit seinen Kohlenhalden hinter der Tür konnte mir gestohlen bleiben.

Für alle anderen Erwachsenen, also jene, die immer schon auf dem gleichen Fleck im Ruhrgebiet gelebt hatten, waren die HEIMAT meiner Großmutter und das »Bei uns zu Hause« meiner Mutter nichts anderes als DRÜBEN. Das DRÜBEN passte mir noch weniger als die HEIMAT. Denn sie sprachen das DRÜBEN in einem Ton aus, als würde es nichts Gutes bedeuten. Und mir leuchtete auch ein, dass etwas, was nicht hier ist, nichts Gutes bedeuten konnte. Dass man, wenn man die Wahl hat zwischen hier und drüben, sich für das Hier zu entscheiden hat. Denn hier, das sind wir, und drüben, das sind die anderen. Guck mal, die da drüben, sagte man doch auch nur, wenn man sich über jemanden lustig machen wollte – und am besten konnte man sich über jemanden lustig machen, der nicht dazugehörte. Außerdem gab es noch jenes DRÜBEN, mit dem das andere Deutschland gemeint war, und dieses DRÜBEN war für mich der beste Beweis für etwas, das nicht dazugehört. Einmal hörte ich, wie Onkel Gerhard zu seinem Sohn sagte: Wenn's euch nicht passt, dann geht doch nach drüben! Nur weil er sich wegen seiner langen Haare mit ihm gestritten hatte. Da hatte sich das DRÜBEN ziemlich gemein angehört. So gemein, dass ich, als ich mit meiner Freundin Gabi Evers um den Sieg beim Quartettspielen stritt – wie heißen die drei Urkantone der Schweiz? Uri, Schwyz und Unterwalden –, nicht der Versuchung widerstehen konnte, auch zu ihr zu sagen: Geh doch nach drüben, weil sie mich nicht gewinnen lassen wollte. Das DRÜBEN verfehlte auch seine Wirkung auf Gabi Evers nicht. Sie fing sofort an zu heulen und rannte schwer beleidigt zu ihren Eltern, und ich hatte gewonnen.

DRÜBEN, das klang so nach Jenseits. Wenn mich jemand fragte: Kommen deine Eltern von drüben?, konnte er froh sein, dass ich ihm nicht die Augen auskratzte. Hochmütig antwortete ich: Meine-Mutter-kommt-aus-Schlesien-aus-der-Nähe-von-Breslau-und-mein-Vater-aus-Ostpreußen-aus-der-Nähe-von-Allenstein. Das nur zu DRÜBEN, du Ignorant. Dabei hätte ich auch sagen können: Mein Vater kommt aus Petropawlowsk und meine Mutter aus Susurluk – es hätte mir genauso wenig gesagt. Aber das war nicht der Moment, diese Schwäche zuzugeben. Was wisst ihr denn schon von DRÜBEN!

Viel wusste ich allerdings auch nicht. In meinem Heimatkundebuch stand nur etwas von der Soester Börde und von Steinkohleflözen und wie man sie abbaut und nichts von Ostpreußen und Schlesien. Im Unterricht mussten wir Gedichte über das Münsterland auswendig lernen: *Münsterland, du teure Heimat, besten Gruß mein Herz dir beut/Hast mit deiner stillen*

Schönheit meine Jugend hold erfreut, und manchmal auch über das Sauerland: O *Gott, wie ist das Land so schön, ob auch sein Name sauer! Und in dem Land, welch Geschlecht! Die Männer frei und schlicht und recht, der Frauen Herz wie Gold so echt und ihre Treu von Dauer!* Ich mühte mich, die Karte des Regierungsbezirks Arnsberg auf Butterbrotpapier durchzupausen, versuchte, das Flugschaubild vom Rheintal und Schiefergebirge bei Köln zu verstehen, und aß mein Frühstücksbrot über einer Karte von Sauerland und Siegerland: *Diese Serviette ist ein Geschenk der Molkereien des Sauer- und Siegerlandes. Dazu ein guter Rat: Täglich Milch trinken!* Aber nirgendwo war eine Spur von Ostpreußen zu entdecken.

Als ich zehn war, besuchte ich das Gymnasium und bekam einen Diercke-Atlas. Dort fand ich endlich Ostpreußen und Schlesien. Rechts oben auf der Karte: Deutschland – politische Gliederung. Und da gehörte es zu meinem großen Erstaunen zu Deutschland. Jedenfalls verlief die Grenze, ein breiter, roter Strich, um alles herum, einschließlich Ostpreußen, Schlesien und der Freien Stadt Danzig. Ich war verwirrt. Deutschland war auch nicht geteilt, die DDR hatte die gleiche Farbe wie die Bundesrepublik, ganz Deutschland war braunrot, Ostpreußen war ein hell fliederfarbener Fleck und Schlesien buttergelb. Jetzt sollten Ostpreußen und Schlesien wieder dazugehören? Das war mir neu. Schließlich meinte ich mich persönlich ganz genau daran zu erinnern, dass Ostpreußen und Schlesien doch abhanden gekommen waren, im Krieg. Wenn von der HEIMAT die Rede war, dann immer als der verloren gegangenen. Darum drehte sich doch alles. Und plötzlich war sie wieder da? Vielleicht hatte ich etwas nicht richtig mitgekriegt, denn über dieser Karte stand doch groß und breit: Deutschland – politische Gliederung. Ich beugte mich also über das buttergelbe Schlesien und war tief befriedigt, als ich nicht nur Breslau, sondern auch Neiße fand, wo meine Mutter geboren war. Es war zwar nicht ganz in der Nähe von Breslau, genauer gesagt, war es überhaupt nicht in der Nähe von Breslau, es war so viel in der Nähe von Breslau, wie sich Dortmund in der Nähe von Hamburg befindet, aber diejenigen, die ohnehin nur zwischen HIER und DRÜBEN unterscheiden konnten, hatten keine genauere Ortsangabe verdient. Im fliederfarbenen Ostpreußen fand ich zu meiner großen Genugtuung auch Allenstein. Dann bemerkte ich einzelne Großbuchstaben quer über Schlesien und Ostpreußen. Die Buchstaben waren so weit auseinander gezogen, als bezeichneten sie einen besonders langen Gebirgszug. Mit dem Finger von Buchstabe zu Buchstabe gleitend, entzifferte ich mühsam: ZUR ZEIT UNTER POLNISCHER VERWALTUNG. Das stand quer über Schlesien und über dem westlichen Teil von Ostpreußen. Über dem nördlichen Teil von Ostpreußen las ich hingegen: ZUR ZEIT UNTER SOWJETISCHER VERWALTUNG. Den Ausdruck ZUR ZEIT empfand ich als sehr vage. Von einem Schulatlas hätte ich etwas mehr Präzision erwartet. Wenn wir mittags nach der Schule Pfefferminzbruch kaufen wollten, hing manchmal an Fillers Bude ein Schild: Zur Zeit geschlossen. Dann war auch die Klingel abgestellt, weil Frau Filler in der Küche hinter dem Verkaufsraum

Mittagessen kochte. Manchmal hing das Schild schon um zwölf da, manchmal erst um eins. Es gab Tage, da öffnete die Bude bereits um zwei Uhr wieder, dann war sie um halb vier noch zu, und an manchen Tagen blieb sie ganz geschlossen. Die Filler macht auf und zu, wann sie will, hieß es immer. Nicht auszudenken, wenn das auch für die polnische und sowjetische Verwaltung gelten sollte. Vielleicht von halb neun bis eins unter polnischer und sowjetischer Verwaltung und von drei bis sechs unter finnischer und ungarischer? Und am Ende wurde an manchen Tagen vielleicht gar nicht verwaltet? Dann fiel mein Blick auf das Kleingedruckte unten auf dem rechten Rand der Seite: Neben dem breiten, roten Grenzstrich stand: Grenze des deutschen Reiches vom 31.12.1937. Die richtige Grenze war also gar nicht der dicke, rote Strich, sondern eine dünne, gepunktete Linie, die allerdings kein Mensch bemerkte, weil der dicke, rote Strich Deutschland unübersehbar einrahmte. Ich fand den Diercke-Atlas, in dem es so willkürlich zuging wie an Fillers Bude und wo man die Grenzen nur im Kleingedruckten fand, wenig glaubwürdig.

Ohnehin war mir das pompös klingende »Deutsche Reich« nicht geheuer. Was die Grenzen betrifft, hatte damals doch ein ziemliches Durcheinander geherrscht. Was es da nicht alles für Länder gegeben hatte. Ein Protektorat Böhmen und Mähren hatte ich in meinem Geschichtsbuch gefunden, auf der Karte »Das deutsche Reich in den Grenzen von 1944 – 45«, sowie etwas Sonderbares, das sich Memelland nannte. Und danach war all das von der Landkarte gestrichen worden. Was ich vernünftig fand. Die Geschichte schreitet voran! Wo wären wir, wenn es immer noch so zuginge wie in der Zeit vor dem Ersten Weltkrieg. Wo heute ein Land war, waren damals zwanzig. Bessarabien und Transnistrien und Mazedonien, wo mein schlesischer Großvater als Soldat gekämpft hatte, und was weiß ich. Die Karte von damals sah aus wie ein Flickenteppich. Gott sei Dank war das später alles geordneter. Wo alles rot war, befand sich in meinem Geschichtsbuch die Sowjetunion, die fast eine halbe Seite einnahm, daneben Jugoslawien, ein Land auf dem Platz, auf dem sich vorher mindestens sechs Länder drängeln mussten, Polen war größer geworden, nur aus einem Deutschland hatten sie zwei gemacht. Ein HIER und ein DRÜBEN.

Kurze Zeit darauf wurde in unserer Stadt eine Breslauer Straße gebaut, was mich beruhigte, weil es – über die verwirrenden Angaben meines Diercke-Atlas hinaus – die Existenz von Breslau bestätigte. Die Breslauer Straße führte zu einer Danziger Straße, die wiederum in eine Königsberger Straße mündete, aber weit und breit war keine Spur von einer Allensteiner Straße, was entschieden gegen die Existenz von Allenstein sprach. Die Stadt hätte genauso gut ein Stern sein können.

Manchmal fuhr ich die Breslauer Straße mit meinem neongelben Minirad entlang und stellte mir vor, durch DRÜBEN zu fahren. Ich fuhr und machte dabei die Augen zu, damit ich die grauen Schachtelneubauten um mich herum nicht sehen musste, denn ich versuchte mir wogende Roggenfelder, Wald und Wiesen vorzustellen, das Ganze in einem Klima, das entschiedener war als unseres. Heiße Sommer ohne einen einzigen Regentropfen. Sommer, die man barfuß durchlief. Ich sah, wie meine Mutter als Kind barfuß durch Wiesen lief, durch Bäche watete und barfuß auch zur Schule ging. Und sibirisch kalte Winter mit Schnee, meterhoch, durch den man mit der Kutsche fuhr, wie mir Tante Ruth erzählt hatte. Um die Kutsche hatte ich meine Mutter und meine Tante außerordentlich beneidet, ich stellte mir beide auf dem Weg zur Schule vor: in der schlesischen Kutsche sitzend wie Schneeköniginnen. Auf ihren Knien lag ein Wolfspelz, ihre Hände wärmten sie in einem Muff. Wenigstens so einen Muff hätte ich gerne gehabt, wenn aus der Kutsche schon nichts werden konnte. Ich radelte freihändig, weil meine Hände wie in einem unsichtbaren Muff steckten, da kam ein Auto aus der Danziger Straße herausgeschossen, erschreckt streckte ich die Hände nach dem Lenker aus, das Fahrrad geriet ins Trudeln, panisch zog ich die Handbremse, wodurch ich über den Lenker katapultiert wurde und mein Ausflug nach DRÜBEN mit einem aufgeschlagenen Kinn endete. Und Allenstein hatte ich immer noch nicht gefunden.

Wenn mein Großvater von der Ostpreußischen Schweiz erzählte, dann lächelte er immer etwas entrückt und, wie ich fand, auch etwas verlegen, ganz so, als wüsste er, dass es sich nicht wirklich gehört, von einer Ostpreußischen Schweiz zu schwärmen, die nur in seinem Kopf existierte. Schließlich hatte ich ja schon alle Mühe gehabt, in meinem Diercke-Atlas Ostpreußen zu finden, und von einer Ostpreußischen Schweiz war dort keine Spur.

Ostpreußische Schweiz. Warum nicht gleich Westfälisches Italien oder Rheinisches Griechenland?

Und die Meere rauschen den Choral der Zeit, Elche steh'n und lauschen in die Ewigkeit. Das mit den Elchen war auch so eine Sache. Ich kannte Wildkaninchen, meine Mutter verfluchte sie immer, weil sie uns die Chrysanthemengestecke auf dem Friedhof wegfraßen, und Rehe, bei einem Sonntagsausflug ins Sauerländer Wildgehege hatte ich Gelegenheit gehabt, sie mit Eicheln zu füttern, sogar einen Hirsch hatte ich gesehen, aber einen Elch gab es nicht mal im Wuppertaler Zoo, wo es immerhin Lamas gab, die versucht hatten, mich anzuspucken. Elche hatte ich nur im Fernsehen gesehen, in der Kinderstunde. Seither wusste ich, dass es zwar in Schweden und Norwegen Elche zuhauf gab, aber nie war die Rede von Ostpreußen gewesen. Als ich meinen Großvater zur Rede stellte, beharrte er darauf, dass es in Ostpreußen sehr viele Elche gegeben habe, nicht zuletzt deshalb bilde das ostpreußische Wappen die Elchschaufeln ab, und jedes Jahr seien die Elche auf der Suche nach Futter im Winter bis ins Dorf vorgedrungen, wo man sie im Krieg sogar abgeschossen habe. Elche abschießen! So weit kommt es noch!, dachte ich. Sie waren ja gut im Erfinden, erst die Ostpreußische Schweiz und jetzt die Elche, es hätte mich nicht gewundert, wenn meine Großeltern, meine Tanten und Onkel und Großtanten ohne mit der Wimper zu zucken auch von Nilpferden erzählt hätten, die jedes Jahr im August durch den Fluss geschwommen seien.

Wenn sie einmal angefangen hatten zu erzählen, dann hielt sie niemand mehr auf, sie ließen sich berauschen, verloren sich, wurden fortgetragen von dem Strom ihrer eigenen Geschichte und nahmen keine Rücksicht auf Logik. Für eine schöne Pointe hätten meine Großtanten ihre Männer verkauft. Meine Großtanten waren Frauen mit riesigen Ohren und tiefen Stimmen. Sie waren genauso trinkfest wie meine Großmutter und der Rest der ostpreußischen Familie, und bei Familienfeiern überboten sich alle Schwestern mit Schnäpsen und Anekdoten: Wie sie das eingeschränkte Tanzverbot nach dem Frankreichfeldzug umgangen hatten. Wie der höfliche Onkel Anton im Krieg vor lauter Bittescheen, Bittescheen einmal den Zug verpasste. Oder die Geschichte vom Schwein mit den zwei Schwänzen. Als Kind habe ich sie nie verstanden. Hat gehabt zweji Schwänze, dejin Schwejin?, sei mein Großvater damals im Krieg von seinem Bruder Anton gefragt worden. Und dann brüllten sie alle vor Lachen, und wir Kinder lachten mit, obwohl wir gar nicht wussten, warum. Nie wurde etwas erklärt. Nie wurde etwas vernünftig zu Ende erzählt. Alle lachten und redeten durcheinander und gegeneinander, und wir Kinder bekamen nie mehr als den Zipfel von Geschichten zu fassen, egal, wie aufmerksam wir zuhörten.

Wir verlassen Danzig Richtung Warschau, fahren über die Mottlau und blicken noch einmal über die Dächer der Patrizierhäuser zurück, da frage ich Hanna beiläufig, ob wir nicht bei Elblag einfach mal abbiegen können, ich frage sie ganz uninteressiert, wirklich nebenbei, und Hanna sagt in einem Ton, als müsste ich es wissen: Elbing, heißt das auf Deutsch. Dabei hat sie sonst nie Danzig, sondern immer nur Gdansk gesagt. Erst seitdem die Mauer gefallen ist, rutscht ihr ab und zu ein Danzig raus. Obwohl das doch eigentlich eher mir hätte passieren müssen. Ob es am Oder-Neiße-Vertrag liegt? Oder an meiner Unfähigkeit, polnische Nasale anständig auszusprechen?

Ich habe Hanna erzählt, woher meine Familie kommt. Meine-Mutter-kommt-aus-Schlesien-aus-der-Nähe-von-Breslau-und-mein-Vater-aus-Ostpreußen-aus-der-Nähe-von-Allenstein. Da erklärte sie mir, dass ihre Eltern aus Litauen vertrieben wurden. Hanna fand meinen Vorschlag, in das Dorf meiner Familie zu fahren, nicht ungewöhnlich. Vielleicht sogar weniger ungewöhnlich als ich. *Olsztyn 25 km* steht auf einem Straßenschild. Allenstein. Kein Stern, sondern eine Stadt. *Olschtin*, murmele ich. Wenn es den ARBEITERFÜHRER nicht gegeben hätte, dann hätte ich nie erfahren, dass Allenstein auf Polnisch Olsztyn heißt, und ich wäre nie auf die Idee gekommen, nach Allenstein zu fahren. Und plötzlich gedenke ich seiner voller Herzenswärme.

Wir durchqueren eine bucklige Landschaft. In jeder Kuhle ein See, Wiesen und endlose Felder mit Klatschmohn, Margeriten, Kornblumen. Die Kornfelder reichen bis an den Horizont. Dazwischen flimmern Weiher, Teiche, Seen, ganze Meere. Erlen werfen ihre Schatten auf die Straße, Eichen, endlose Lindenalleen. Wir weichen einem Traktor aus, der auf der Straße repariert wird. Der Himmel bewölkt sich, aber das Licht dringt immer wieder durch. Die Sonne steht tief, tiefer als bei uns. Eine Mittsommernachtssonne. Eine finnische oder schwedische Sonne, vielleicht auch polnisch oder russisch oder baltisch. Oder ostpreußisch. Auf jeden Fall anders. Tiefer. Größer. Runder. Kleine, durchsichtige Schleierwölkchen quellen auf und versuchen, die Sonne zu verfinstern. Langsam verdunkelt sich der Himmel. In der Ferne leuchtet es giftig. Jetzt fällt ein Sturzregen herab, der im Nu alles überschwemmt.

Wir verlassen die Nationalstraße und fahren auf einer Allee weiter. Immer Richtung Olsztyn. Der Regen versiegt so schnell, wie er gekommen ist, und der Wind treibt die Wolken über den Himmel, bis sie durchsichtig werden und sich schließlich ganz auflösen. Und als die Sonne wieder durchdringt, die Felder wieder zum Leuchten bringt und sich der Himmel wieder in blauer Endlosigkeit wölbt, frage ich mich, ob meine Großmutter wohl noch oft an dieses Licht gedacht hat. Ermland. Meine Großmutter legte großen Wert darauf, nicht mit den Masuren verwechselt zu werden. Ist doch egal, ist ja auf jeden Fall Polen, warf ich ein. Nu, was verstehst schon?, beharrte sie. Ermland bleibt immer Ermland. Auch wenn es in Polen ist.

Ich fahre langsamer, nach wenigen Metern halte ich den Wagen an und drehe mich um. Auf dem Dach eines eingefallenen Bauernhauses steht ein Storch. Der erste Storch meines Lebens. Er steht auf seinem Nest, hält den Kopf leicht in den Nacken geneigt und blickt gelangweilt in die Ferne. Das Dach unter ihm ist weiß bekleckert, aber er hat sich dennoch auf diesem halb verfallenen Dach etwas Majestätisches bewahrt. Ich merke, wie sich die Härchen auf meinen Unterarmen aufstellen. Die Begegnung mit dem Storch ist für mich wie eine Begegnung mit einem Einhorn. Natürlich haben meine Großeltern auch von Störchen erzählt, mein Großvater mit Stolz und meine Großmutter mit Gleichmut. Sterche –, sagte sie und machte dabei eine so wegwerfende Bewegung, als sei die Rede von einem nichtswürdigen Huhn. Nu, Sterche, die hatten wir doch jejides Jahr.

Wie heißt das Dorf, aus dem dein Vater kommt?, fragt Hanna. Das hat mich noch nie jemand gefragt. Weil schon niemand weiß, wo Allenstein liegt, habe ich mir den Namen des Dorfes immer erspart. Aus Reußen, antworte ich und fühle mich etwas unbehaglich. Vermutlich kommt nach dem Blick auf die Karte das heraus, was ich als Kind immer schon befürchtet hatte – dass es Reußen gar nicht gibt. Hanna zieht die Karte von *Warmia i Mazury*, Ermland und Masuren, aus dem Handschuhfach. Und tatsächlich: weit und breit kein Reußen.

Ob es im Norden oder im Süden von Allenstein liegt? Wie soll ich das wissen, aus meiner Familie ist niemand je in die HEIMAT zurückgekehrt. Ostpreußen existierte doch nur in der Erinnerung und als Wappen über dem Esstisch.

Außerdem stehen nur die Namen der Städte auf Deutsch auf der Karte, nicht die von den Dörfern. Und ich weiß nicht mal, wie Reußen auf Polnisch heißt. Wie sollen wir unter Dutzenden von Dörfern um Allenstein das Richtige finden? Dörfern, die seit fünfzig Jahren einen polnischen Namen tragen, in denen vermutlich niemand mehr wohnt, der sich daran erinnert, wie das

Dorf bis Kriegsende hieß. Hanna fragt ein Mädchen, das uns auf dem Fahrrad entgegenkommt. Sie trägt ein University-of-Michigan-T-Shirt und einen winzigen Edelstein am Nasenflügel. Als wir sie nach Reußen fragen, schüttelt sie verlegen den Kopf. Wir fahren weiter und fragen einen älteren Herrn, aber auch der weiß nichts. Ich beginne bereits die Hoffnung aufzugeben und fange an, meine Suche peinlich zu finden, eigentlich reicht es ja auch, etwas durch die schöne Landschaft zu fahren – aber da hat Hanna beschlossen, das Dorf zu finden, komme, was wolle. Wäre ja wohl gelacht. Sie schlägt vor, nach Olsztynek zu fahren. Auf Deutsch Hohenstein, sagt sie. Sie kennt dort eine Ostpreußin, die nach dem Krieg geblieben ist. Vielleicht weiß die ja, wo Reußen liegt.

Die Frau bewohnt ein kleines, weißes Haus am Ufer eines Sees. Ein riesiger Neufundländer empfängt uns bellend. Die Frau bittet uns herein, sie führt uns ins Wohnzimmer und entschuldigt sich dafür, uns nur Nescafé in Glastassen anbieten zu können.

Nu, sicher wejiß ich, was Reußen auf Polnisch hejißt, sagt sie, Rusch hejißt das, liegt bei Groß Bertung, da bin ich doch in die Schule gegangen. Ejinfach Warschauer Straße lang und dann kurz vor Allenstejin rechts ab.

Ich schlucke. Beklommen und erleichtert zugleich. Beklommen, weil ich hier mitten in Polen von einem eigenartigen Gefühl der Vertrautheit erwischt werde. Einem Gefühl, als säße ich bei einer meiner Tanten im Wohnzimmer. Erleichtert, weil zum ersten Mal jemand, der nicht zu meiner Familie gehört, ohne zu zögern, die Existenz von Reußen bestätigt. Wir trinken unseren Nescafé aus und gehen, begleitet von der Frau und dem bellenden Neufundländer, wieder zurück zum Auto. Die Frau bleibt am Gartentor stehen. Als ich mich umdrehe, winkt sie uns lange nach, bis wir aus ihrem Gesichtskreis verschwinden.

Wir fahren zurück zur Warschauer Straße. Rechts und links schwarzer Tannenwald. Frauen tauchen am Straßenrand auf, mit langen blonden Locken, Netzstrümpfen und kurzen Hosen. Sie sehen aus wie verwahrloste Elfen. Manche tragen die Haare so lang, dass sie fast die Hälfte des Körpers bedecken. Nach wenigen Kilometern sehen wir wieder einige von diesen Fabelwesen, sie rauchen und laufen ungeduldig auf und ab, als warteten sie nur auf eine geeignete Gelegenheit, um auf ewig wieder im Wald zu verschwinden. Hinter ihnen taucht ein Schild auf: *Rus 3 km*. Wir blinken und fahren langsamer, die Elfen nähern sich mit neugierigen Gesichtern, aber als sie uns erblicken, drehen sie enttäuscht die Köpfe weg.

Neben der Straße verläuft ein schmaler Fluss. Das muss die Alle sein. Damit habe ich als Kind immer bei Stadt-Land-Fluss geglänzt. Stadt mit A: Allenstein. Fluss mit A: die Alle. Auf Alle kam keiner, was mir zehn Punkte und den Neid meiner Mitspielerinnen Gabi Evers und Martina Josuweit einbrachte. Ich fühlte mich dabei zwar etwas hochstaplerisch, weil ich selbst weder Allenstein noch die Alle jemals hatte in Augenschein nehmen können, aber zu irgendwas musste die HEIMAT ja nutze sein. Das gildet nicht, riefen Gabi Evers und Martina Josuweit empört, die beide jeweils nur auf Aachen und Alster gekommen waren, was magere fünf Punkte wert war. Das hast du dir nur ausgedacht! Diese Unterstellung brachte mich auf. Nein, die Alle gibt es wirklich, in Ostpreußen, beteuerte ich wütend, ihr könnt doch meine Oma fragen. Ach ja, in Ostpreußen, das kann ja jeder sagen, höhnte Gabi Evers. Ja, ja, kann ja jeder sagen, echote Martina Josuweit, bis es mir zu bunt wurde und ich beide mit einem giftigen Blick und der Bemerkung strafte, dass sie keine Ahnung hätten, weil ihre Eltern schließlich nur aus Westfalen kämen. Aber sie gaben sich nicht so schnell geschlagen. Noch lange wurde darum gefeilscht, ob ich eine Stadt und einen Fluss geltend machen könnte, deren Existenz ich nicht beweisen konnte.

In den Gräben neben der Straße wachsen Weiden und Glockenblumen. Landschaft, so weit das Auge reicht, kein einziges Haus. Eine Weitwinkellandschaft. Schließlich erreichen wir Groß Bertung, das aussieht wie ein Klein Bertung: eine Backsteinkirche und eine Hand voll Häuser. Nach Groß Bertung macht die Straße einen Knick, dort hängt ein rostiger Jesus am Kreuz, ein Wegkreuz, mit grün-weiß-roten Papiergirlanden geschmückt, die im Wind flattern. Ein kleines Flusstal tut sich auf. Vereinzelte Bauernhöfe stehen auf den Hügelkuppen. Die Straße windet sich nach rechts und links, und am Ende taucht das Ortseingangsschild auf: *Rus.*

Reußen empfängt uns mit ein paar verrosteten, ausgeweideten Autokarkassen, die in einem Hof liegen. *Auto-Mix* steht an dem Haus. Zwanzig Backsteinhäuser stehen entlang der Straße und schweigen verstockt.

Nur ein paar Hunde kläffen blödsinnig herum. Die Mitternachtssonne spiegelt sich im schmalen Fluss. Die Alle fließt so schnell durch das Dorf, als hätte sie es eilig, weiterzukommen, und zwischen den Häusern drängelt sich der Wald ins Dorf. Kein einziges Geschäft. Nur eine Forellenzucht und ein kleiner, giftgrüner Kiosk, der vor allem Alkohol zu verkaufen scheint. Vor seinen vergitterten Fenstern stehen ein paar Männer, die mit Bierflaschen in der Hand darauf warten, dass ihr Leben vergeht. Storchennester auf jedem Dach. Die Häuser klein und geduckt, wie für Zwerge gemacht. Die Straße macht noch einen kleinen Bogen, dann ist das Dorf zu Ende. Nur wenige Häuser haben mehr als eine Etage. Eines ist ein großes Haus mit schwarzen Holzschindeln und weiß gestrichenen Fenstern. Ich kenne es. Es hing in Pastell gemalt bei meiner Großmutter im Wohnzimmer über dem Esstisch. Die Mühle. Irgendein Verwandter hat sie von einem Foto abgemalt und meinen Großeltern zur goldenen Hochzeit geschenkt. Das Bild wurde von meinen Großeltern verehrt, als zeige es ein Schloss, eine hochherrschaftliche Villa. Das Zentrum des Lebens meiner ostpreußischen Familie. Mein Großvater war Müller und hatte in dieser Mühle gearbeitet. Wir wohnten doch gegenüber von der Mühle, in der Vater arbeitete, hieß es immer. Mein Großvater verrichtete als Müller eine so genannte kriegswichtige Tätigkeit und wurde nicht zum Krieg eingezogen. Es gab Geschichten, die fingen an mit: Wenn die Bauern mit dem Getreide zur Mühle kamen, mit den Pferden und den Leiterwagen, da standen sie von der Mühle bis an den Wald, was war das für ein Fest. Oder: Wenn die Flöße vom Lansker See über den Ustrichsee in die Allee bis zur Mühle geleitet wurden – und der Vater das alles dirigiert hat! Ich versuchte mir meinen Großvater vorzustellen, der auf den rotierenden Stämmen hin- und hertanzte und sprang, in der Hand einen Taktstock schwingend wie ein Dirigent. Tante Leni erzählte immer die Geschichte, wie mein Großvater den Dorflehrer mit frisch gefangenen Aalen und einer Extra-Ration Mehl wohlgestimmt hatte, wobei sie betonte, wie sehr sie schon damals die Käuflichkeit des Lehrers verachtet hatte: So schlecht sind die Erwachsenen. Und dann gab es noch die Geschichten um den Besitzer der Mühle, einen allmächtigen Herrn Brieskorn, und um einen Gutsbesitzer – all das war an mir als Kind vorbeigerauscht wie das Wasser an der Mühle und fällt mir jetzt plötzlich wieder ein, als ich dastehe und ungläubig auf dieses schwarze Holzhaus starre.

Das andere zweistöckige Haus ist ein großes rotes Backsteinhaus. Es sieht aus wie ein öffentliches Gebäude, eine Schule vielleicht. Ich will bereits weiterfahren, als ich über dem Eingang des Hauses Reste eines gemauerten Schildes erkenne. Weiße Frakturbuchstaben auf dunkelblauem Grund. Vergeblich versuche ich die Inschrift zu entziffern. Ich schaue mich um. Vielleicht kann mir jemand aus dem Dorf erklären, was dort steht? Im Gegenlicht kommt ein gebeugtes Paar die staubige Straße entlanggeschlurft. Eine alte Frau und ein etwas jüngerer Mann. Vorsichtig setzen sie Fuß an Fuß, fast sieht es aus, als stütze die alte Frau den Mann. Die Frau trägt Fellpantoffeln, der

Mann Gummistiefel. Als sie näher kommen, spricht Hanna sie an. Sie deutet auf das Schild. Der Mann antwortet ihr, wobei er sorgfältig jeden Buchstaben kaut. Dann übersetzt Hanna. Er habe ihr gesagt, dass seine Mutter besser wisse als er, was da auf dem Schild stehe. Sie verstehe aber eher Deutsch als Polnisch. Also frage ich sie auf Deutsch. Sie legt die Hand wie einen Trichter an ihr Ohr. Dann schaut sie zu dem Schild hoch.

Nu, sagt sie, war doch Gasthaus zur Ostpreußischen Schwejiz, die haben das verschmiert, verklebt. Deutsche Schrift war doch verboten.

Ostpreußische Schweiz. Du lieber Gott! Ich bitte meinen Großvater im Himmel um Vergebung. Und ich habe immer geglaubt, dass die ostpreußische Schweiz nur eine Erfindung eines heimwehkranken Ostpreußen war. Schließlich frage ich sie, ob sie sich vielleicht an meinen Großvater Aloysius Reski erinnere, wobei mir das A-lo-y-si-us ganz schwer und fremd über die Lippen kommt.

Nu, der Allo!, ruft sie aus. Jessus! Nu frejilich kenn ich den Allo. Drieben in der Miehle hat er gearbeitet, und hier war sejin Haus, war scheenes großes Haus, hat geherrt Ejigentimer von der Miehle. Zweji Zimmer hat der Allo dort gehabt mit sejiner Frau und Kinderchen, die Russen haben abgebrannt, das Haus. Nu, wie gejiht es ihm?

Allo. Alle haben meinen Großvater immer nur Allo genannt. Seit meine Großeltern tot sind, habe ich den Namen Allo nie mehr gehört. Ich schlucke und höre mich sagen, dass mein Großvater schon vor zehn Jahren gestorben ist. Plötzlich wird mir kalt. Ich kann doch jetzt nicht hier auf der Straße anfangen zu heulen.

Ach, so frieh, sagt sie, legt ihr Gesicht in beide Hände und schüttelt betroffen den Kopf. War er noch so jung, der Allo. Nu aber sejine Frau, die Ania? Was macht sie?

Sie spricht die Namen meiner Großeltern aus, als hätten sie Reußen erst gestern verlassen. Ania – sagt sie zärtlich. Nicht Anna. Und wir haben uns immer über meine Großmutter lustig gemacht, wir glaubten, dass sie sich zur Anja verkleinerte, um mit der Mode zu gehen.

Die ist vor vier Jahren gestorben, antworte ich und schlucke, bis sich die Tränen einfach nicht mehr herunterschlucken lassen und mir aus den Augen fallen. Vergeblich versuche ich, sie mit dem Handrücken wegzuwischen.

Nu wejinense, Froilain, wejinense ruhich, sagt die alte Frau, und dann nimmt sie meine Hand und legt sie in ihre, und ich heule und heule, und das Wasser läuft mir aus den Augen und aus der Nase, und ich kann gar nicht mehr aufhören.

2. Meine Großmutter wollte nie zurück

Als hätten wir uns immer schon gekannt. So beginnt die alte Frau unter der tief stehenden Sonne die Geschichte ihrer Flucht zu erzählen – als lägen Krieg und Vertreibung nicht ein Menschenleben, sondern nur einen Wimpernschlag zurück. Sieben Kinderchen, sagt sie und hält die Arme, als würde sie ein unsichtbares Kind darin wiegen. Das siebte starb mir unterwegens. Trug es an der Brust und pletzlich spier ich, dass hat nich mehr gezogen.

Das tote Kind hat sie irgendwo zwischen Reußen und Preußisch-Holland in einen Straßengraben gelegt. An eine Beerdigung war im Januar 45, als die Erde hart gefroren war, nicht zu denken gewesen. Die älteste Tochter war vierzehn, das Jüngste sieben Monate. Zu Fuß liefen sie durch den Schnee nach Groß Bertung. Ihr Mann war an der Front, als Kraftfahrer. Aber hier hätte er ohnehin nichts ausrichten können. In ihrem ganzen Leben hatte sie nichts von ihm gehabt, außer Streit um das Geld, das er versoff. Wo die Liebe eben so hinfällt. Nimm den Kerl nicht, hatte der Vater gesagt. Als sie dann doch heiratete, kam der Vater nicht in die Kirche.

Unter ihrem Wollmantel lugt ein türkis-weiß gestreifter Kittel hervor, unter dem sie eine dicke, graue Wollhose trägt. Sie stellt sich als Hedwig Piatek vor, Hedwig oder Jadwiga, je nachdem, und ist neunzig

Jahre alt. Ihre Hände sind so groß, dass meine Hand darin verschwindet. Sie hat das gleiche schöne Landarbeiterinnengesicht wie meine Großmutter und ihre Schwestern. Ein Gesicht, das nur darauf wartet, von der Sonne gestreift zu werden, um dunkelbraun zu leuchten. Sogar ihre Ohren sind so groß wie die meiner Großmutter und ihrer Schwestern. Auf ihrer Oberlippe stehen feine, graue Stacheln. Ihre Augen sind zwei kleine, schwarze Beeren, das Haar ist weiß, bis auf die Augenbrauen, die dunkelgrau und borstig ihre schwarzen Augen umrahmen.

Ieberall Pferdewagen mit Flichtlingen, sagt Frau Piatek und schaut in die Ferne, als sehe sie noch jetzt fliehende Soldaten und Frauen mit weinenden Kindern vor sich. Mittendrin Frau Piatek mit ihrer Kinderschar. Um die Schultern trug sie eine Steppdecke, das war das Einzige, was sie von zu Hause mitgenommen hatte. An einer Hand hielt sie ein Kind, im Arm den Säugling, in eine Wolldecke gewickelt. So kamen sie in Groß Bertung an. Dort standen an der Kirche deutsche Soldaten, verdreckt, in abgerissenen Uniformen, die auf dem Rückzug waren und sie auf der Ladefläche ihres Lastwagens mitnahmen. Die Kinder saßen mit weit aufgerissenen Augen zwischen den Soldaten und versuchten, so wenig Platz wie möglich einzunehmen. Die Mutter hatte sie geheißen, sich ruhig zu verhalten, keines der Kinder weinte, sie hielten sich aneinander fest und schwiegen die ganze Fahrt bis nach Tollack, sie waren so still, dass man kaum ihren Atem hörte. In Tollack machten die Soldaten Rast. Sie wollten weiter nach Seeburg, Frau Piatek aber wollte mit den Kindern zum

Meer, übers Haff, nach Danzig, dorthin, wo die Flüchtlingsschiffe warteten, und so ließen sie den Lastwagen mit den Soldaten weiterfahren und gingen zu Fuß im Pulk der Flüchtenden weiter. Nachts schliefen sie in Scheunen und Kirchen. Sie schliefen nur stundenweise, weil sie Angst hatten, dass der Russe sie im Schlaf erwischen könnte. Weiter! Weiter!, sagte sie den Kindern, wenn sie anfingen zu jammern. Weiter über die verschneiten Straßen, weiter im Strom der flüchtenden Menschen mit den weinenden Kindern, sie ignorierten das Stöhnen, Schreien und Röcheln der Verletzten und Sterbenden, sie stiegen über Pferdekadaver und steif gefrorene Tote, weiter, weiter, wir müssen weiter, bis ans Haff. Sie erzählte den Kindern vom zugefrorenen Haff und dem dahinter liegenden Meer, das sie noch nie gesehen hatte. Sie pries den einzigartigen Geruch der Meeresluft, den sie noch nie gerochen hatte. Sie schwärmte so sehr, dass die Kinder bereits glaubten, die Meeresluft würde ihnen in den Nasen prickeln. Und dann starb das Jüngste. Die anderen Kinder sahen stumm zu, wie sie es in den Graben legte. Sie scheuchte sie weiter, sagte: Es ist nichts, es ist nichts, und beschrieb die riesigen Schiffe, die dort auf dem Meer mit warmen Suppen und dicken Decken auf sie warten würden, obwohl sie in ihrem Leben nie ein Schiff gesehen hatte. Sie marschierte weiter mit den Kindern – bis nach Preußisch-Holland, so weit weg von zu Hause, wie sie in ihrem ganzen Leben noch nicht gekommen war.

Unter Frau Piateks Kopftuch ragt eine weiße Haarsträhne hervor, die sie sich ungeduldig aus dem Gesicht streicht. Inzwischen ist es kühl geworden. Kommen Sie, sagt Frau Piatek. Kommen Sie, liebe Frau. Sie schiebt ihren Arm unter meinen und führt Hanna und mich zu ihrem Haus, dem kleinen, flach gedrückten Backsteinhäuschen neben dem Gasthaus zur Ostpreußischen Schweiz. Sie stößt das Gartentor auf. Links Blumenbeete mit Gladiolen, Begonien, Schleierkraut. Hinterm Haus Erdbeerbeete, die von Unkraut überwuchert sind. Das Klo steht im Gemüsegarten, ein Holzhäuschen neben Kartoffeln und Gurkenbeeten. Die Haustür ist nicht verschlossen. Im Eingangsraum sind Holzscheite gestapelt, in einer Ecke stehen Plastikeimer mit Wasser. Es riecht nach Kohl und verbranntem Holz. Die Räume sind so niedrig, dass man gerade darin stehen kann. Eine Küche, ein Wohnzimmer und ein Schlafzimmer. Hier lebt sie mit ihrem Sohn Reinhard, den sie zärtlich zum Rejini verkleinert. In der Küche steht eine Schüssel auf dem Tisch, mit Heringen drin zum Wässern. Fließendes Wasser gibt es nicht.

Neji, neji, sagt Frau Piatek, das kam mir zu teuer. Die haben ja jetzt Lejitungen eingefihrt, mit Wasser, ja. Aber sollt' ich bezahlen finf Millionen, ich konnt' das nicht, da hab' ich das abgesagt. Nehmen wir hier vom Brunnen. Scheenes Wasser. Besseres als wie von die Kräne da. Der Brunnen ist hier gleich bei dem Gasthaus. Immer frisches Wasser, immer frisch.

Wie zur Bestätigung ihrer Worte nimmt Reini einen blauen Plastikeimer und schlurft rüber zum Brunnen vor dem Gasthaus zur Ostpreußischen Schweiz, um Wasser zu holen. Er läuft so wankend, als würde er von einer Sturmböe getrieben. In der Ecke des Wohnzimmers steht ein Kachelofen, der wie der Küchenofen mit Holz beheizt wird, im Sommer wie im Winter, daneben ist gerade noch Platz für ein Bett mit einem riesigen Plumeau und ein schmales Sofa. Auf einer Anrichte steht ein Fernseher, darüber hängt der Papst, daneben eine Madonna mit Bart. Eine Tochter hat sie ihr von der Wallfahrt nach Heiligelinde mitgebracht. Die bärtige Madonna zeigt sich nur dem, der im richtigen Winkel vor ihrem Bild steht. Dem, der links vor dem Bild steht, offenbart sich ein bärtiger Jesus. Wer von rechts schaut, den blickt eine Madonna mit flammendem Herzen an. Aber wenn man genau in der Mitte steht, kann man sehen, wie beide zu einer bärtigen Madonna verschmelzen.

Frau Piatek legt Holz in den Kachelofen. Und erzählt die Geschichte ihrer Flucht weiter. Über Nacht fing der Schnee an zu schmelzen. Die Straßen wurden schlammig. Weiter! Weiter!, trieb sie ihre Kinder an, wir müssen weiter bis zum Haff! In Preußisch-Holland saßen sie erschöpft in einer Kirche, um sich etwas auszuruhen. Da berichtete ihr jemand davon, dass auf dem zugefrorenen Haff bereits Wasser stand. Erst verstand sie nicht recht. Aber dann begann sie zu begreifen: Das Eis war zu dünn geworden. Der Weg, den sie gewählt hatte, endete im Nichts. Sie fühlte sich wie eine Maus in der Falle und versuchte, ihre Verzweiflung vor den Kindern zu verbergen. Die Russen waren höchstens einen Kilometer hinter ihnen. Wohin sollten sie nun flüchten? Vor ihr war nur noch ein schwarzes Loch. Alle Trecks waren weg. Sie wusste nicht mehr, wohin. Und dann war da die Erschöpfung, die ihr Hirn lähmte. Die Kinder wollten nur noch schlafen, nie mehr laufen. Gerade verteilte Frau Piatek den letzten Rest Brot an die Kinder, als die Russen das Kirchenportal aufstießen und die Flüchtlinge entdeckten. Weiter, weiter, weiter, gaben sie ihr zu verstehen. Aber Frau Piatek schüttelte den Kopf. Keinen Schritt mehr. Was auch immer geschehen würde, sie würde es ertragen. Sie schloss die Augen. Aber es passierte nichts. Die Russen beschlossen, die Frau mit den Kindern mit nach Frauenburg zu nehmen. Dort sollte sie arbeiten. Gut, sagte Frau Piatek. Arbeiten, ja. Hauptsache, ich muss nicht weiter mit den Kindern. So arbeitete sie für die Russen – bis sie hörte, dass Allenstein frei sei. Wieder packte sie ihre Kinder und marschierte drei Tage und drei Nächte erst nach Allenstein, dann weiter bis nach Reußen zurück. Nach der Biegung der Chaussee sah sie Groß Bertung inmitten seiner Felder, die kein Mensch bestellt hatte. Sie drängte ihre Kinder, schnell durch das Dorf zu laufen, denn es war ihr unheimlich, nur ihre eigenen Schritte zu hören. Die Bewohner waren geflüchtet, das Dorf gebrandschatzt. Über dem Pfarrhaus wehte die russische Fahne. Hier sei die russische Kommandantur eingerichtet, erzählte ihr eine Frau, die sie auf der Straße traf. Die Russen hatten den Pfarrer erschossen und alle Häuser geplündert. Die Häuser, in denen die Russen Hitlerbilder gefunden hatten, waren abgebrannt worden. Frau Piatek marschierte weiter über die Chaussee nach Reußen. Sie sah Häuser ohne Dach und Fensterscheiben, mit Spinnweben in den Fensterkreuzen, und Häuser, die bis auf die Grundfesten niedergebrannt worden waren. Auch hier herrschte diese Stille, eine haltlose Stille, die ihr in den Ohren brannte. Kein Wind rauschte, kein Vogel zwitscherte. Sie hörte nur das Summen in ihren Ohren. Als Frau Piatek vor ihrem Haus stand, hatte sie Angst, es zu betreten. Sie fürchtete, Ratten oder Mäuse oder eine halb verweste Leiche darin zu finden. Sie ließ die Kinder auf der Straße stehen und betrat ihre Wohnung allein. Die Wohnung war leer. Nicht mal die Bettgestelle waren ihr geblieben.

Plötzlich zerriss die Stille, sie hörte Schritte, Stimmen, Kommandos, ein Pfeifen. Sie lief aus dem Haus zu den draußen wartenden Kindern. Wie aus dem Nichts waren drei russische Soldaten aufgetaucht. Junge Männer mit flackernden Augen. Sie riefen etwas, was sie nicht verstand. Sollte sie sich wieder vertreiben lassen? Sie schüttelte den Kopf, die Kinder hielten sich an ihr fest. Schließlich begriff sie. Die Russen bedeuteten ihr, dass sie für sie auf den Gütern arbeiten müsse. Auf Ganglau oder Kellaren. Sie brauchten dort Leute, die sich um das verbliebene Vieh kümmern sollten. Nur dann könne sie bleiben. Sie atmete auf. Ihr war alles recht. Hauptsache, wieder zu Hause.

Sonst wenn nich, dann sollt' ich glejich mit die Kinder wejiter. Und ich sag: Neji, neji, ich geh' nich mehr. Ich will schon lieber arbejiten.

Voller Tatendrang richtet sie sich auf, ganz so, als stünden die Russen hier vor ihr neben dem Kachelofen. Ihre Stimme bebt vor Wut.

Wenn es noch mal zu was kommen sollte: Ich geh' nirgends mehr. Sollen sie mich in der Bude totschlagen. Neji, neji, neji. Ich geh' nirgends mehr! Ihre schwarzen

Augen funkeln kampflustig. Die Russen stehen noch vor unserem inneren Auge, da bietet sie uns schon Kaffee an, aber einen polnischen, keinen Filterkaffee, so etwas kennen wir hier nicht. Wenn er doch nur Arbejit finden würde!, sagt sie unvermittelt. Schon lange verdiene er kein Geld mehr, ihr Reini. Früher habe er als Waldarbeiter gearbeitet, aber seit die Forstverwaltung fast alle Leute entlassen hat, finde er keine Anstellung mehr. Hier und da ein paar Stunden als Straßenarbeiter, nichts Regelmäßiges. Dann habe ihn auch noch seine Frau verlassen und sei mit den Kindern nach Deutschland gezogen. Seither sorgt Frau Piatek für ihn. Hofft, dass er nicht zu viel trinkt, hofft, dass er wieder Arbeit findet, hofft, dass er wieder Anschluss ans Leben bekommt.

Resigniert schüttelt sie den Kopf. Dann setzt sie sich neben den Kachelofen, faltet ihre Hände im Schoß und blickt auf mich, als könnte ich sie auf andere Gedanken bringen.

Nu, wenn ich an die Ania denke, sagt sie mit einem Mal aufgeräumt. So scheen sah sie aus. So rundes Gesicht, und auch nicht zu groß war sie. Scheen, die Ania, und der Allo, oh Jessus, der war doch so frejindlich. Der war immer am Lachen.

Ich versuche mir das runde Gesicht meiner Großmutter und das Lachen meines Großvaters vorzustellen, als sie jung waren. Es gelingt mir nicht. Ania. Was habe ich schon von ihr gewusst?

Ania sagt man zu Marjellchen, erklärt sie und lacht. Wenn sie älter ist, hejisst sie Anka. Aber war sie doch noch so jung, die Ania.

Meine Großmutter wollte nie zurück. Aber am Ende einer jeden Familienfeier wurde immer das Ostpreußenlied gesungen, und danach weinten alle. *Land der dunklen Wälder und kristallnen Seen, über weite Felder lichte Wunder gehn.* Uns Kindern war das immer peinlich. Meine Großmutter weinte, mein Großvater weinte, meine Tanten und Onkel weinten, auch die Angeheirateten weinten, die Ostpreußen gar nicht kannten, nur meine Cousins und ich tranken Eierlikörflip und aßen dazu Salzstangen. Die Tränen am Ende jeder Familienfeier gehörten dazu wie der gemischte Braten und die Gemüseplatte mit dem Blumenkohl in der Mitte, der mich durch meine Kindheit in den sechziger Jahren hindurch verfolgte. Dann erzählte mein Großvater noch stolz, dass das Ostpreußen, aus dem die Familie stammte, nicht irgendein Ostpreußen war, sondern wegen seiner Schönheit Ostpreußische Schweiz genannt wurde, und jetzt weinten alle noch ein bisschen mehr, und wir Kinder verdrehten die Augen. Schon wieder die alte Geschichte. *Starke Bauern schreiten hinter Pferd und Pflug, über Ackerbreiten streicht ein Vogelzug.*

Bis zu ihrem Tod sprachen meine Großeltern Ostpreußisch. Sie konnten kein Ü und kein Ö aussprechen, und auch die Satzstellung war ihnen egal. Sie rollten das R auf beeindruckende Weise, und ich vermutete, dass ihre Zungen und ihre Gaumen anders beschaffen sein mussten, um solche Laute hervorzubringen. Manchmal stellte ich mich vor den Spiegel, streckte die Zunge raus und beäugte mein Gaumensegel, hinter dem ich die Rs wähnte, die nur auf das richtige

Kommando warteten, um herauszurollen. Die Silben wurden derart in die Breite gezogen, dass die Worte ganz weich und nachgiebig wurden. Selbst aus dem knappen Petra konnten meine Großeltern noch was machen, das E kriegte noch einen Hauch von I, und so wurde aus den beiden Silben meines Vornamens ein langgezogenes Pee-jii-trr-aa, in dem die ganze Weite Ostpreußens mitschwang.

Jedem Satz schickte meine Großmutter ein Nu voraus: Nu, willst essen Ejis?, fragte sie mich, als ich klein war. Nu, willst nicht hejiraten?, bedrängte sie mich, sobald ich erwachsen war. Kennt nich kommen frieher?, fragte mein Großvater ungeduldig am Telefon, weil meine Großmutter das Essen vorbereitet hatte. Wenn wir Unsinn gemacht hatten, beschimpfte er uns Kinder als Peronjes, und ich vermutete, dass es so viel bedeutete wie: verfluchtes Gesindel. Wenn er sich freute, klebte er unseren Namen polnisch klingende Diminutive an. Aus Roland wurde Rollek, es gab Hoppek und Pommek, und wir Mädchen waren Marjellchen. Die Jungs kniff er in die Wangen und nannte sie Lorbasse. Kleingeld war Dittchen.

Manchmal sprachen sie sogar Polnisch, Wasserpolnisch. *Neputschetka!, Neputschetka!*, rief der Fotschki, und wir heerten alle sofort auf zu tanzen, rief mein Großonkel meiner Großmutter zu. Ich verstand nichts, aber sie waren schon wieder beim Tanzverbot nach dem Frankreichfeldzug und krümmten sich alle wie auf Kommando vor Lachen und wischten sich die Tränen aus den Augen. Der war doch *schleppo*!, rief meine Großmutter, womit gemeint war, dass einer blind war, soviel wusste selbst ich. Bei meinen Tanten und Onkeln hatte sich sogar das Ostpreußische bereits verdünnt. Nur wenn sie bei meiner Großmutter auf dem Sofa saßen, verfielen sie wieder in den Singsang ihrer Kindheit, drückten die Wörter breit und streuten hier und da ein Hast? Willst? Kennst? ein. Seit dem Tod meiner Großeltern waren die Marjellchen aus meinem Leben verschwunden. Bis zu jenem Tag, als ich hier bei Frau Piatek auf dem Sofa sitze und versuche, ihren Erinnerungen zu folgen. So wie sonntagnachmittags bei meinen Großeltern.

Sie, die für mich immer alt gewesen waren, sind hier jung, schön und unvergänglich geblieben. Wie mit dem Zauberstaub berührt. In Reußen werden sie nie weiße Haare bekommen, nie Gebisse, nie Lesebrillen. Ihre Gesichter werden nicht aus der Form geraten, mein Großvater nicht kurzatmig werden. Sie bleiben so schön wie auf den alten Fotos, die meine Großmutter in einer alten Tasche aufbewahrte. Es war eine braune Ledertasche, eine Ledertasche, die meinem Urgroßvater gehört hatte. Ich hatte immer das Gefühl, dass meine Großmutter die Fotos in dieser kleinen, abgewetzten Ledertasche ließ, weil sie sich schnell greifen ließ, falls es denn nötig werden würde. Wenn der Russe käme. Wenigstens die Fotos, wenn wir sonst schon nichts mitnehmen können. Sonntags, wenn meine Familie bei den Großeltern zusammenkam, wenn Kaffee und Frankfurter Kranz bereits verzehrt waren, die Männer Bier und die Frauen Kroatzbeere tranken, öffnete meine Großmutter den Wohnzimmerschrank und holte die Ledertasche mit den Fotos hervor. Sie tat das nie ohne Grund. Die Fotos waren für sie Beweisstücke. Beweise für das Leben vor dem Ruhrgebiet. Sie suchte nach Fotos, mit denen sie ohne jeden Zweifel nachweisen konnte, dass Onkel Oskar ihrem Vater ähnlich sah. Oder Fotos, die belegten, dass meine Großtante Rosa einen Kindersoldaten geheiratet hatte. Ja, einen Kindersoldaten. Dann holte sie das Bild vor, das einen blonden Jungen mit Kirschmund zeigte, der in Uniform steckte. Das mit dem Kindersoldaten konnte mein Großonkel nicht auf sich sitzen lassen. Auf unserer Hochzeit, sagte er ihr mit Blick auf sein Hochzeitsfoto, hingen bei euch doch die Glocken schief. Bis ihr dann verschwunden seid, und neun Monate später war eure Edelgard da.

Meine Großtante hatte ihren Mann als Erntehelfer auf dem Gut Kellaren kennen gelernt. Er stammte aus dem Rheinland und war zum ersten Mal in Ostpreußen. Um Jottes willen, in Reußen war die Welt ja mit Brettern zugenagelt, sagte er noch fünfzig Jahre nach seiner Hochzeit. Dreieinhalb Wochen Ernteeinsatz reichten, um sich in eine Ostpreußin zu verlieben. Dann musste er wieder zurück an die Front. Von 39 bis 43 schrieben sie sich, beim ersten Urlaub fuhr er von Warschau nach Reußen und heiratete sie. Sonst wäre es zu spät gewesen, meinte er: Die war doch des Schreibens schon längst überdrüssig.

Wenn er ein Kuhlpiss geworden wäre, hätte ich ihn nicht genommen, sagte meine Großtante mit Blick auf ihr Hochzeitsfoto. Alle johlten wie über einen guten Witz. Was sollte bloß ein Kuhlpiss sein?, fragte ich mich. Ein militärischer Rang, den es nur bei der Wehrmacht gegeben hatte? Eine rheinische Eigenart? Nu, Kuhlpiss eben, sagte meine Großtante, als reichte das als Erklärung aus. Na, wenn er einen bleibenden Schaden gehabt hätte, sagte sie schließlich, da hätt' ich ihn nicht genommen. Dann blickte sie auf ihren Mann, legte das Hochzeitsfoto wieder in die Ledertasche und prostete meiner Großmutter mit Kroatzbeere zu.

Dabei bin ich immer nur mit einem Bein Fahrrad gefahren, flüsterte mein Großonkel. Das andere funktionierte ja noch nicht. Aber sie hat es nicht gemerkt!

Wir saßen im Wohnzimmer, die Wohnzimmerlampe leuchtete, ein Luxus, weil es noch gar nicht dunkel war, die Aschenbecher quollen über, der Rauch der Zigaretten hing knapp unter der Lampe, und die Fotos gingen von Hand zu Hand. Es waren matte, gelbliche Fotos, auf deren Rückseite manchmal stand: Photo-Haus Diettrich in Allenstein/Ostpr. Oft war auch per Hand etwas Unleserliches in Sütterlin vermerkt. Ein Datum, ein Ort. Die Erwachsenen beugten sich über die Fotos, sie lachten und wischten sich Tränen aus den Augen. Wir Kinder drängelten uns neben sie und schrien: Zeig doch mal! Aber wir kriegten immer nur dann die Fotos zu fassen, wenn sich die Erwachsenen gerade nicht dafür interessierten.

Es waren Bilder von Menschen, die mir fremder waren als Indianer. Eine Welt, durch die man sich mit Pferdefuhrwerken bewegte. Ob sie überhaupt schon Strom gehabt hatten? Ich traute mich nicht zu fragen. Einmal hielt ich ein Bild in den Händen, das eine feierliche Gesellschaft zeigte, die auf einer Wiese stand. Alle schauten so ernst und angespannt in die Kamera, als würden sie Zeuge einer Blinddarmoperation. Die Frauen trugen alle bodenlange, schwarze Kleider, die Männer doppelreihige Jacken und hoch geschlossene Kragen. In der Mitte saß ein altes Paar, der Mann hatte weiße Haare und Bart, die Frau an seiner Seite sah streng und verhärmt aus, mit Haarknoten und Mittelscheitel. Sie erinnerte mich an meine Handarbeitslehrerin, ich musste an die zwei Reihen Kreuzstich denken, die ich noch bis Montag zu sticken hatte, und fand meine ostpreußischen Vorfahren plötzlich wenig sympathisch. Zwischen dem Paar stand ein weiß gekleidetes Mädchen mit einem Myrtenkranz auf dem Kopf, offenbar ein Kommunionkind. Und zu ihren Füßen saßen drei kleine Kinder, links ein Mädchen, das wie eine Puppe im Gras wirkte. Es streckte die Beine von sich, als würden sie ihr nicht gehören. Daneben zwei Jungs im Schneidersitz. Beide waren kahl geschoren wie Lagerinsassen, und der Ältere hatte vergessen, seinen Hosenschlitz zu schließen, was mir Leid tat. Mit offener Hose vor der Linse. Der musste sich doch zu Tode geschämt haben, als er das Foto sah. Der Jüngere hatte ein spitzes Kinn und abstehende Ohren und war der Einzige von der ganzen ernsten Gesellschaft, der in die Kamera grinste.

Nu, welcher bin ich?, fragte mein Großvater. Ich schaute mir die Männer auf dem Foto an. Vielleicht der hier links, der mit dem Vatermörderkragen? Mein Großvater lachte und schüttelte den Kopf. Neji, das ist doch der Paul. Angestrengt suchte ich das Foto ab. Am Ende war er der da in der hinteren Reihe, der mit dem Hitlerbärtchen? Nicht auszudenken. Neji, neji, sagte mein Großvater. Das ist doch der Anton. Nu, was? Findst mich nicht? Dann zeigte er auf den grinsenden kleinen Jungen mit den abstehenden Ohren. Nu, das bin ich.

Mit einem Mal war mir nach Weinen zumute. Ungläubig schaute ich auf meinen Großvater, auf seine dünnen, grauen Haare, die er sich mit Birkenwasser zurückgekämmt hatte, auf seine großen Ohren, auf die feinen Narben in seinem Gesicht, graublaue Striche, ich schaute auf seinen Bauch, der sich unter dem hellblauen Hemd spannte – ejin Mann ohne Bauch ist ejin Krippel –, auf seine faltigen Hände, auch sie übersät mit graublauen Narben, in denen der Kohlenstaub steckte. Und das sollte der kleine Junge sein, der hier so frech in die Kamera grinste? Ein Kind, jünger als ich? Mir wurde schwindlig. Ich hatte das gleiche Gefühl, wie wenn ich im Bett lag und versuchte, mir die Unendlichkeit vorzustellen. Wenn ich im Dunkeln auf die Ritze unter der Tür sah, durch die etwas Licht in mein Zimmer drang, und mir ausmalte, dass das Weltall einfach nicht aufhörte, sondern immer weiter und weiter und weiter ging, sich ausdehnte und in eine Unendlichkeit von Universen überging, alle mit Planeten, mit Sonne, Mond und Sternen und einer Erde. Eine endlose Reihe, ohne Anfang und ohne Ende. Dann bekam ich jedes Mal Angst. Angst vor dem Nichts, und mir wurde schlecht. Genauso war es jetzt.

Tatsächlich hatte ich noch nie richtig darüber nachgedacht, dass alle, die hier um den Wohnzimmertisch saßen, irgendwann mal Kinder gewesen sein mussten. Ob sich mein Großvater insgeheim danach sehnte, wieder Kind zu sein? Aber da war nichts mehr zu machen. Wenn man ein Kind war, konnte man immerhin erwachsen werden, aber wenn man erwachsen war, konnte man nicht wieder ein Kind sein. Das erschien mir ein erheblicher Nachteil am Erwachsenenleben zu sein. Anders als ich, die ich noch die Aussicht hatte, bald erwachsen zu werden, eine Aussicht, die mich entschädigte für die unzähligen Dafür-bist-du-noch-zu-klein, hatte mein Großvater diesen Trost nicht mehr. Vor sich hatte er nichts anderes als die Aussicht auf ein Nichts, was mich traurig stimmte. Mein Großvater schien sich darum jedoch nicht zu bekümmern. Nicht um den Tod und nicht um die Unendlichkeit. Ich fragte ihn, ob er bald sterben würde. Er lachte und sagte: Das Wichtigste im Leben ist, nicht zu vergessen, Luft zu holen.

Ein anderes Foto zeigte meine Großmutter allein. Es war keiner der üblichen Schnappschüsse vom Dorf, sondern in einem Studio aufgenommen. Vor ihrer Eheschließung sah meine Großmutter sehr unternehmungslustig aus. Ihre krausen, schwarzen Haare hatte sie mit Mühe gebändigt, sie trug ein Kleid mit tief angesetzter Taille und Glockenärmeln und saß auf einer Sofalehne. Die linke Hand ruhte auf dem Sofa, den rechten Arm hatte sie kokett abgewinkelt – und, damit der Glockenärmel besser zur Geltung käme, auf die Hüfte gestützt. Ein Stummfilmstar. Allein die Wollstrümpfe beeinträchtigten den verführerischen Gesamteindruck. Dessen ungeachtet lächelte meine Großmutter selbstsicher und wohlgenährt in die Kamera – als träumte sie davon, dass dieses Foto eines nicht zu fernen Tages millionenfach kopiert an allen Kiosken verkauft, an alle Haushalte geschickt werden würde.

Ich drehte das Foto um. *Zum teuren Andenken von deiner guten Schwester Anni. 29.12.1930.* Auf der Rückseite war mit Bleistift vermerkt: *18 Jahre alt.*

Nu, war ich scheen?, fragte meine Großmutter, aber noch bevor ich antworten konnte, hatte sie mir das Foto aus den Händen gezogen und an ihren Bruder weitergereicht, für den die Widmung bestimmt gewesen war.

Na, und hier, mechts mich hier finden?, fragte mich mein Großvater und hielt mir ein Hochzeitsbild vor die Nase. Wieder eine feierliche Gesellschaft, allerdings standen sie nicht auf einer Wiese, sondern vor einer fensterlosen Häuserwand. Alle starrten wieder ernst und gottergeben auf den Fotografen, manche etwas ungläubig und zugleich staunend, so als würden sie beim Zerlegen eines Ottomotors zusehen. Die Röcke der Frauen waren kürzer geworden. Sie reichten nicht mehr bis zum Boden, sondern umspielten die Waden. Die Männer trugen elegante, doppelreihige schwarze Anzüge mit seidenen Revers. Wieder war da die streng blickende, verhärmte Frau mit dem Haarknoten und dem Mittelscheitel, der weißhaarige Mann mit Bart fehlte jedoch an ihrer Seite. Die Jungs hatten wieder kahl geschorene Schädel. In der Mitte saß ein Brautpaar. Meine Großeltern.

Ist ja einfach, sagte ich zu meinem Großvater und tippte auf den Bräutigam.

Meiner Großmutter hatte die Eheschließung offenbar zugesetzt, denn von der pummeligen Dorfschönheit war sie zu einer ephebischen Marmorfigur abgemagert. Sehr schmal, sehr schwarzhaarig saß sie da, ganz in weißen Tüll gehüllt, mit einem Blütenkranz auf dem Haar, zu ihren Füßen ringelte sich der Schleier im Staub. Sie war die einzige der ganzen Hochzeitsgesellschaft, die zu lächeln versuchte. Mein Großvater steckte in seinem schwarzen Anzug wie ein Konfirmand. Eine Leibbinde schnürte ihm die Brust ab. Er hatte riesige abstehende Ohren, die Haare waren so hoch weggeschoren, dass seine Ohren dadurch besonders zur Geltung kamen, und er blickte ernst und entrückt in die Ferne.

Als ob ich ihn gehen sehen mechte, sagt Frau Piatek und blickt durch das Fenster auf die Stelle, wo das Haus meiner Großeltern gestanden hatte. Wieder und wieder schüttelt sie den Kopf.

Ich kann mich entsinnen, wie er so ging, der Allo, von hier in die Miehle. Die Ania war auch gute Frau, gute. Die war fier sich. Haushalt und Kinderchen und wejiter nichts. Ja, so etwas gab es denn nicht, dass der ejine zum anderen mecht plachern gehen. Der Allo und die Ania, das waren ejinfache, arbeitsame Lejte, sagt sie bestimmt. Waren kejine Herren, neji, so etwas gab es ja nicht. War ejiner wie der andere.

Inzwischen ist eine Stunde vergangen und Reini immer noch nicht vom Wasserholen zurückgekehrt. Ab und zu steht Frau Piatek auf, geht zum Fenster, schiebt die Gardine beiseite, blickt hinüber zum Brunnen neben dem Gasthaus zur Ostpreußischen Schweiz, seufzt und setzt sich wieder an den Kachelofen.

Nu erzählen Sie, wie ist es dem Allo und der Ania ergangen, in Deutschland?, fragt sie, und ich fühle ihre schwarzen Augen in meinem Gesicht herumspazieren. Als nähme sie unsere Gesichter, drehte und wendete sie und legte sie nebeneinander, um sie zu vergleichen.

Gut, antworte ich und denke an meine Großmutter, die es nie müde wurde, ihr Leben als Rentnerin zu preisen, der Wohlstand hier, uns geht es ja gold. Mein Großvater war wegen seiner Staublunge Frührentner geworden. Sie hatten noch ein paar schöne Jahre, höre ich mich sagen. Das war die Formulierung, die meine Tanten und Onkel immer parat hatten, um meinen Großvater zum Schweigen zu bringen. Wenn er von Ostpreußen zu erzählen begann, von der Flucht, vom Krieg, vom Tommy und den Franzmännern, vom Ami natürlich auch, dann unterbrachen sie ihn mit den Worten: Aber jetzt habt ihr doch noch ein paar schöne Jahre. Ja, sagte mein Großvater, der gegen dieses Argument nichts einwenden konnte, ejin paar scheene Jahre. Und klopfte sich resigniert auf den Bauch.

Jetzt kommt er, sagt Frau Piatek plötzlich. Ojei, ojei, ojei.

Reini torkelt am Fenster vorbei durch den Garten. Schwer atmend kämpft er sich durch die Luft, vorbei an den Malvenstöcken und Gladiolen, gleich fällt er ins Blumenbeet, sein Gesicht ist rot wie nach einem Sonnenbrand. Frau Piateks Rücken strafft sich. Sie streicht über ihre Kittelschürze. Quietschend geht die Tür auf.

Nu – wo kommst her?, fragt Frau Piatek. Sie wartet

seine Antwort gar nicht erst ab. Hat sie dir wieder gegeben, ja?

Reini bleibt schwankend und unschlüssig in der Tür stehen. Er atmet schwer.

Waaas gegeben?, heult er. Waaas gegeben? War spazieren, ist doch scheenes Wetter, nich, Mamma. Seine Stimme klingt wie die einer beleidigten Marlene Dietrich. Er streckt den Kopf unter dem Türrahmen in Richtung Küchenofen.

Nu, gibt's kejin Essen?

Er guckt neugierig zwischen Tisch und Ofen hin und her, aber da tut sich nichts. Frau Piatek dreht ihm den Rücken zu. Sie blickt geradeaus auf die Madonna mit Bart. Ihre schwarzen Augen schleudern Blitze.

Na, denn geh und sitz. Lass das Wetter dir essen geben.

Kejine Kartoffeln?

Neji, sind kejine.

Reini hält sich am Türrahmen fest, sein Oberkörper pendelt unentschlossen hin und her wie der eines ratlosen Braunbären. Frau Piatek wendet ihm immer noch den Rücken zu. Vor sich hin murmelnd zieht sich Reini in die Küche zurück, er lässt seinen schweren Körper auf die Bettcouch fallen, deren Federn leise unter seinem Gewicht ächzen.

Frau Piatek dreht sich um, beugt sich zu uns vor und flüstert: Die vom Laden gibt auf Anschrejiben.

Und jedes Mal, am Monatsanfang, wenn sie die Rente ausgezahlt bekomme, dann heiße es: Mamma, ich hab da noch etwas zu bezahlen. Nun hat sie das satt und der Verkäuferin das Anschreiben verboten. Schließlich leben sie beide nur von ihrer Rente. Die Verkäuferin habe versprochen, ihm nichts mehr zu geben – aber dann habe sie wieder angefangen, anzuschreiben. Erst kürzlich musste sie wieder drei Bier für ihn bezahlen, sechzig Zloty. Frau Piatek schickt einen grimmigen Blick zur bärtigen Madonna.

Das sind für mich sechs Brote. Wissen Sie, man muss sich schon so umdrehen. Oh Jessus, neji, mit dem Geld so rechnen. Aber Mann blejibt Mann, der denkt nicht! Der denkt nicht!

Im Hintergrund quietschen wieder die Federn. Schon steht Reini im Türrahmen und hält sich fest. Er sucht nach Worten, findet aber keine. Jetzt dreht sich Frau Piatek zu ihm hin und schreit: Ihr schämt euch gar nicht! Wie die Polen seid ihr, ihr sejid kejine deutschen Männer. Ein deutscher Mann tut das nicht. Oh Jessus, neji, Rejini.

Reini ist nun jedoch schon wieder versöhnlich gestimmt und antwortet: Na, Mamma, sind wir doch in Polen, missen wir doch mit den Polen uns verstehn, nich, Mamma.

Verstehn, verstehn, das sieht man, wie ihr euch versteht. Ihr versoffene Bande, verfluchte!

Na, scheen, Mamma, wir leben doch bejide hier …

Reden kannst wie ejin Doktor!

Brummend wie ein resignierter Hofhund zieht Reini sich wieder zurück auf die Bettcouch. Frau Piatek schüttelt den Kopf und flüstert uns zu: Jetzt machen sie ja, was sie wollen, beim Walesa, neji, Walesa, ist ja nicht mehr, bejim Kwasniewski, ist noch Kwasniewski, oder? Das misste auch verboten sein. Es misste jeder bloß sejinen Halbliter kriegen. Zweji Mal in der Woche oder so, aber nicht doch so jeden Tag am Laden stehen und trinken. Und die Männer lassen sich nichts sagen. Na, und die Regierung, die sorgt für das nicht. Die Männer an der Schnauze nehmen und arbejiten lassen.

Wieder ächzen die Bettfedern, wieder kämpft sich Reini hoch und durch das Zimmer. Lange hat er nach der geeigneten Antwort gesucht, und nun hat er sie gefunden. Er streckt den Kopf wie eine Schildkröte hervor und bläst seiner Mutter in den Nacken: Denn pass auf, denn sonst nehm' ich mir den Strick und häng' mich auf.

Aber das kennt Frau Piatek bereits, wie oft hat sie das schon gehört. Deshalb zischt sie nur kurz ein Stoßgebet in Richtung bärtige Madonna, verdreht die Augen und sagt: Ja, ich geb' dir noch den Strick. Geh mir aus den Augen! Versoffenes Biest!

Erschreckt, als hätte man ihm auf die Nase getippt, zieht Reini den Kopf zurück in den Panzer. Damit hat er nicht gerechnet. Er überlegt und überlegt und überlegt. Aber ihm will nichts einfallen. Dann sagt er: Neji, Mamma, mejin Bruder hat sich aufgehongen, aber ich häng' mich nicht auf.

Nu, willst dich aufhängen, oder willst dich nicht aufhängen?, sagt Frau Piatek ungeduldig, worauf wartest denn?

Machst Augen zu und weg bin ich, sagt Reini triumphierend.

Jetzt ist Frau Piatek das Dialogisieren mit einem Betrunkenen endgültig leid. Dann geh doch schon. Dass ich allejine blejib. Geh, geh, geh!

Reini zuckt zusammen. So weit wollte er gar nicht gehen. Mamma, sagt er weinerlich, und ejines Tages machen wir Augen zu, du machst Augen zu, und ich mach die Augen zu …

Ja, und den Arsch machst auf!, schreit Frau Piatek dazwischen. Erschreckt und zugleich gebannt lauscht sie dem Klang ihrer eigenen Worte. Bedächtig dreht sie ihren Oberkörper um, wieder zu uns hin, kichert über die gelungene Pointe und schreit noch ein letztes Mal in Reinis Richtung: Und den Arsch machst auf!

Dann ist Stille.

3. Das Gasthaus zur Ostpreußischen Schweiz

Bei meinen Großeltern hing keine bärtige Madonna an der Wand, sondern ein röhrender Hirsch, der auf einem Felsvorsprung stand und ratlos in die raue Herbstluft röhrte. Er war umrahmt von Tannen, und im Hintergrund leuchteten die Alpen.

Ich habe mich immer gefragt, warum dort die Alpen hingen und nicht die HEIMAT? Warum keine ostpreußische Landschaft? Ich war überzeugt, dass sich das *Land der dunklen Wälder und kristallnen Seen* viel besser über dem Sofa gemacht hätte. Ich stellte mir die ostpreußische Landschaft vor, wie jene auf dem Ledereinband des Buches, das bei uns neben den *Buddenbrooks* im Bücherregal stand: *Und ewig singen die Wälder*. Ein goldgeprägter Himmel über schwarzen Wäldern. So musste Ostpreußen aussehen. In etwa wie der Schwarzwald, dabei alles natürlich noch viel größer und endloser und schwärzer, dazu noch die Seen, die ich mir kristallklar wie die Südsee vorstellte. Was hatte der Hirsch im Wohnzimmer meiner Großeltern zu suchen, wo wir doch schließlich die Elche hatten, die mein Großvater sonst bei jeder Gelegenheit anführte? Die, anstatt herumzuröhren, gelassen und majestätischen Schrittes durch die Landschaft zogen, wie es mein Großvater nicht müde wurde zu beschreiben, und die dazu noch schwimmen konnten wie die Fische? Die Verehrung der Alpen einschließlich brünstiger Hirsche blieb mir ein Rätsel. Schließlich waren weder die Hirsche noch die Berge für das Leben meiner Großeltern von Bedeutung. Im Gegenteil, Höhenluft war für die Staublunge meines Großvaters ganz und gar unbekömmlich, so dass meine Großeltern in ihrem ganzen Leben nie weiter südlich gereist sind als bis in den Schwarzwald, wo ihre Tochter Renate lebte, und bereits dort litt mein Großvater unter Atemnot. Die reine, staatlich geprüfte Luftkurort-Luft bekam ihm nicht, und meine Großeltern kehrten von jedem ihrer Besuche früher als beabsichtigt wieder ins Ruhrgebiet zurück, wo mein Großvater wieder tief durchatmen konnte.

Vermutlich hatte die Berglandschaft aber den gleichen Ursprung wie die Schrankwand aus Nussbaum und die senfgelbe Sofagarnitur, mit der meine Großmutter die Nierentisch-Ära für sich beendete: Möbelhaus Möcking in der Weststraße. Nun wurde es langsam, aber unaufhaltsam altdeutsch. Die Vorhänge mit den Miró-Mustern wurden durch Brokatvorhänge ersetzt, die bunt funkelnden Kristallgläser und die golden schimmernden Sammeltassen, die im Glasfach des alten Wohnzimmerschranks wie in einem Mausoleum präsentiert worden waren, verschwanden im neuen Wohnzimmerschrank in einem Fach, das mit seinen bunten Butzenscheiben den Fenstern der Herz-Jesu-Kirche glich. Wie auf ein geheimes Kommando hin hatte plötzlich jede Familie unserer Verwandtschaft wenn nicht die Alpen, dann mindestens eine Mittelgebirgslandschaft im Wohnzimmer, und sicher wollte meine Großmutter nicht hinter ihren Töchtern und

Schwiegertöchtern zurückstehen. Tante Rosi hatte sich für eine Art Dolomiten ohne Schnee entschieden, Tante Leni für eine Auenlandschaft.

Bei Tante Ruth, die aus Schlesien kam, hing auch nicht Schlesien, sondern eine bräunlich-niederdeutsche Landschaft über dem Sofa, mit Rindern, Schweinen und strohgedeckten Bauernhäusern – eine Landschaft, deren Anblick mich ganz niedergeschlagen machte. Die Farben sahen nach einer langen Schlechtwetterperiode aus, der Himmel war gelblich grau, die Schweine standen verregnet herum, und die Rinder steckten vermutlich im Schlamm fest. Ich fragte mich, wie man auf die Idee kommen konnte, so etwas Deprimierendes zu malen. Nach einem Umzug ersetzte Tante Ruth ihr verregnetes Landschaftsbild in Öl durch ein Stoffbild. Ein mittelalterliches Gelage, auf glänzendem Stoff gedruckt, in dessen Vordergrund ein rotgesichtiger, schwitzender Mann stand, der einer Frau mit weißem Häubchen die Hand ins Dekolleté schob, was ich für das Wohnzimmer noch unpassender fand als das schlechte Wetter. Jahre später erfuhr ich, dass das Stoffbild von Rembrandt war, sozusagen, aber das konnte meine Meinung über das Bild nicht mehr ändern.

Auch bei uns zu Hause deutete nichts auf die HEIMAT hin, weder auf die ostpreußische meines Vaters noch auf die schlesische meiner Mutter, wir hatten die Betenden Hände im Schlafzimmer und die Alpen im Wohnzimmer. Schneebedeckte Gipfel aus Öl, die sich in einem Bergsee spiegelten. Manchmal fuhr ich mit dem Finger über das Gemälde und versuchte die künstlerische Leistung, wenn schon nicht zu verstehen, dann doch zu erfühlen, indem ich mit dem Fingernagel ein bisschen an den Alpen herumkratzte. Über unserem Bergsee schien immerhin die Sonne, ein blauer Himmel mit ein paar Tupfenwolken nahm ein Drittel des Bildes ein, und ich fand, dass schönes Wetter das Mindeste war, was man von Kunst erwarten konnte.

Meine Großmutter hätte die Berge samt röhrendem Hirsch sicher gerne gegen eine Muttergottes eingetauscht, aber mein Großvater, der Pfaffenverächter, war gegen christliche Devotionalien im Wohnzimmer. So ging meine Großmutter ihrer religiösen Neigung nur im Schlafzimmer nach, wo über dem Ehebett ein Kreuz hing und neben der Spiegelkommode ein winziges, silbernes Becken mit Weihwasser, in das ich in unbeobachteten Augenblicken meine Fingerspitzen tauchte, meine Stirn benetzte und mir einen roten Knautschlackmantel zu Weihnachten wünschte.

Jeden Sonntag besuchte meine Großmutter die Frühmesse, was mein Großvater so gut es ging zu ignorieren versuchte. Er war gegen die Kirche und ganz entschieden gegen den Papst. Er war aber auch gegen die Sozis, und gegen die Schwarzen war er auch. Er war gegen die FDP und gegen die NPD. Er war gegen alles.

Er lehnte das Traumpaar des deutschen Eiskunstlaufs, Hans-Jürgen Bäumler und Marika Kilius, ebenso ab wie ihre russische Konkurrenz, die Protopopows. Er schaffte es, gegen Willy Brandt und Kurt Georg Kiesinger gleichzeitig zu sein. Willy Brandt alias Frahm, fügte er mit einem abschätzigen Gesichtsausdruck hinzu, was ich nicht verstand. Roy Black hieß schließlich auch nicht Roy Black, sondern Gerd Höllerich und keiner regte sich darüber auf. Sind doch alles schlechte Brieder, beharrte mein Großvater. Er war gegen langhaarige Demonstranten und gegen Politiker, die gegen langhaarige Demonstranten waren. Natürlich war er später auch gegen die Grünen, der Anblick strickender Männer in Bundestagssitzungen brachte ihn schier um den Verstand, und hätte er den Fall der Mauer noch miterlebt, er wäre dagegen gewesen.

Sonntagnachmittags saß ich bei meinen Großeltern auf dem Sofa, so wie hier bei Frau Piatek. Der sonntägliche Besuch bei meinen Großeltern gehörte zum wöchentlichen Ritual – wie das samstägliche Bad und die Turnstunde am Mittwochnachmittag in der Jahn-Turnhalle. Wenn ich kam, öffnete meine Großmutter die Tür und drückte mich an ihren nach Tosca und Kartoffelschalen riechenden Busen, als wären Jahre vergangen, seitdem wir uns das letzte Mal gesehen hatten, dabei war es nur eine Woche. Mein Großvater saß da mit pfeifendem Atem und kommentierte das Weltgeschehen wie die Männer, die in Trainingshosen Fußball gucken und brüllen: Jetzt nimm ihn doch auf, du Hund!, weil sie genau wissen, wie gespielt werden muss, um zu gewinnen. Wieder und wieder stellte er fest, dass Politik ein schmutziges Geschäft sei. Und wenn all das noch keinen Widerspruch hervorgerufen hatte, versuchte er uns damit aus der Reserve zu locken, dass er lauthals bedauerte, dass es keinen Adolf mehr gab, der für etwas Ordnung sorgen würde. Ich fragte mich immer, von welcher Ordnung er bloß träumte, für meinen Geschmack war es ohnehin schon alles viel zu ordentlich, wir Kinder durften in unserer

Siedlung nicht mal den Rasen betreten, sonst kam der Häuserverwalter angerannt, der vermutlich mit dem Adolf verwandt war, denn er schrie wie ein Beserker herum, als würde er, wie ich das im Fernsehen von Adolf gesehen hatte, vor lauter schreienden, begeistert fähnchenschwingenden Menschen stehen und nicht vor uns Kindern, die ihn schweigend und verblüfft anblickten. Meine Großmutter stritt sich dann etwas mit meinem Großvater herum, sie zankte beiläufig, ohne große Begeisterung, servierte stattdessen Bienenstich, den sie gerade vom Bäckerwagen geholt hatte, und blickte mit gerunzelter Stirn auf das zweite Glas Coca-Cola, das ich mir einschenkte und das ihr viel mehr ein Dorn im Auge war als all die Tommys, Amis und Franzmänner zusammen, vom Adolf ganz zu schweigen. Ich ahnte, dass nun wieder die Geschichte von dem Stück Rindfleisch kommen würde, das, in Coca-Cola gelegt, sich so vollständig auflöste, als würde es von Salzsäure aufgefressen. Für mich befürchtete meine Großmutter ein ähnliches Schicksal. Sonntag für Sonntag drängte sie mich, endlich mal ein Glas Milch zu trinken und überhaupt vernünftig zu essen, Flejisch und Gemiese. Schließlich sei ich doch schon so dünn, dass man auf meinen Rippen Klavier spielen könne.

Mein Großvater saß auf dem Sofa unter den Alpen und guckte die Nachrichten. Er hatte Mettschnittchen mit Zwiebelringen zu Abend gegessen, dazu ein paar Scheiben kalten Bratens, und ein, höchstens aber zwei Glas Bier. Und war bereits so sehr gegen alles, dass ihn schon die Fernsehansagerin aufbrachte, die lediglich die bevorstehende Tagesschau ankündigte. Männer wie

Karl-Heinz Köpke, die sich dafür hergaben, jedwede Nachrichten zu verlesen, von der Massenkarambolage auf der A 1 bis zum Koalitionsstreit, verachtete er aus tiefstem Herzen. Er ließ aber auch kein gutes Haar an den Frauen. Die Sprecherin der ZDF-Nachrichten, Ulrike Möllendorf, war ihm verhasst, schon ihr Lächeln regte ihn auf, er fühlte sich von den Farben ihrer Kostümjacken beleidigt und betrachtete ihr brünettes Haar als persönlichen Angriff. Was auch immer sie verkündete, die Einführung der Mehrwertsteuer, der Friedensnobelpreis für Willy Brandt, die Enttarnung des Kanzler-Spions Guillaume – mein Großvater war dagegen. Natürlich war er auch gegen den Wetterbericht, gleichgültig, ob der Sonnenschein versprach oder ein zähes Atlantiktief ankündigte – das Wetter kommt immer anders als man denkt.

Seiner Grundüberzeugung des Dagegen-Seins folgend, war er nie in eine Partei eingetreten, nicht mal in die NSDAP. Als seine Brüder dem Arierwahn erlagen und den Namen Reski zu Reder germanisierten, war mein Großvater auch dagegen und blieb der einzige in der Familie Reski, der seinen polnisch klingenden Namen beibehielt. Allerdings nicht aus Opposition gegen das Naziregime, sondern aus Trotz gegenüber seinen Brüdern. Denn im gleichen Atemzug erzählte er mit Stolz, dass die Familie Reski aus Schweden stammte, wie Nachforschungen seiner Brüder ergeben hätten. Das war etwas, was mich aufbrachte. Sonst gegen alles sein, aber dann den Brüdern glauben, die sich sogar des Namens Reski schämten. Ihr seht ja auch sehr schwedisch aus, bemerkte ich spitz. Nu, was wejisst schon von den Schweden?, sagte mein Großvater mit dem überlegenen Lächeln dessen, der als Einziger erkannt hat, dass schwarze Haare und braune Augen des Schweden vornehmste Eigenschaft sind. Seitdem stellte sich mir der Widerspruchsgeist meines Großvaters wie ein angeborener Defekt dar, eine Art Rot-Grün-Blindheit, für die man ihn ebenso wenig verantwortlich machen konnte wie meinen Onkel Jürgen für sein Stottern.

So wie manche Stotterer nur stottern, wenn sie Zuhörer haben, verfiel mein Großvater nur dann dem Widerspruch, wenn er ein Publikum hatte, das aus anderen Personen als meiner Großmutter bestand. Wenn er mit meiner Großmutter allein war, spielte er mit ihr Halma und war mit ihr einer Meinung. Seine Renitenz löste sich in Milde auf, und sein Tag plätscherte ohne jeden Einwand dahin. Sonntags aber, wenn die Kinder und Enkel zum Kaffeetrinken kamen, lief er zu großer widersprechender Form auf. Weil jeder in der Familie wusste, dass der Großvater im Zweifel dagegen war, ließen sich nur noch wenige von ihm in ein Streitgespräch verwickeln, was ihn verdross. Meine Großmutter interessierten seine Einwände gegen Willy Brandt schon lange nicht mehr, meine Onkel spielten lieber mit ihm Skat, und meine Tanten überhörten, warum er gegen Rainer Barzels konstruktives Misstrauensvotum war. Wir Enkelkinder saßen am Kindertisch und spielten Mensch ärgere dich nicht.

Weil weder die Provokation mit den Priestern zog, alle warme Brieder, noch die mit den Sozis, den roten Briedern, holte er wieder den Adolf raus. Der Adolf, der die arbeitsscheuen Leute auf Trab gebracht hätte, dem wir die Autobahnen verdankten und bei dem es weder Langhaarige noch Löcher in den Jeans gegeben hätte. Jetzt, wo ganz Deutschland sich besonnen hatte und gegen den Adolf war, war mein Großvater dafür. Schließlich verlor meine Großmutter, wenngleich nur kurz, die Fassung. Was redst dummes Zeug, zischte sie ihm zu, hast ja gesehen, wohin das ging, mit dem Adolf. Schließlich kam sie aus einer streng katholischen Familie, wie sie nie müde wurde zu betonen, einer Familie, die anders als die Reskis, nicht für die Nazis gewesen sei. Unser Vater war ja strenggläubig, sagte sie immer, als erklärte dieser Satz alles. Ich sah, wie mein Großvater frohlockte. Der Adolf funktionierte immer. Jeder spielte seinen Part.

Onkel Oskar, der jüngste Sohn, ergriff Partei für meine Großmutter und gegen Hitler, schon aus dem Grunde, weil er noch bei meinen Großeltern wohnte. Meine Großmutter wusch, bügelte, kochte und backte für ihn und saß jeden Sonntag neben ihm in der Kirche. Mit fester Stimme sagte er zu meinem Großvater: Dir geht es einfach nur zu gut.

Ich würfelte mit meinen Cousins um die Wette, warf meinen Cousin Heiko mit einer Sechs raus und beobachtete, wie der Hals meiner Großmutter rote Flecken bekam. Wie wild drehte sie an den Knöpfen ihrer Bluse herum. Meine Tanten und Onkel hatten bereits etwas getrunken, nicht zu viel, aber doch so viel, dass ihnen der Alkohol die Zungen gelockert hatte. Meine Großmutter befürchtete, dass Oskar jetzt noch weiterreden würde, genau wie mein Vater, der Heini, den sie, wie meine Mutter immer erzählte, von meinem Großvater fern halten musste, wenn er getrunken hatte, weil er sonst wieder bestimmte dunkle Angelegenheiten ans Licht zerrte, Erinnerungen an die FLUCHT – an damals, als mein Großvater meine Großmutter im Stich gelassen hatte, was mein Vater ihm nie hatte verzeihen können. Angelegenheiten, über die meine Großmutter nicht mehr sprechen wollte, jedenfalls nicht in Gegenwart meines Großvaters, was ich bedauerte, weil ich gern gewusst hätte, was sich hinter diesen Andeutungen verbarg. Dazu kam es aber nie. Stattdessen meldete sich Tante Renate zu Wort, erbost über die Parteilichkeit ihres Bruders. Sie war aus dem Schwarzwald zu Besuch gekommen und hatte, wie ihre Schwestern laut vermuteten, in der Ferne und bei der guten Luft völlig vergessen, dass ihr Vater sowieso immer dagegen war, und meinte, ihm zur Gerechtigkeit verhelfen zu müssen. Leben wir nicht in einem freien Land? Gibt es nicht die Redefreiheit?

Nu lass den Papa doch auch mal zu Wort kommen, rief sie aufgeregt, woraufhin ihre Schwester Rosi erwiderte: Ja, was mischt du dich denn hier ein? Der Ton ihres Einwurfs verstimmte Tante Renate. Rosi hätte das so komisch ausgesprochen, als wollte sie ihr damit zu verstehen geben, dass sie nicht dazugehörte, weil sie nicht im Ruhrgebiet, sondern im Schwarzwald wohnte, sagte sie, wobei ihre Lippen bebten und sich ein Glitzern in ihre Augenwinkel stahl. Dieser von ihr geäußerte Verdacht empörte wiederum Tante Leni, die rief: Das hat die Rosi doch nicht so gemeint. Dass du auch gleich immer so aufbraust, genau wie der Vater.

Und Tante Rosi fügte an: Was bist du denn so empfindlich? Kommst hier an und fängst an zu heulen? Dann redeten alle durcheinander, meine Tanten und meine Onkel, wobei meinen angeheirateten Onkeln weniger die ungeklärten Familienangelegenheiten am Herzen lagen als die Ergebnisse von Schalke 04. Immer wieder winkelten sie die Arme an, setzten die Lippen an den schmalen goldenen Rand der Schnapsgläser und tranken mit einem kurzen, schmerzverzerrten Rucken, während sich meine Tanten so lange das sagten, was sie sich schon immer hatten sagen wollen, bis Tante Ursel, die jüngste meiner Tanten, rief: Jetzt seid doch mal ruhig, die Mutter hat schon Flecken! Da hatte meine Großmutter vor lauter Nervosität bereits zwei Knöpfe von ihrer neuen Bluse abgedreht.

Mein Großvater hingegen beteiligte sich schon lange nicht mehr an dem Gespräch. Er strich den jüngsten Enkelkindern über das Haar, schenkte den älteren Coca-Cola und Orangenlimonade nach, würfelte für meinen Cousin Heiko eine Sechs, damit er mich endlich rauswerfen konnte, was ich gemein fand, und verließ schließlich gelangweilt das Zimmer, um in den Keller zu steigen und Bier zu holen. Als er wieder heraufkam und das Wohnzimmer betrat, sagte er mit verwundertem Blick auf seine Kinder: Nu was, strejitet ihr euch immer noch?

Bei Frau Piatek sind inzwischen die Nachbarinnen zu Besuch gekommen. Sie kamen scheinbar unbeteiligt herangeschlendert, die etwas dicke Frau Leszinski und die etwas dünne Frau Jekosch, und warten, bis Frau

Piatek sie auffordert, auf der Holzbank Platz zu nehmen. Denn schließlich wissen sie, was sich gehört. Der Streit mit Reini ist ihnen nicht entgangen, doch der Suff ist Alltag. Darüber reden sie nur, wenn es wirklich nichts anderes Interessantes gibt. Jetzt aber bewegt sie viel mehr die Frage, wer zu dem Auto mit Warschauer Kennzeichen gehört, das seit ein paar Stunden vor Frau Piateks Haus steht.

Sie beobachten mich misstrauisch aus den Augenwinkeln. Ich spüre, wie sie mich bis ins Innere meiner Jackentaschen durchleuchten, mich im Geiste drehen und wenden, meine Schuhsohlen begutachten, die Farbe meiner Lippen kommentieren. Schließlich sage ich schüchtern: Ich bin die Enkelin von Allo Reski und Anna Gapowski. Vielleicht haben Sie sie noch gekannt?

Es ist eigenartig. Immer wenn ich hier die Namen meiner Großeltern ausspreche, fühle ich mich, als begegnete ich einem früheren Leben. Als würde ich die Gesichter dieser Frauen bereits lange kennen, als hätte ich bereits alle ihre Geschichten gehört, ihr Essen geschmeckt, den Dunst ihrer Wohnungen gerochen. Als würde ich dazugehören.

In gekränktem Ton, als hätte ich sie nach einer Selbstverständlichkeit gefragt, sagt Frau Leszinski: Nu, frejilich erinnere ich mich an die Anna Gapowski, bin ich doch mit ihrer Schwester Rosa zur Schule gegangen.

Hier bin ich jemand. Die Enkelin von Anna Gapowski und Aloysius Reski, die im Dorf alle kannten. Ich sitze in einem fremden Land mit drei fremden Frauen auf einer Holzbank und fühle mich, als wären wir miteinander verwandt. Ich erinnere mich an den Tag meiner Einschulung am Gymnasium. Es war Sommer, ein Sturzregen hatte uns alle durchnässt. Sauer nach Feuchtigkeit riechend standen wir im neuen Klassenzimmer, und um unsere Füße sammelten sich kleine Pfützen. Der Klassenlehrer rief die Namen der Schüler einzeln auf: Annette Sichler, Bettina Fluhme, Ingrid Kunsemüller. Kein einziger Name mit -ski. In meiner Volksschulklasse hatte es außer mir noch Ralf Patschkowski gegeben, den ich wegen seines Namens bemitleidet hatte. Aber hier: kein Kaminski, kein Polinski, kein Kowalski, sondern nur einfach auszusprechende, klare deutsche Namen: Fischer, Scholz, Wagner, Weber. Namen wie der, den die Brüder meines Großvaters für sich erfunden hatten. Der Lehrer hieß Herr Seliger und erging sich bei jedem Schüler in langen Anekdoten über die jeweilige Familie, als hätte er bei jedem Einzelnen eine Ahnenforschung betrieben: Oh, Sigrid Fischer, ich erinnere mich noch genau an den Tag, als dein Vater Gerhard vor mir stand. Nein, wie die Zeit vergeht. Schöne Grüße auch nach Haus. Schon Vater und Großvater von Sigrid Fischer hatten das Gymnasium besucht, vermutlich hatte der Klassenlehrer auch bereits ihre Großtanten und Großmütter, die Schwager, Cousins und Schwippschwägerinnen bis hin zum Urgroßvater unterrichtet, alle. Die Tante von Clemens Wagner wurde besonders lobend erwähnt, sie sei so begabt gewesen, auch die bienenfleißige Schwester von Martin Weber, die sich schon sehr früh für die Naturwissenschaften interessierte, ganz der Vater, der nach dem Abitur Chemiker geworden war. Bei meinem Namen sagte er nichts, sondern rief den nächsten auf.

Zum ersten Mal wünschte ich mir, anders zu heißen. Reski musste man immer buchstabieren, kein Mensch schien zu begreifen, dass sich mein Name so einfach schrieb, wie man ihn aussprach, und Petra Reder klang eigentlich gar nicht so schlecht. Reder oder Schneider oder Sander, ja Sander hielt ich für einen ganz besonders schönen Namen – auf jeden Fall wollte auch ich einen Namen tragen, der nicht auf -ski endete, sondern auf -er. Ich tröstete mich schließlich damit, dass Clemens Wagner ein anämisch wirkendes Jüngelchen war, mit durchscheinenden Wangen, den ich nur anpusten musste, und er wäre umgefallen. Martin Weber war ein extrem nervöses Geschöpf, den jeder scharfe Blick bereits zum Weinen gebracht hätte. Und Sigrid Fischer musste selbst mitten im Sommer dicke Wollstrumpfhosen tragen, nicht weiße, sondern beigefarbene, die im Schritt etwas durchhingen.

Wejißt doch, Allo Reski, sagt Frau Piatek zu Frau Leszinski, der Allo, der in der Miehle gearbejitet hat!, und ein eigentümlich warmes Gefühl legt sich auf mein Herz. Es ist eine Reise in eine verloren gegangene Zeit. Eine Zeit, die ich nur aus Erzählungen, Andeutungen, Anekdoten kenne, und plötzlich sitze ich mittendrin.

Mit gleichmütiger Stimme erzählt Frau Leszinski, dass ja immer wieder Deutsche ins Dorf kämen, am liebsten im Sommer. Irgendwann ziehe es eben jeden wieder in die Heimat zurück, sagt sie. Und wenn nicht meine Großeltern und nicht ihre Kinder, dann eben mich. Ihre Stimme klingt nach Vorwurf. Als käme ich zu spät. Als hätte ich das Dorf warten lassen. Als hätte ich vergessen, einer Pflicht nachzukommen. Vergeblich versuche ich ihr deutlich zu machen, dass ich dreizehn Jahre nach Kriegsende im Ruhrgebiet geboren wurde – dass Ostpreußen für mich zwar die Heimat meines Vaters ist, aber doch eine Erinnerung. Eine Erinnerung, die meine Großmutter weinen ließ, ein Lied, das bei jeder Familienfeier gesungen wurde, ein Wappen über dem Esstisch, eine bestimmte Art, das R zu rollen, die ich unter Millionen anderer gerollter Rs sofort erkennen würde. Aber das alles lässt sie nicht gelten. Hejimat ist Hejimat, sagt sie streng, und ich wage nicht, ihr zu widersprechen.

Die Frauen gehören zu den letzten Deutschen hier im Ort. Frau Jekosch, die Lehnhards, dort hinter der Forellenzucht, dann die Neumanns und die Kochs oben auf dem Berg, wobei Frau Piatek findet, dass man die Frau Koch in letzter Zeit selten sieht.

Nu, was, die Frau ist herzkrank, die Frau hat Apparat, sagt Frau Leszinski, die mit Frau Koch befreundet ist und deshalb die Geschichte von ihrem Schrittmacher genauestens kennt. Vorwurfsvoll fügt sie an: Nu, was willst, die lebt doch kaum.

Dann versickert das Gespräch für eine Weile. Frau Piatek, Frau Jekosch und Frau Leszinski schweigen. Es ist ein beiläufiges Schweigen, ein Schweigen ohne große Bedeutung, ein Schweigen, das man miteinander teilt, wenn man sich schon ein Leben lang kennt. Wir sitzen auf der Bank vor den Erdbeerbeeten und genießen das Abendlicht. Der Himmel ist hoch und breit und still, auf der Straße bewegt sich niemand außer einem kurzbeinigen Bastard. Reini schläft.

Was für ejin scheener Tag, sagt Frau Piatek.

Nu, so ejin scheener Tag, sagt Frau Leszinski.

Gut, dass die Micken jetzt nicht so bejißen, sagt Frau Jekosch.

Sie streicht mit vorwurfsvoller Geste ihren Rock glatt, der sich über dem Bauch leicht zusammenrollt. Sie hält sich etwas steif auf der Holzbank, sitzt da mit hohlem Kreuz auf der Kante, als wollte sie gleich wieder aufspringen und wegrennen, aber wahrscheinlich drückt ihr einfach nur der Hüfthalter die Luft ab. Sie ist eine Frau unbestimmten Alters, die meine Tante sein könnte. Ihr Gesicht ist nicht mehr glatt, nur etwas welk. Ihre Haare haben fünf Jahrzehnte sozialistischer Dauerwellen überstanden und sind von grauen Fäden durchzogen. Frau Jekosch heißt Brigitte oder besser: Brigittka. Sie wohnt mit ihrem Mann Leo im Gasthaus zur Ostpreußischen Schweiz. Ejinundzwanzig Zimmer, sagt Frau Piatek kopfschüttelnd, ejinundzwanzig Zimmer. Und sitzt drauf wie ejine Glucke. Sie vermiete nicht, weil sie und ihr Mann darauf warten, dass es ihren Sohn Norbert von Warschau zurück nach Reußen zieht. Ejinundzwanzig Zimmer, wiederholt sie und wendet sich mir mit einem Blick zu, als sei ich der Schiedsrichter.

Nu, viellejicht kommt er zurick, der Norbert, sagt Frau Jekosch entschuldigend. Ach, Pappka, mejint mejin Norbert immer, ich komm' doch, ich komm' doch. Aber wann?, frag' ich dann, aber wann?

Sie hat kleine, braune Mäuseaugen, die flink zwischen Frau Piatek, Frau Leszinski und mir hin und her springen. Frau Leszinski sagt, dass sie ganz verrückt werde, wenn sie an Frau Jekosch denkt, die wie eine Glucke auf ihren einundzwanzig Zimmern hockt. Denn sie muss mit ihrem Mann, der Schwiegertochter und zwei kleinen Kindern auf drei Zimmern leben. Frau Leszinski wohnt auf der anderen Seite des Flusses, nur ein paar Schritte von Frau Piatek entfernt. Frau Leszinski heißt Anna oder besser: Anka. Frau Piatek nennt sie manchmal auch liebevoll Anko oder Anetschko. Aber die Frauen nennen sich nur, wenn es vertraulich wird, bei ihren Vornamen. Auch wenn sie sich bereits ein Leben lang kennen, so bleiben sie in Gegenwart von Fremden doch förmlich, wie es sich für Deutsche gehört, und reden sich mit dem Nachnamen an: Das sag' ich dir, Frau Jekosch!

Anetschko trägt einen blauen Kittel, in dessen Taschen sie ihre Hände stemmt. Die Haare trägt sie kurz geschnitten, ein praktischer Schnitt, der ohne Dauerwelle auskommt. Ihr Bubikopf sieht nach Arbeitsdienst aus. Über ihren Ohren leuchtet die Haut weiß, offenbar war sie erst vor kurzem beim Friseur, er hat sie geschoren wie ein Schulkind. Hohe Wangenknochen, ein kräftiges Wangenrot, das im Abendlicht leuchtet. Sie hat ein Die-deutsche-Frau-schminkt-sich-nicht-Gesicht. Ihr sonnengebräuntes Gesicht wirkt mädchenhaft, obwohl sie sicher über siebzig Jahre alt ist. BDM-Mädchen bleiben ihr Leben lang Mädchen. Tante Ruth war BDM-Mädchen gewesen, auch Tante Gisela, sie alle hatten dieses Leuchten, als seien sie Erwählte gewesen, Zeuginnen von etwas ganz Besonderem, etwas Erhabenem, was sie niemandem erklären konnten und auch nicht wollten. Als sei ihnen im Traum die Muttergottes erschienen und habe ihnen gesagt: Der Gleichschritt erzieht zur Disziplin! Meine Großmütter, meine Mutter und meine anderen Tanten leuchteten nicht. Die einen waren zu alt gewesen, um sich noch erleuchten lassen zu können, die anderen zu jung. Ich hatte immer das Gefühl, als sähen die wenigen Erwählten auf sie herab, als hätten sie etwas erfahren, was ihnen niemand mehr nehmen würde.

Wer so leuchtet wie Frau Leszinski, denke ich, der kann auch *Schwarzbraun ist die Haselnuß* singen. Bei uns wurde das Lied auf jeder Familienfeier gesungen, und ich habe es mit Inbrunst mitgesungen. *Schwarzbraun ist die Haselnuß, schwarzbraun bin auch ich, bin auch ich*. Ich mochte es gern, weil die Tonlage meiner Singstimme entgegenkam. Es wurde nicht so hoch gesungen wie manche andere Lieder, die Großtante Babe mit kastratenähnlicher Kopfstimme sang, was ihr einen Ellenbogenhieb von meiner Großmutter einbrachte: Nu, was jaulst denn so? *Schwarzbraun muß mein Schätzle sein, gerade so wie ich* sang ich mit Genuss, bis mir jemand eines Tages sagte, dass es ein Nazilied sei. Ich war schockiert. Mir kamen die Tränen. Sollte ich jahrelang und dazu mit Begeisterung ein Nazilied gesungen haben? Nicht auszudenken. *So wie du, so wie du, so wie du, ha, ha, ha!* Ich hatte auf meine Großmutter vertraut und auf ihr »unser Vater war ja strenggläubig«. Offenbar konnte man sich nicht mal darauf verlassen. Wer weiß, was früher gewesen war, in Ostpreußen. Schließlich wusste doch jedes Schulkind, dass sie früher alle Nazis waren, strenggläubig hin oder her. Auf den alten Fotos hatte ich haufenweise Männer mit Hitlerbärtchen bemerkt. Mein Vater, meine Tanten und Onkel waren dafür zwar zu jung gewesen, aber meine Großeltern, meine Großonkel und Großtanten nicht. *Schwarzbraun ist die Haselnuß, schwarzbraun bin auch ich*. Dass ich nicht selbst darauf gekommen war, berührte mich unangenehm. Ich war über mich selbst entrüstet. Braun war die Nazifarbe schlechthin, das war bekannt, und es hätte mich stutzig machen müssen. Einerseits. Andererseits fand ich es eigentümlich, dass die Nazis, die doch ganz versessen waren auf alles Arisch-Blauäugige, Blondhaarige, Hellhäutige, ein schwarzbraunes Mädchen preisen konnten. Schwarzbraun, wie meine Großmutter und ich im Sommer. *Wenn ich eine heiraten tu, so muß sie sein wie ich*. Ich beschloss, meine Großmutter zur Rede zu stellen.

Nu, was fier Nazilied?, sagte sie pikiert. Sie und ihre Schwestern hätten das schon gesungen, da habe der Hitler noch gar nicht gewusst, wo Ostpreußen überhaupt liegt. Das musste mir als Antwort genügen. Und so sang ich wieder mit, wenn auch verunsichert. *So wie du, so wie du, so wie du, ha, ha, ha! So wie du, so wie so wie du! du!*

Die Schnecken haben dieses Jahr den ganzen Salat in Frau Piateks Garten aufgefressen, das ist der Gedanke, dem die drei Frauen jetzt nachhängen. Sie blicken vorwurfsvoll auf das Beet, um dann wieder gemeinsam und vertraut zu schweigen. Wie in der Familie. Wer verwandt ist, muss auch nicht ständig miteinander reden, um sich die Zusammengehörigkeit zu beweisen.

Ich kenn' sie schon von Kind an, sagt Frau Leszinski mit Blick auf Frau Piatek, als hätte sie meine Gedanken geahnt.

Von Kindheit an, neji, sagt Frau Piatek. Wir sind doch hier geboren und aufgewachsen und hier sterben wir auch.

Ich bin hier geboren, ich will der Hejimat treu blejiben, hier blejib' ich, hier krepier' ich, sagt Frau Leszinski kämpferisch.

In Bertung, beim Pfarrer Josef Gablinski werden wir liegen, sagt Frau Jekosch mit Blick auf die Malvenstöcke.

Und Frau Piatek sagt: Ojei.

Die HEIMAT. Eingeschlossen in der Erinnerung wie die kleinen Fliegen in der Bernsteinkette meiner Großmutter. Manchmal erschien mir das ferne Ostpreußen wie etwas, um das man nur heimlich trauern durfte. Ich versuchte mir vorzustellen, dass es ihnen mit Ostpreußen ging wie mir mit meinem Wellensittich. Er war weggeflogen, und meine Mutter sagte: Was heulst du denn jetzt, sonst hast du dich doch auch nicht um ihn gekümmert! Es stimmte, ich hatte oft vergessen, ihm Futter in sein Schälchen zu streuen und ihm das Wasser zu erneuern, und das Saubermachen des Käfigs hatte mich enorme Überwindung gekostet, aber jedes Mal, wenn ich den leeren Käfig sah, brach ich in Tränen aus. Ich beweinte, dass ich ihn manchmal vergessen hatte, aber jetzt war es zu spät, das wieder gutzumachen. Manchmal merkt man eben erst, wenn etwas fehlt, wie sehr man es geliebt hat. Aber wer noch nie eine Liebe zu einem Wellensittich verspürt hatte, konnte das natürlich nicht verstehen. Also trauerte ich heimlich weiter. Ob es meiner Familie mit Ostpreußen genauso ging?

Während meine Gedanken noch der Heimat nachhängen, haben sich die Gedanken der drei Frauen bereits zerstreut, sie sind beim morgigen Mittagessen, bei den Enkelkindern, die erwartet werden, beim Schuhkauf. Frau Leszinski war heute in Allenstein und wollte sich ein Paar Schuhe kaufen. Aber sie konnte keine passenden finden. Frau Piatek blickt auf ihre Fellpantoffeln und sagt: Ich kennt mir ja auch mal Schuhe kaufen, aber zu was? Wer wird für mich nachher tragen? Kejiner. Mejine Mädchen nicht, die haben andere Füße, klejinere, vielleicht auch greßere, ich wejiß nicht, die kaufen sich auch andere Muster, nicht? Manch ejiner schickt mir ja Schuhe, aber die taugen nichts. Die Schwiegertochter schickt mir so manches Mal aus Deutschland. Aber ich sage: Schickt mir kejine Schuhe, schickt mir sonst irgendwas. Die Schirze haben sie mir geschonken. Die Schirze habe ich gerne, das ist unsere alte Mode, nicht.

Ja, sagt Frau Leszinski, die Jungen, die ziehen ja gar so etwas nicht an, nur wir Alte.

Denn wenn wir Schirze anziehen, dann wissen wir, dass wir angezogen sind, sagt Frau Piatek.

Ich kann ohne Schirze gar nicht gehen, sagt Frau Leszinski

Ich auch nicht, Anetschko, ich auch nicht, sagt Frau Piatek. Und die Jungen – bloß in Recke, Blusen, scheene, ja. Na, sind wir anders gesonnen wie die Jugend, neji?

Sie stellen ihre Sätze hin wie eine Suppe, die bereits kalt geworden ist, aber noch gegessen werden muss. Wäre doch zu schade drum. Frau Jekosch ist die Jüngste. Sie sitzt in Rock und Pullover da und schweigt. Dann betrachten wir wieder das Abendlicht, das sich in der Alle spiegelt. Die Abendsonne beleuchtet das Haus von Frau Leszinski jenseits der Alle, bis es schimmert wie eine Sammeltasse mit Goldrand.

Frau Piatek erhebt sich ächzend von der Holzbank.

Nu, werd' ich mal nach dem Rejini sehen, sagt sie. Mühsam das Gleichgewicht haltend, balanciert sie an der Backsteinwand entlang und verschwindet im Haus.

Angeschlejidert, immer angeschlejidert, der Rejini, sagt Frau Jekosch, kaum dass sich die Tür hinter Frau Piatek geschlossen hat. Sie legt den Kopf in ihre Hände und blickt so vorwurfsvoll auf die Straße, als wäre die an Reinis Trunksucht schuld. Aber da tut sich nichts. Nicht mal ein kleines Hündchen tippelt vorbei. Dann streckt sie sich und sagt zu uns: Mejin Leo trinkt ja nicht. Der hat abends sejin Bier, aber so was wie der Rejini sejift, das gibt es beji ihm nicht. Sie schüttelt sich.

Frau Leszinski hat die ganze Zeit in die Luft geguckt, in den endlosen, ostpreußischen Himmel, als erwarte sie von ihm eine Ablenkung, und unterdrückt ein Gähnen. Der Lobgesang auf den guten Leo langweilt sie. Nun zuckt sie mit den Schultern und sagt: Nu, ist die Mutter, was willst. Ist sie doch gut zu ihm. Oh Gott, jeji. Hier schimpft sie, da geht sie und bezahlt die Schulden. Nu ja, lass sie machen. Mutterherz blejibt immer Mutterherz. Sie verdreht die Augen, denn sie weiß, wovon sie spricht. Leidet sie doch selbst unter ihrem Mutterherzen und einem Sohn, der nichtsnutzig zu Hause sitzt. Sie steht auf, streckt sich etwas gequält, stemmt wieder die Hände in die Kitteltaschen und sagt: Ist Zejit.

Den ganzen Tag lang sind über den hohen Himmel Wolken gejagt, jetzt aber sind sie einem tiefen Blau gewichen. Die Alle liegt unbeweglich und schwarzblau da. Man hört kein Hundegebell mehr, kein Bäumerauschen, nicht mal die dünnen Birken biegen sich im Wind. Langsam verfärbt sich der Himmel fliederfarben.

Frau Leszinski verabschiedet sich. Wir sehen uns noch? Sie blejiben doch!

Bleiben? Ich wollte nur kurz durchfahren, durch das Dorf meiner Familie, ganz kurz. Nachsehen, wo ihr Haus gestanden hat, vielleicht. Mehr nicht.

Frau Reski, sagt Frau Jekosch in dem beiläufigen Ton, in dem man eine entfernte Cousine zum Bleiben auffordert, Frau Reski, wenn Ihnen gut genug ist, kennen Sie beji uns iebernachten. Wir haben so viele leere Zimmer. Bis der Norbert zurickkommt, natirlich. Blejiben Sie, Frau Reski, nur fier ejine Nacht.

Da kommt Frau Piatek wieder aus dem Haus. Reini schläft tief, berichtet sie erleichert. Blejiben Sie, gute Frau, blejiben Sie, sagt auch sie zu mir.

Hanna packt ihre Tasche. Sie steckt ihre Marlboro zurück ins Etui und verstaut die Zigaretten zusammen mit dem Feuerzeug. Sie holt ihr Brillenetui hervor, öffnet es und setzt sich ihre Brille auf, die sie zum Autofahren benötigt. Sie packt, als wäre es für sie klar, das ich bleibe.

Das Gasthaus zur Ostpreußischen Schweiz. Aber eigentlich will ich zurück. Zurück nach Warschau. Ich bin für morgen bereits verabredet.

Hanna zieht den Reißverschluss ihrer Tasche zu. Sie blickt sich um, ob sie nichts liegen gelassen hat, Brille, Feuerzeug, Zigaretten?

Ich habe nicht vorgehabt, länger als einen Nachmittag hier zu bleiben. Allerhöchstens einen Nachmittag. Gerade nur so viel Zeit, um zu sehen, ob das Dorf wirklich existiert. Und dann wieder wegfahren. Ich wollte nur kurz dableiben und vielleicht ein paar Fotos machen. Von der Mühle. Vom Fluss. Vom Haus, in dem mein Vater geboren wurde. Vom Haus meiner Urgroßeltern. Und dann wieder fahren. Aber da ist dieses Gefühl, als müsste ich hier etwas finden. Ein Zeichen, irgendetwas, einen Hinweis darauf, dass sie hier gewesen sind. Meine Urgroßeltern, meine Großmutter, mein Großvater, meine Tanten und Onkel. Mein Vater.

Hanna zieht ihren Seidenschal fest, der fliederfarben ist wie der Himmel. Hanna trägt immer riesige Seidenschals, im Sommer wie im Winter, und sie ist im Sommer wie im Winter damit beschäftigt, die rutschenden Schals festzuzurren. Ich kann meine Augen nicht von ihrem Schal lösen, denn ich erwarte von ihm eine Antwort. Wenn der Schal jetzt rutscht, dann fahre ich, wenn er nicht verrutscht, dann bleibe ich. Er verrutscht nicht.

Ich sehe Hanna zu, wie sie sich die Jacke zuknöpft und den dünnen Sommermantel überwirft. Gleich wird die Suche nach ihrem Autoschlüssel beginnen. Sie findet ihre Schlüssel nie. Jeder Autofahrt mit Hanna geht die gleiche Zeremonie voraus: Sie wühlt in ihrer Tasche, holt wieder alles vor, das Brillenetui, das Zigarettenetui, die angebrochene Packung Tempotaschentücher, legt alles auf die Holzbank und schüttelt ihre Tasche, bis der Autoschlüssel endlich herausfällt. Ich beobachte sie und beschließe, meinem Schicksal noch eine Chance zu geben. Wenn sie wie üblich kramt, dann fahre ich, wenn sie ihren Schlüssel jedoch mit einem Griff findet, dann bleibe ich hier. Sie zieht den Reißverschluss ihrer Tasche auf, schiebt die Hand in das kleine Fach vorne und holt ihren Schlüssel hervor. Ohne zu suchen. Sie steht auf, und wir schauen uns an. Ich nicke. Nur für eine Nacht!

Dann fährt Hanna allein nach Warschau zurück, und ich bleibe. Im Gasthaus zur Ostpreußischen Schweiz.

Brigittka und Anetschko verabschieden sich. Es ist Zejit. Frau Jekosch geht voran, um das Zimmer für mich vorzubereiten. Mit Blick auf das Gasthaus zur Ostpreußischen Schweiz flüstert Frau Piatek mir zu: Sauber ist sie ja, eine sehr saubere Frau, die Brigittka. Aber nervees. Sehr nervees. Ihren Leo bringt sie ja in Schwung. Leo, mach dies, Leo mach das, und der Leo, der hopst. Der hopst. Sie lacht, hakt sich bei mir unter und begleitet mich kichernd bis zum Gartentor. Als sich das Tor hinter mir geschlossen hat, steigt sie zwischen die Zaunlatten des Gartentors, um sich größer zu machen, und wünscht mir eine gute Nacht. Im Gasthaus zur Ostpreußischen Schweiz.

Oben auf der Treppe des Gasthauses zur Ostpreußischen Schweiz empfängt mich Frau Jekosch. Hinter ihr steht ihr Mann, Leo, ein kleiner, muskulöser Mann. Die

Sonne hat seine Arme und seinen Nacken gegerbt. Er ist ein ergrauter Blonder mit blauen Augen. Wenn er lacht, entblößt er Zahnlücken und silbrig schimmernde Metallzähne. Er erinnert sich an meine Tante Leni, mit der er zur Schule ging. War so ejine klejine, dunkle, sagt er und lacht verlegen, und mir ist unklar, ob es wegen seiner Zähne oder wegen meiner Tante ist.

Dann führt er mich durch das Haus, vom Eiskeller bis zu den Dachstuben. Hier verbrachten Gäste aus Allenstein und Umgebung die Sommerfrische. Er öffnet eine schmale Holztür. Dahinter ein lavendelgrün gestrichenes Klo. Ich sehe es ratlos an. Er führt die Toilette vor wie ein Schaustück, wie Otto Lilienthals ersten Flugapparat im Deutschen Museum. Sein ganzer Stolz. Schließlich müsse man bedenken, dass die meisten im Dorf bis heute noch mit einem Plumpsklo lebten. Frau Leszinski drüben auf dem anderen Ufer der Alle habe bis heute kein vernünftiges Klo, sie dürfe keine Sickergrube bauen, weil sonst die Forellen sterben könnten.

Deutsche Toiletten sind das, sagt er würdevoll, Vorkriegstoiletten mit Wasserspilung.

Bis auf die Zimmer, die Herr und Frau Jekosch bewohnen, sind alle anderen Zimmer zwar nur sparsam möbliert, ein Stuhl hier, ein Bett da, aber bezugsfertig für den Sohn im fernen Warschau. Im Wohnzimmer hängt ein Bild von dem Wirt, dem Onkel von Herrn Jekosch, der Kwaschnewski hieß und bis zum Krieg das Gasthaus bewirtschaftete, ein eleganter Herr mit weißem Bart. Er trägt Knickerbocker, eine doppelreihige Anzugjacke und ein Fernglas vor der Brust.

Wir steigen über eine knarrende Holztreppe hoch. Frau Jekosch hat die Dielen mit Seifenlauge so blank gescheuert, dass das Holz wie gebeizt aussieht. Hier hat mein Großvater getrunken und meine Großmutter ihre Einkäufe anschreiben lassen. Hier bettelte mein Vater nach etwas Süßem. Die Bierstube, der Gemischtwarenladen, die Gästezimmer. Salons, nannte man das frieher, sagt Herr Jekosch verlegen. Wo einst Hochzeiten gefeiert wurden, Taufen, Kommunionfeiern, Leichenschmaus, die Etappen des Lebens, fliegt nun ein Vogel herum, der durch ein angelehntes Fenster hereingeschlüpft ist und nicht mehr hinausfindet. Ejin Rotkehlchen, flüstert Herr Jekosch. Es fliegt panisch in dem Zimmer hoch, knallt vor die weiß gekalkte Wand, rutscht herunter, kackt vor Aufregung herum, fliegt immer wieder gegen die Fensterscheibe und bleibt dann wie gelähmt sitzen, bis Herr Jekosch den zitternden Vogel aufhebt, das Fenster öffnet und das Rotkehlchen in den Abendhimmel scheucht.

Frau Jekosch hat mir das Zimmer zurechtgemacht, in dem sonst ihr Norbert schläft. Eine Bettcouch, ein Regal mit polnischen Schulbüchern stehen darin, eine Schrankwand, so wie sie meine Großmutter hatte, bevor sie altdeutsch wurde. Im Regal steht ein Foto, das einen blonden Jungen in Badehose zeigt, der aussieht wie eine Miniaturausgabe von Herrn Jekosch. Ein verlassenes Jugendzimmer, in dem all das eine Zuflucht gefunden hat, was zu schade zum Wegwerfen ist. Sechs kleine, goldschimmernde Mokkatassen, aus denen nie Mokka getrunken wurde. Bunt funkelnde Kristallgläser, aus denen nie Wein getrunken wurde. Ein Fußballpokal. Auch hier weiß gekalkte Wände. Vor dem Bett liegt ein Läufer mit verblichenen Farben, Frau Jekosch hat die Fransen gekämmt, sie sehen aus wie mit dem Lineal gezogen. Vom Fenster aus sehe ich die Mühle. Als ich im Bett liege, fühle ich mich wie ein Kind, das schlafen geschickt wurde, obwohl es noch nicht müde ist und aus Langeweile versucht, die Gespräche der Erwachsenen zu belauschen. Ich höre Frau Jekosch über den Flur laufen. Die Dielen knarren und sie betätigt den Lichtschalter, der ein knackendes Geräusch macht. Ich höre Wasser fließen und höre, wie sie durch die geschlossene Tür mit ihrem Mann, der im Badezimmer steht, über die Qualität der Seife spricht. Ich starre auf den schmalen Lichtstrahl, der unter der Tür in mein Zimmer kriecht und versuche mich an das Gesicht meines Großvaters zu erinnern, wenn er uns von der Ostpreußischen Schweiz vorschwärmte. Wie er bei seinen Erzählungen immer leise auflachte, was ich als Beweis dafür ansah, dass es sich um Phantasiegebilde handelte. Dann schlafe ich ein und träume von dem Vogel, der immer wieder gegen die geschlossene Fensterscheibe fliegt. Er brummt wie eine Hummel, die sich nicht davon abbringen lassen will, auf dem einzig richtigen Weg zu sein, bis schließlich ein Elch das Fenster aufdrückt. Der Vogel fliegt davon, und der Elch reckt sich in das Zimmer, erst nur der Kopf, dann steht er mit den Vorderhufen im Zimmer, er rollt seine Zunge wie ein Chamäleon in meine Richtung und röhrt wie ein Hirsch. Und plötzlich taucht zwischen den gewaltigen Elchschaufeln das Gesicht meines Großvaters auf, rund wie der Mond und kichernd.

Als ich morgens aufwache, ist alles still. Nur in der Ferne das Rauschen. Der Fluss, der sich durch die Schleuse zwängt. Im Haus kein einziges Geräusch. Kein Tellerklappern, kein Gespräch, keine Schritte. Ich ziehe mich an und wasche mich notdürftig, wie damals als Kind. Halte die Fingerspitzen unter den Wasserstrahl und wische kurz über die Augen. Durch das Fenster ist kühle Feuchtigkeit in das Zimmer gedrungen. Der Himmel sieht aus wie ungekämmt. Ein unordentliches und verschlafenes Durcheinander von Grau und Blau wölbt sich über das Dorf, den Fluss, den Wald. Ich taste nach meiner Uhr. Sie ist stehen geblieben. Wo soll ich hier bloß eine Batterie für meine Swatch herbekommen?

Ich drücke die Türklinke herunter und mache zwei Schritte über den Holzfußboden, der vorwurfsvoll knarrt. Ich ziehe meine Schuhe aus und laufe barfuß auf Zehenspitzen weiter. Wo verbirgt sich nur das deutsche Klo? Ich drücke quietschende Türklinken herunter und blicke in Zimmer, die mir leer entgegengähnen. Einundzwanzig Zimmer. Vielleicht ist das Klo hinter einer der beiden schmalen Holztüren dort in der Mitte des Flurs? Endlich. Das lavendelgrüne deutsche Klo. Ob es am Ende gar nicht benutzt werden darf? Mit einem Gefühl der Blasphemie setze ich mich auf die Brille. Die Wasserspülung röhrt verschreckt, als sei sie seit Jahren nicht mehr benutzt worden. Schuldbewusst blicke ich mich um und lausche in das Haus hinein. Es schweigt immer noch. Frau Jekosch?, rufe ich, verlegen über die Holzdielen balancierend, Frau Jekosch? Ich öffne die Tür zur Küche.

Blank gewienerte Kacheln gleißen mir entgegen. Schnell schließe ich die Tür wieder und steige die steile Holztreppe hinunter. Frau Jekosch? Ich drücke Tür um Tür auf. Gästezimmer ohne Gäste, Lagerräume, in denen nichts gelagert wird, ein Gemischtwarenladen ohne Waren. Nichts als eingeschlossene Luft. Plötzlich taucht aus dem Nichts mein Vater auf, ein Kind mit weißblonden Haaren und schwarzen Augen, die misstrauisch blinken. So sah er aus. Der vierte von links in der ersten Reihe. Ein kahl geschorener Zwerg in Kittelschürze. An die Hand meiner Großmutter geklammert, inmitten von anderen glatzköpfigen Wichteln. In den Armen meiner Großmutter, an der alles dunkel war, die Haut, die Augen, der Blick. Ein Elfenkind im Schoß einer Zigeunerin. Im Matrosenanzug im Schnee, an der Hand meiner beiden Tanten, die aussehen wie zwei Liliputanerinnen in Karokleidern. Der kleine Junge spricht mich an, und ich lache verlegen, weil ich ihn nicht verstehe. Als ich versuche, sein weißes Haar zu berühren, läuft er schreiend davon, er stolpert die Treppe hinunter auf die Straße, wo andere weißblonde Kinder mit ihren Fahrrädern auf ihn warten und einen neugierigen Blick in das Gasthaus zur Ostpreußischen Schweiz werfen.

Ich bleibe im Halbdunkel des Hauses stehen und drücke die Klinke zum Schankraum herunter. Die Schankstube, in der nichts ausgeschenkt wird. Ohne Tische und ohne Stühle. Aber ein Zapfhahn ist noch da, verstaubt. Die Wände sind mit Holz verkleidet und weiß gestrichen. Das Morgenlicht fällt schräg auf den Boden und gibt dem Raum einen eigentümlichen

Glanz. Man müsste nur ein paar Tische und Stühle hereinstellen, und schon könnte man hier wieder goldene Hochzeiten feiern. Oder Kommunion. Oder Leichenschmaus. Auf dieser Treppe stellten sich die Kommunionkinder zum Gruppenfoto auf, wie ich es auf den Fotos meiner Großmutter gesehen hatte: Verlegen lächelnde Mädchen mit Myrtenkränzen, weißen Kleidern und schwarzen Spangenschuhen, die Jungs in schwarzen, doppelreihigen Anzügen und mit kahl rasierten Schädeln.

In meiner Familie wurde das Feiern mit einer Ernsthaftigkeit betrieben, als handle es sich um die Außenpolitik der Deutschen Bundesregierung. Wer eingeladen werden sollte. Welche Kapelle spielen sollte. Ein Duo, ein Trio oder ein Alleinunterhalter mit Hammondorgel? Sollte es Kroketten und Salzkartoffeln geben oder doch nur Salzkartoffeln ohne Kroketten? Welches Blumenarrangement wäre passend? All das beschäftigte meine Großmutter und meine Tanten schon Wochen vorher.

Meine Großeltern feierten immer in der *Mühle*. Nur die kleinen, unbedeutenden Anlässe des Lebens, zu denen nicht nur die unrunden Geburtstage, sondern auch die Namenstage gehörten (jeder Vorname zählte einzeln, bei Hans-Jürgen wurde zwei Mal gefeiert), die Karnevals- und Weihnachtsfeiern, die des Sparclubs, des Kegelclubs und des Frauenvereins, ferner die Jubiläen (das Zwanzigjährige des Sparclubs, das Dreißigjährige des Kegelclubs, die Gründung des Gesangsvereins), schließlich noch der Vatertag, der Erste Mai und der Martinstag – all das wurde im *Union-*

stübchen oder im *Heidekrug* gefeiert. Die wirklich wichtigen Jubelfeste des Lebens aber fanden immer in der *Mühle* statt. Der Lieblingsfestsaal meiner Großeltern hieß nur zufällig wie ihr ostpreußischer Lebensmittelpunkt, dennoch löste bereits der Name bei ihnen Heimatgefühle aus, so dass es nicht weiter von Belang war, dass diese Mühle außer dem Namen nichts mit einer Mühle gemein hatte, kein Windrad, kein Schaufelrad, nicht mal einen staubigen Mühlstein als Dekoration. Mit derselben Willkür, wie sich das Lokal *Mühle* nannte, hätte es sich auch *Apollo 13* nennen können.

Der Festsaal war fensterlos, nur durch kleine Oberlichter fiel etwas milchiges Tageslicht herein. Beleuchtet wurde der Raum von Neonröhren, die alles in ein fahles Licht wie in einem Operationssaal tauchten, wodurch die Gäste stets etwas bläulich schimmerten. Selbst Onkel Oskar, der gerade vom Urlaub auf Teneriffa zurückgekehrt und bei Tageslicht gebräunt war wie eine Rosskastanie, verblasste in diesem kalten Licht. Wenn die ersten Gäste den Raum betraten, roch es noch nach abgestandenem Bier und kaltem Rauch, nach anderen Familien, die am Vorabend hier ihre Jubiläen, Hochzeitsfeiern, Taufen gefeiert hatten. Geheizt wurde spärlich, man wärmte sich langsam mit Schnaps auf, und Großtante Trudi stieß Großonkel Toni in die Seite und zischte ihm wie immer zu: Steig mir bloß nicht wieder auf den Tisch! Das sagte sie ihm vor jeder Feier, solange er nüchtern war. Ihre Ermahnungen blieben folgenlos: Es gab keine Feier, bei der Onkel Toni nicht auf den Tisch gestiegen wäre und getanzt hätte. Bei einem Besuch in Niederbayern hatte sein Tanz bei Tante Trudis Passauer Verwandtschaft blankes Entsetzen ausgelöst. Nu, musst doch Stimmung machen, rechtfertigte er sich danach, die saßen doch da alle nur stumm rum. Beim achtzigsten Geburtstag von Großtante Mia brach der Tisch unter dem tanzenden Toni zusammen, aber wie durch ein Wunder blieb Großonkel Toni unversehrt.

Mich erinnerten die Feiern in dem fensterlosen Saal der *Mühle* immer an eine Fahrt im Bauch eines Schiffes, eines Dampfers, der unterwegs war zu mir unbekannten Ufern. Eine Reise, an deren Ende man jemand anders sein würde. Allerdings hoffte ich vergeblich, am nächsten Morgen verwandelt in Amerika anzukommen. Stattdessen traten wir nach dem nächtlichen Gelage immer auf denselben Parkplatz, der schwarz glänzend dalag, und warteten fröstelnd im Morgengrauen auf ein Taxi.

Die Feste wurden wie ein heidnischer Kult begangen, mit Ritualen, die umzustoßen niemand gewagt hätte. Die Tische standen immer U-förmig, und meinen Großeltern gebührte der Ehrenplatz an der Stirnseite. Die Gäste trafen immer um sechs Uhr ein, das Ende der Feier war immer offen, aber niemand hätte gewagt, vor drei Uhr morgens nach Hause zu gehen. Zu fehlen wäre völlig undenkbar gewesen, als Entschuldigung hätte höchstens ein Krankenhausaufenthalt getaugt, Gipsbeine hingegen nicht. Wer es wagte, die Einladung abzulehnen, war für immer eine *Persona non grata*. Dasselbe galt für Abstinenzler. Tante Leni wusste, dass sie für jedes Glas Wein mit einem Migräneanfall gestraft werden würde, der sie für eine Woche lähmte, aber nie hätte sie gewagt, den Abend mit Mineralwasser zu verbringen. Es gab immer die gemischte Fleischplatte, Rind- und Schweinefleisch, immer die gemischte Gemüseplatte mit dem Blumenkohl in der Mitte, der unter einer dicken Schicht von Holländischer Sauce versank, immer mit Petersilie bestreute Salzkartoffeln. Immer. Wären auch nur die Tische anders gruppiert worden, oder hätte an der Stelle des Blumenkohls ein Brokkoli gelegen – die Erde hätte sich aufgetan und uns verschlungen.

Die Tanzkapelle brachte etwas Glanz in den fahlen Saal, die Musiker sahen aus wie in Geschenkpapier gewickelt. Mit türkisfarbenen Jacken, die funkelten, als hätte jemand eine Tüte Pailletten über ihnen ausgeschüttet, mit den perlmuttschimmernden Trommeln, den Rumbakugeln und den Stahlbesen, mit denen sie auf den Schlagfellen rührten, schienen sie mir wie Wesen aus einer anderen Welt. Ich konnte mir gar nicht vorstellen, dass sie mitten unter uns lebten, bei Wolter ihre Schuhe kauften und abends Nachrichten guckten. Sie hießen: Die drei Teddys oder: Roy & Ray und mussten mit Unmengen von Bier und Schnaps bei Laune gehalten werden, weil sie sonst nach spätestens drei Liedern einen Tusch spielen und eine Pause einlegen würden. Einer sah aus wie ein magenkranker Elvis Presley, ein anderer hatte einen schwarzen, dünnen Oberlippenbart, wie ein Stück aufgeklebte Lakritzschnecke, ein Sänger trug ein Toupet, das dieselbe Farbe hatte wie mein kurz zuvor verstorbener Hamster. Der Sänger hielt das Mikrophon ganz nah an den

Mund gepresst, als wollte er gleich seine Lippen darüber stülpen und hineinbeißen wie in ein Capri-Eis. Ich vermutete, dass jede Menge ansteckende Krankheiten in dem Mikrophon stecken müssten, und schauderte.

Mit den Jahren wurden die Kapellen immer kleiner. Wozu im Jahr zuvor noch drei Musiker benötigt wurden, Schlagzeug, Gitarre und Klarinette, konnte im Jahr danach von zwei und eines Tages von einem einzigen Musiker bewältigt werden. Er kam mit einer Art Küchenmaschine unter den Musikinstrumenten: der Hammondorgel. Die Hammondorgel konnte jede beliebige Melodie pürieren, zerhäckseln, in Scheiben schneiden und entsaften, sie war sowohl Klarinette als auch Schlagzeug, in ihr steckten Geigen und Klaviere, Saxophone und Harfen, sie war Symphonieorchester, Hintergrundchor und Stimmungskapelle zugleich und kostete nur ein Bier statt drei. Meine Familie wurde nicht müde, dieses Wunder der Musik zu rühmen.

Nach dem Essen begann der Tanz. Er wurde von meinen Großeltern mit dem Schneewalzer eröffnet. Meine Großmutter stand zuerst auf und sagte zu meinem Großvater: Nu komm. Er kratzte sich verlegen hinter dem Ohr. Hilfe suchend blickte er in die Runde, strich sich über die Haare, trank seinen Schnaps aus und sagte schließlich resigniert: Nu, wennst mejinst. Dann stand er auf und erledigte seine Pflicht. Er führte meine Großmutter unter dem Applaus der Gäste auf die Tanzfläche und begann geniert lächelnd zu tanzen. Nun begannen auch die anderen zu kreiseln, zu schieben, zu schlurfen und zu hüpfen, im Takt oder in jenem Rhythmus, den sie dafür hielten. Alle tanzten mit Begeisterung, sogar meine Großtanten, die selbst dann nicht sitzen blieben, wenn sie kein Mann aufforderte, sondern miteinander tanzten. Ich fand es demütigend, dass die Frauen mit dem Tanz auf die Männer warten mussten, zumal das Auffordern für die Männer keine große Sache war, es spielte sich praktisch unsichtbar ab, ein Blick, eine ausgestreckte Hand, selbst eine gezuckte Augenbraue reichte, und schon sprangen die Tanten auf. Ein: Nu, denn wollen wir mal, oder: Na, wie ist es mit uns beiden?, galt bereits als Gipfel der Galanterie. Es blieb mir ein Rätsel, weshalb die Frauen ausgerechnet beim Tanzen auf eine Initiative der Männer vertrauten, jener Männer, auf deren Entschlusskraft sie ansonsten nicht mal bauten, wenn es um die Wahl der Gemüsebeilage am Sonntag ging. Aber sie hielten sich eisern an die Regeln. Nur wenn mit einem Tusch eine Damenwahl angekündigt wurde, schwirrten sie aus wie die Schmetterlingsfänger.

Von Zeit zu Zeit wurde der Tanz unterbrochen, weil die Kapelle pausierte. Dann wurden die Gäste von kleinen Darbietungen unterhalten: ein Potpourri des Quartettvereins, Scharaden der Großtanten, kleine Sketche auf die zu feiernde Person, Bierzeitungen – meine Großmutter war eine gefürchtete Bierzeitungsdichterin – und jede Menge Gesang.

Niemand hätte gewagt, nur die Lippen zu bewegen, so wie in der Kirche, alle brummten, tirilierten, kollerten und krächzten, so gut sie konnten. *Wilde Gesellen, vom Sturmwind durchweht, Fürsten in Lumpen und Loden. Zieh'n wir dahin, bis das Herze uns steht, ehrlos bis unter den Boden.* Wanderlieder und Balladen,

Lieder zum Tanzen und zum Trinken, Lieder, in denen die Heimat gepriesen und die Liebe vermisst wurde. *In einem kühlen Grunde, da geht ein Mühlenrad, meine Liebste ist verschwunden, die dort gewohnet hat.* Auch ich sang mit. Als kleines Mädchen fragte ich mich nie, ob ich singen konnte oder nicht, ich sang einfach mit. *Ännchen von Tharau ist's, die mir gefällt, sie ist mein Leben, mein Gut und mein Geld.* Ich sang, ich tanzte, ich schunkelte mit Inbrunst. Mein Lieblingslied war das vom Polenmädchen. *In einem Polenstädtchen, da liebt' ich einst ein Mädchen, sie war so schön. Sie war das allerliebste Kind, das man in Polen findt, aber nein, aber nein, sprach sie, ich küsse nie.* Als ich kein ganz kleines Mädchen mehr war und mein Körper über Nacht die Herrschaft über mich ergriffen hatte, löste sich meine Sangesfreude im Nichts auf. Plötzlich empfand ich alles als eine nicht enden wollende Zumutung, und ich weiß nicht, was mich mehr bedrückte, das Singen oder das Tanzen. Meine Onkel forderten mich auf, und ich durfte ihnen keinen Korb geben, so hatte mich meine Mutter ermahnt. Ich versuchte meine Onkel dennoch zu entmutigen, indem ich darauf hinwies, dass ich nicht tanzen konnte, aber meine Einwände verhallten ungehört. Der Mann führt, sagten sie und schoben mich so ungerührt über die Tanzfläche, als wollten sie eine Kommode verrücken. Ich konnte ihnen nicht entkommen. Wenn ich nicht entschlossen genug mitsang, nahmen mich meine Tanten und Onkel in den Klammergriff, sie schoben ihre Arme unter meine, sangen mir ins Ohr und brachten mich zum Schunkeln.

Am schlimmsten war der Rundgesang. Mit einem Blitzen in den Augen stimmte ihn Großtante Mia dann an, wenn die Gesellschaft etwas schwächelte: *Nun lieber Heiko, sing ein Lied*, trompetete sie und klatschte in die Hände, woraufhin alle ihrem Kommando folgten und mitsangen. Wie eine bedrohliche Welle, der ich nicht ausweichen konnte, rollte das Unglück auf mich zu. *Sing ein Lied!* Hilflos blickte ich mich um, aber meine Cousins waren noch zu klein, um das ganze Ausmaß der Peinlichkeit zu erfassen, der wir hier ausgesetzt waren. Sie amüsierten sich einfältig bei dem Versuch, lauter als die Erwachsenen zu singen. *So ein Tag, so wunderschön wie heute!*, sang Heiko nun, womit er sich ein tosendes *Hast gut gemacht, hast gut gemacht, in deinen jungen Jahren, drum wirst du auch nicht ausgelacht, hahaha!* verdiente. Ich konnte mir ausrechnen, wann die Welle bei mir ankommen würde. Nach Heiko, Onkel Heinz und Tante Renate – dann wäre ich dran. Ich zermarterte mir das Hirn nach einem passenden Lied, aber mir fielen lediglich Fetzen ein: *Das Wandern ist des Müllers …? Schön ist die …? Wenn das Wasser im Wein …?*, aber kein einziger Refrain und was noch viel schlimmer war: Ich erinnerte mich an keine einzige Melodie. Die Welle schwoll immer bedrohlicher an. Mein Kopf war leer wie ein Schuhkarton, ich dachte an die Pickel an meinem Kinn, gegen die auch Clearasil nichts ausrichten konnte, und an meine dünnen Beine, die auch vom täglichen Radfahren nicht dicker werden wollten, und an Ernst-Udo, in den ich verliebt war und der mich bestimmt keines Blickes mehr würdigen würde, wenn er mich hier Nazilieder singen und mit meinen Onkeln Foxtrott tanzen sehen würde. Ich wollte schweigen und um Himmels willen keine deutschen Volkslieder singen. Ich wollte auch nicht tanzen, wie sie tanzten, nicht dieses Eins-Zwei-Tipp-Seit-Ran-Gescharre, nicht dieses Angefasstwerden von feuchten Händen, nicht dieses Einatmen eines fremden Atems. Ich wollte frei sein und den Hottentottentanz tanzen, wie es mein Onkel Oskar nannte, vielleicht auch etwas zu *Bird on the Wire* oder *Suzanne* weinen. Stattdessen war ich umzingelt von meinen delirierenden Onkeln, um mich herum ging es zu wie im *Blauen Bock* mit Heinz Schenk, wobei ich nicht wusste, was ich schrecklicher fand, den dicken Heinz Schenk mit seinem gelispelten Hessisch oder meine entfesselte, schunkelnde und singende Familie, die kein Fernsehen war, sondern echt. Die Welle rollte näher und näher. Ich kriegte immer noch keinen einzigen Refrain zusammen. Ich war verzweifelt, jetzt war mir alles egal, ich hätte jetzt jedes Lied gesungen, sogar *Schwarzbraun ist die Haselnuß* wäre mir recht gewesen, Nazilied hin oder her, ich hätte alle meine ideologischen Vorbehalte über den Haufen geworfen, wenn mir nur eine verdammte Melodie eingefallen wäre. *Nun liebe Petra, sing ein Lied!* Die Welle hatte mich erreicht und begrub mich unter sich, ich wurde von ihr nach unten gezogen und auf den Meeresgrund gedrückt, und mir wurde schwarz vor den Augen. Das war das Ende. Sie sangen und klatschten und feuerten mich an, und ich blieb stumm. *Sie blättert noch im Notenbuch, im Notenbuch, im Notenbuch!* Ich wollte sterben. *Sie präpariert sich immer noch, immer noch, immer noch!* Hilfe suchend blickte ich mich um, hoffte, dass wenigstens einer der Erwachsenen meine Verzweiflung ernst nehmen würde, aber selbst meine Mutter lachte mir lediglich aufmunternd zu. Dabei hatte auch sie es nur mit Mühe in der letzten Minute mit einem *Horch' was kommt von draußen rein* geschafft. Fast hätten sie bereits bei ihr das vernichtende *Drum wird sie jetzt auch ausgelacht, ausgelacht, ausgelacht, hahaha!* gesungen, da war ihr noch das rettende Lied eingefallen. Schließlich flüsterte und summte mir Tante Rosi eine Melodie ins Ohr. Ich atmete auf. Als ich schließlich mit gebrochener Stimme und hochroten Ohren sang *Du, du liegst mir im Herzen, du, du, liegst mir im Sinn, Du du, machst mir viel Schmerzen, weißt nicht, wie gut ich dir bin. Ja, ja, ja, weißt nicht, wie gut ich dir bin!*, fielen meine Tanten fast vor Lachen unter den Tisch.

Dann traten Tante Elisabeth und meine Großmutter als *Die beiden Stallmädchen* auf, beide verkleidet mit Kopftuch und Holzpantinen und Knollennasen. Vor ihnen in einem Ständer befand sich jenes Mikrophon, über das der Sänger noch kurz zuvor seine Lippen gestülpt hatte. Ich wollte meine Großmutter noch vor der Ansteckungsgefahr warnen, aber da hatte sie schon das Mikrophon ergriffen und vertraute ihm Selbstgedichtetes an:

Wie ich hejit so vor ejich stehe / bin ich sauber beiejinand / so ich mich sehen lasse / bin ich die Scheenste hier im Land / habe ich auch das scheenste Leben / wejil ich nicht nach Heherem strebe. Was meine Großmutter mit einem Stallmädchen zu tun hatte, verstand ich zwar nicht, und dass sie nicht nach Höherem strebte, war glatt gelogen, es reimte sich aber und brachte ihr einen rauschenden Applaus ein.

Dann wurde weitergesungen. Je später der Abend wurde, desto trauriger wurden die Lieder. *Es war einmal ein treuer Husar, der liebt sein Mädchen ein ganzes Jahr. Ein ganzes Jahr und noch viel mehr, die Liebe nahm kein Ende mehr.* Jetzt stiegen mir die Tränen in die Augen. Allerdings nicht, weil ich singen musste, sondern weil mich der Text so ergriff. Ich musste an Ernst-Udo denken, der eines nicht zu fernen Tages zur Bundeswehr gehen müsste, und schon wurde mein Herz von Gedanken an das bevorstehende traurige Ende unserer Liebesgeschichte überflutet. *Die Liebe nahm kein Ende mehr*. Ich genoss den süßen Schmerz der nicht erfüllten Leidenschaft. Gleichzeitig erbitterte mich mein einfältiges Herz. Volkslieder singen zu müssen war eine Qual, aber sich von dem Text eines Volkslieds zum Weinen bringen zu lassen, das war unentschuldbar. Wenn ich wenigstens bei Cat Stevens' *Morning has broken* melancholisch geworden wäre, aber doch nicht beim treuen Husar. Verstohlen suchte ich den Tisch nach einer Papierserviette ab, beugte mich unter den Tisch und tat, als schnäuzte ich mich. *Und als man ihm die Botschaft bracht', daß sein Herzliebchen am Sterben lag, da ließ er all sein Hab und Gut und eilte seinem Herzliebchen zu*. Nu, was hast?, fragte Tante Rosi, stieß mich an und schaute mir verwundert in die Augen, heulst? Nichts, beeilte ich mich zu sagen, ich habe nichts. Verlegen machte ich mich aus dem Klammergriff der Tanten los, rannte auf die Toilette, schloss mich ein und weinte in die Papierhandtücher.

Ich schnäuzte mir die Nase, aber mein Schmerz war grenzenlos. An die Toilettenwand gedrückt, hörte ich sie weitersingen. *Ach Mutter bring geschwind ein Licht, mein Liebchen stirbt, ich seh' es nicht. Das war fürwahr ein treuer Husar, der liebt sein Mädchen ein ganzes Jahr.*

Zu Ehren meiner Mutter wurde meist auch das Schlesierlied gesungen. *Hohe Tannen weisen die Sterne an der Iser wildspringender Flut, liegt das Lager auch in weiter Ferne, doch du, Rübezahl hütest es gut.* Meine Mutter war gerührt. Mit ihren schlesischen Schwestern sang sie nie das Schlesierlied, die schlesischen Familienfeste verliefen überhaupt viel weniger spektakulär als die der Ostpreußen, was ich als Kind bedauerte. Die Schlesier tanzten nicht und sangen schon gar nicht, und meine Tanten hielten immer die Hand über ihre Gläser, wenn ihnen jemand etwas Wein nachschenken wollte. Außerdem waren sie den Ostpreußen bereits zahlenmäßig hoffnungslos unterlegen. Meine ostpreußische Verwandtschaft war endlos. Die schlesische überschaubar. Meine schlesischen Großeltern waren schon verstorben, außerdem gab es kaum Kinder auf den schlesischen Familienfeiern, ein entscheidender Grund dafür, dass ich mich, wenn es zu einer Stichwahl zwischen Ostpreußen und Schlesien gekommen wäre, ohne zu zögern für Ostpreußen entschieden hätte. Erst als Pubertierende lernte ich die schlesischen Familienfeste zu schätzen. Hier konnte ich endlich in Ruhe dasitzen, meinen Gedanken nachhängen und Leonard Cohen in meinem Herzen bewegen, ohne mich dafür rechtfertigen zu müssen.

Die schlesische Verwandtschaft liebte es zu reden.

Zu diskutieren, wie es meine Tante Ruth mit einer gewissen Weltläufigkeit nannte. Sie redeten über ZU HAUSE und erzählten sich Geschichten, in denen immer DER RUSSE KAM. Ich hatte ihn schon so oft kommen hören, dass ich meinte, die Geschichten auswendig zu wissen, und doch verstand ich sie nie, weil sich auch meine schlesischen Tanten an den entscheidenden Stellen immerzu gegenseitig ins Wort fielen. Die Geschichte von Tante Giselas SS-Totenkopfring, den ihr ein Soldat geschenkt hatte und den sie selbst dann nicht abgeben wollte, ALS DER RUSSE KAM. Die Geschichte vom Polen Staschek, der meinen Großvater erschießen wollte, ALS DER RUSSE KAM. Die Geschichte von der Pistole meines Großvaters, die er zusammen mit seiner NSKK-Uniform vergrub, ALS DER RUSSE KAM. Nationalsozialistisches Kraftfahrerkorps bedeutete das NSKK, was ich mir früh merkte und daraus schloss, dass mein schlesischer Großvater Kraftfahrer aus Überzeugung gewesen war. Ich fragte mich, ob es auch ein KKK gegeben hatte, ein Kommunistisches Kraftfahrerkorps, und inwiefern sich die Verkehrsregeln der nationalsozialistischen Kraftfahrer von denen der übrigen, den kommunistischen und sonstigen, unterschieden. Ich nahm an, dass es für die nationalsozialistischen Kraftfahrer gewisse Privilegien gegeben haben musste, eigene Fahrspuren oder besondere Vorfahrtsrechte, denn wenn es sich nicht irgendwie gelohnt hätte, wäre mein Großvater sicher nicht Mitglied des nationalsozialistischen Kraftfahrerkorps geworden.

Während ich noch über das NSKK grübelte, hatten

sich meine Mutter und ihre Geschwister bereits im Dickicht ihrer Erinnerungen verheddert, wieder und wieder glichen sie ihre Versionen ab, warfen sich Gedächtnislücken vor und versuchten sich mit Detailkenntnissen zu übertreffen: Das war nicht ein Gewehr, das der Papa vergraben hat, es war eine Pistole, sagte Tante Ruth. Sie diskutierten alles, die Länge der Röcke, die Berufstätigkeit der Frau, die Vor- und Nachteile einer Gasheizung, sie bildeten verschiedene ideologische Lager, die sie in Windeseile wechselten, und waren sich nie einig. Der Höhepunkt der Familienfeier war erreicht, wenn gewettet wurde. Sie reichten sich die Hände, und ich durfte zuschlagen. Tante Ruth wettete mit meiner Mutter um die Größe des vergrabenen Gewehrs, Tante Gisela mit Onkel Gerhard um die Kosten der Gasheizung, sie wetteten um fünf Mark, einen Kasten Bier, eine Flasche Wein, aber gesungen haben sie nie.

In meiner ostpreußischen Familie hingegen war Reden das, was es auf Familienfeiern und nicht nur da, unter allen Umständen zu verhindern galt. Meist gelang das bis zu jenem Augenblick um drei Uhr morgens, an dem die Kapelle das Schlagzeug und die Hammondorgel abbaute. Im Saal wurde es langsam wieder kalt. Die Lieder waren abgesungen, die Gedichte vorgetragen, den Tanten taten vom Tanzen die Füße weh, die Onkel blickten glasig, und plötzlich begannen alle zu reden. Womit genau das geschah, was meine Großmutter den ganzen Abend mit allen ihr zur Verfügung stehenden Mitteln zu vereiteln versucht hatte. Denn wenn betrunken geredet wurde, wurde entweder gestritten oder über Trauriges geredet, über die Flucht, Ostpreußen und davon, »als das mit dem Heini passiert ist«. Dann schauten alle auf mich, erschreckt und mitleidig zugleich, und eine Stille entstand. Ich fühlte mich unter ihren Blicken unbehaglich, rutschte auf meinem Stuhl herum, und begann, kleine Blümchen auf den Bierfilz zu malen. Ich hatte das Gefühl, dass sie etwas von mir erwarteten, doch ich wusste nicht, was. Sollte ich etwas sagen? Sollte ich sie trösten? Ein Großonkel drückte mich hastig, dann wechselten sie das Thema und meine Großmutter versuchte, die Feier schnell zum Ende zu bringen, indem sie noch ein letztes Lied anstimmte, was immer das Ostpreußenlied war, und dann – Katharsis. Es war wie ein gigantisches, kollektives Niesen, in dem jede Familienfeier endete. Erst Furcht und Mitleid und dann Katharsis. Meine Familie beherrschte so traumsicher Aristoteles' Bauprinzipien der Tragödie, als hätten sie es millionen Mal geprobt. Die Katharsis wurde mit dem Ostpreußenlied eingeleitet und fand ihren Höhepunkt im gemeinsamen Weinen. Sie waren nicht mehr zu halten, Onkel Oskar schnaufte schon bei der ersten Strophe mit Getöse in sein Taschentuch, Tante Leni schluckte bei der zweiten Strophe so krampfhaft, dass sie kaum mehr singen konnte, und Großonkel Tonis Augen schwollen vor lauter Weinen so zu, dass er kaum noch etwas sehen konnte. Bei der letzten Strophe war niemand mehr zu hören, außer Großtante Babe, die beglückt die Gelegenheit nutzte, endlich allein singen zu dürfen. Alle anderen weinten. Mein Gott, dachte ich, kaum hören sie was von Ostpreußen, geht es wieder los. Es war nicht zu übersehen. Manchmal fragte ich mich, ob ich ihnen Mut zusprechen sollte, gerne hätte ich ihnen ein Stückchen Ostpreußische Schweiz geschenkt, vielleicht würde ja Beten nützen, bei meinem roten Knautschlackmantel jedenfalls war es ganz erfolgreich gewesen, Martina Josuweit und Gabi Evers beneideten mich glühend darum, vielleicht beteten sie nicht richtig, wünschten sich immer die falschen Sachen oder glaubten nicht wirklich dran.

Aber schon am nächsten Morgen wollte keiner mehr etwas davon wissen. Ach was, Ostpreußen, sagte Großtante Rosa, und machte eine abwehrende Bewegung, wir hatten doch ejinen in der Krone, deswegen haben wir geheult.

Die Lieder, die auf den ostpreußischen Familienfeiern gesungen wurden, bin ich bis heute nicht losgeworden. Sie kleben in meiner Erinnerung. *Und als der Tanz zu Ende, da reicht sie mir die Hände zum Abschiedsgruß. Sie lag in meinem Arm, mir schlug das Herz so warm: Aber nein, aber nein, sprach sie, ich küsse nie.*

Ich erinnere mich an einen Abend, als ich in einem Pariser Studentenwohnheim wohnte. Meine Mutter hatte mich wie üblich angerufen, ich stand in der kleinen, grün gestrichenen Telefonkabine am Ende des Flurs und hatte ihr von meinem Tag an der Universität erzählt, von der Aussicht auf einen kleinen Job als Dolmetscherin, von einem bevorstehenden Ausflug in die Normandie, als sie sich räusperte und mich mit den Worten unterbrach: Ich muss dir jetzt etwas sagen. Der Großvater ist tot.

Ich starrte auf die Telefonnummer, die jemand mit

Kugelschreiber auf die Wand der Kabine gekritzelt hatte, und sagte: Nein. Wie ein Kind. Nein. Als könnte ich mit meinem Nein den Tod rückgängig machen. Ich schämte mich, meiner Mutter zuerst von mir erzählt zu haben. Von meinem banalen Alltag. Wie benommen lief ich über den Flur. Ich schaffte es nicht mehr bis zu meinem Zimmer, sondern setzte mich in die Küche. Ich starrte auf den abgeblätterten Resopaltisch und auf die Küchenschaben, die es nicht schnell genug schafften, sich in ihre Schlupflöcher zu verziehen, als ich das Küchenlicht angeschaltet hatte und stützte den Kopf in meine Hände.

Leise, von mir unbemerkt, hatte Bennani, mein marokkanischer Zimmernachbar, die Küche betreten. Bennani war ein zarter Philosophiestudent, der über Wittgenstein promovierte und dem jede Menge Backenzähne und Schneidezähne fehlten, was ihm ein seltsam greisenhaftes Aussehen gab. Er sah mich an und fragte, was passiert sei, und ich fing an zu weinen. Er setzte sich neben mich und sagte: Erzähl mir von deinem Großvater. Ich konnte nicht sprechen, mich nicht bewegen. Er holte mir Taschentücher und schenkte mir ein Glas Wein ein. Mir fällt nichts ein, flüsterte ich. Meine Erinnerung war weg. Was siehst du, wenn du an deinen Großvater denkst?, fragte er. Wie sah er aus, wie hat er gelebt? Was hat ihn glücklich gemacht? Versuch dich zu erinnern. Ich schüttelte den Kopf.

Mein Kopf war leer. Kein Bild, kein Gefühl, kein Gedanke. Ich erinnerte mich nicht mehr an das Dagegensein meines Großvaters, ich wusste nicht mehr, wie seine Hände aussahen, ich hatte sogar die Geschichten von der Ostpreußischen Schweiz und die von den Elchen vergessen – mit einem Mal war alles wie weggeblasen.

Bis mir das Lied wieder einfiel. Manchmal haben wir zusammen gesungen, sagte ich leise. Wenn wir gefeiert haben. Was habt ihr dann gesungen?, fragte Bennani. Ich zögerte. *In einem Polenstädtchen,* sagte ich und fand, dass es übersetzt wie der Titel eines Schlafliedes klang: *Dans un petit village polonais.* Es ist ein Soldatenlied, fügte ich entschuldigend hinzu. Sing es vor, sagte er. Nach und nach kam die Erinnerung wieder. *Es kam die Abschiedsstunde, da kam aus ihrem Munde ein einzig Wort: So nimm denn hin, du stolzer Kavalier, den ersten Kuß von mir, vergiß Maruschka nicht, das Polenkind.* Das sangen wir zusammen, der zahnlose, marokkanische Philosophiestudent und ich. Und ich weinte, und zum ersten Mal war es mir egal, ob es ein Nazilied war oder nicht.

Ach, hier sind Sie, höre ich plötzlich. Frau Jekosch steht hinter mir, in himmelblauer Schürze. Ich hab' Sie schon gesucht. Sie blickt mich argwöhnisch an, als hätte sie mich ertappt. Über dem Arm trägt sie Wäsche.

War unten an der Alle und habe gewaschen. Dirfen wir nicht mehr. Wegen der Forellen. Aber so ejin bisschen Wäsche wird ihnen wohl nicht schaden, nu, was mejinen Sie?

Bestimmt nicht, stimme ich ihr zu, denke an die eingeseiften Forellen und verlasse hinter ihr die Schankstube. Eilig schließt Frau Jekosch hinter mir ab, als handele es sich um einen verbotenen Raum. Kommen Sie doch hoch, trinken wir Kaffee.

Ich folge ihr in die Küche und setze mich an den Tisch mit der Wachstuchdecke. Trinken Sie polnischen Kaffee? Ich nicke. Hab' ich auch Filterkaffee, Deutschen, mechten Sie, Frau Reski? Nein, nein, beeile ich mich zu sagen, gerne polnischen Kaffee. Die Kaffeefrage scheint sich hier zu einer Angelegenheit von ideologischer Dimension auszuwachsen. Der deutsche Kaffee hat das größere Ansehen, aber der polnische Kaffee wird lieber getrunken.

Die Kacheln in Frau Jekoschs Küche haben eine Patina, wie sie nur durch jahrzehntelanges, hingebungsvolles Wienern hinzukriegen ist. Bittescheen, nehmen Sie doch Bombomsche, sagt Frau Jekosch. Zehn Uhr morgens ist für sie schon so gut wie Nachmittag, deshalb stellt sie mir eine Schale mit Schokoladenpralinen hin. Bevor sie sich setzt, putzt sie noch ein Mal reflexartig über die bereits blinkende Schale, reibt mit einem Tuch über den blitzenden Küchenschrank, streift die glatte Wachstuchdecke auf dem Tisch noch glatter. Jede ihrer Bewegungen wird von einem vorwurfsvollen Seufzen begleitet. Ich rühre Zucker in meinen Kaffee und wische schnell, bevor sie es bemerkt, einen Tropfen weg, den mein Kaffeelöffel hinterlassen hat. Dann schaue ich auf meine Glastasse mit dem polnischen Kaffee und warte, bis sich das Kaffeepulver auf dem Grund abgesetzt hat. Damit sie nicht den Eindruck hat, ich würde in ihrem Haus herumschnüffeln, beschreibe ich ihr, wie es war, als mir beim Anblick der Schankstube unsere Familienfeiern und die Lieder, die dabei gesungen wurden, wieder eingefallen sind. Sie sieht mich erstaunt an, als sei das Erinnern für sie ein

Luxus, den sie sich nur ganz selten gönnt. Dann sitzen wir uns schweigend gegenüber, der Zeiger der Küchenuhr rückt seufzend vor, draußen rauscht wie gewohnt die Alle durch die Schleuse und Frau Jekoschs Schweigen macht mich verlegen. Es ist, als hätte ich an etwas gerührt, das sie vor langer Zeit vergraben hat.

Ach frieher, sagt sie schließlich, frieher, da waren noch die deutschen Musikanten, die sind jetzt alle nach Deutschland schon rausgezogen, ojei nu, wie lustig waren die, die haben gespielt, deutsch. Oh mejin Gott, und wie gesungen wurde. Sie lacht in sich hinein, in Gedanken an verblichene Feste, an Hochzeitsfeiern, die drei Tage dauerten, an die Schlejiderhochzeit danach, wenn eine Woche nach der Hochzeit noch mal Gäste kamen, um die Reste zu essen und sich endlich richtig zu betrinken – angeschlejidert, immer angeschlejidert! –, und für einen winzigen Moment hört sie auf, über die Spüle, den Tisch, die Schranktür zu wischen. Musikanten, was für ein Wort. Es klingt, als sei es in Fraktur geschrieben. Wäre ich woanders, würde ich schaudern, weil mich das Wort an die Wildecker Herzbuben erinnert, aber hier klingt es, als gehörte es hierher.

Ja, vielleicht mechten wir auch rejicher wohnen, sagt sie da unvermittelt, weil ihre Gedanken schon wieder in die Gegenwart gesprungen sind und sie glaubt, mir eine Antwort auf eine nicht gestellte Frage geben zu müssen. Aber Rejichtum rejicht auch nicht. So wie es ist, so ist gut. Schlimmer mechte sein, wenn es will dreckig sejin. Hauptsache, man hat die Gesundhejit.

Vermutlich denkt sie, dass ich heimlich mit dem

Finger über ihre Möbel streiche. Ich beeile mich, ihr schönes Haus zu loben. Die vielen Zimmer, die neue Terrasse, die Herr Jekosch eigenhändig mit Klinkerstein ausgelegt hat, die schöne Aussicht auf die Alle bis hin zum Kellarener See. Sie putzt sich die Hände an ihrer Schürze ab und blickt mich an, als sei ich nicht ganz richtig im Kopf. Schönes Haus. Als wüsste sie nicht, wie es in Deutschland aussieht. Ich denke an all die entfesselten Laubsauger, Blumenampel-Dekorateure und Rasenkantenschneider, mit denen sie vermutlich glücklich geworden wäre, und da ist Frau Jekosch schon in Deutschland angekommen. In den siebziger Jahren fuhr sie hin, zum ersten Mal. Ganz allein. Ohne ihren Leo. Ohne ihren Norbert. Ohne ihre Mutter. Die konnte es gar nicht fassen: Ganz allein in die weite Welt. Als Frau Jekosch Deutschland sah, hat es sie fast umgehauen.

Die Stuben so scheen, so rejich, so scheene Meebel, da hab' ich mich hingesetzt und fing erst mal an zu wejinen. Ist doch bei euch besser als hier, sagt sie.

Als sie zurückkam, habe sie zu ihrem Leo gesagt: Wir hauen ab. Heimat hin oder her. Der Schwager war schon in Deutschland, ihre Schwester auch, worauf sollten sie warten? Sie sieht mir in die Augen, als erwarte sie eine Reaktion. Eine Zustimmung. Ein Bedauern. Eine Absolution. Irgendetwas. Ich fühle mich unbehaglich und konzentriere mich auf den Kaffeesatz meines polnischen Kaffees. Aber da redet sie schon weiter, den Mund voll mit rollenden Rs. Fahrig streicht sie über die Schürze, ergreift einen Lappen, wischt einen imaginären Fleck von der Wachstuchdecke und erzählt von dem letzten Monat, in dem die Einladung zur Ausreise nach Deutschland noch gültig war. Dass ihr Schwiegervater da noch gelebt hat und schier verzweifeln wollte, als er von ihrem Entschluss erfuhr.

Fahrt nicht, hat der Vater gebettelt, habt ihr doch euer ejigenes Haus, was fehlt euch, euer ejigene Karrtoffeln, ejigenes Flejisch, ejigenes Gefliegel. Und da wirst sitzen in diese Blecke, und wenn se dir da auf dem Kopp rumtanzen!

Die Aussicht, ihr restliches Leben in einem deutschen Häuserblock zu verbringen, brachte die Entscheidung. Sie rührt in ihrem kalt gewordenen Kaffee herum, so dass der Kaffeesatz aufgewühlt wird und sich der Löffel in dem Strudel mitdreht, Tag und Nacht haben sie nachgedacht, sie und ihr Mann Leo. Tag und Nacht. Die Zeit verstrich. Immer näher rückte das Datum, an dem die Einladung verfallen würde. Sie blieben unschlüssig. Bis ihr Mann eines Morgens aufgewacht sei und gesagt habe: Neji Brigitte. Wir blejiben hier. Der Vater mecht sich kaputtwejinen.

Und dann hab' ich die Papiere zerrissen, und da sitzen wir bis hejite.

Ich spüre, dass ich jetzt etwas sagen muss, sie bestärken in ihrer Entscheidung, irgendetwas.

Es wäre ja auch schade gewesen, wenn das Gasthaus zur Ostpreußischen Schweiz verfallen wäre, sage ich, und es klingt, als wäre mir nichts Besseres eingefallen.

Wir sind ja immer noch im Computer der Deutschen Botschaft in Warschau drin, sagt sie. Außerdem seien doch so viele Leute arbeitslos in Deutschland, dann könne man gleich hier bleiben. Sie blickt auf die Uhr und springt vom Tisch auf. Ojeji. So spät. Um zwölf komme der Leo zum Mittagessen, jetzt ist es schon fast elf und sie habe noch nichts vorbereitet. Sie bückt sich unter die Spüle, holt eine Schale mit Kartoffeln hervor und fängt an zu schälen. Ojei.

Ich nutze die Gelegenheit, um mich davonzustehlen. Ich bedanke mich bei ihr für den Kaffee, kündige an, ein paar Schritte durch das Dorf zu machen, aber da hört Frau Jekosch schon gar nicht mehr hin, sondern schält Kartoffeln, brät ein Kotelett und deckt gleichzeitig den Tisch. Würden die Holzdielen nicht ächzend jede meiner Bewegungen kommentieren, hätte sie gar nicht gemerkt, dass ich die Küche verlasse.

Tatsächlich reichen ein paar Schritte, um das Dorf zu durchqueren. Ein paar Schritte nach rechts über das alte Kopfsteinpflaster, über die alte Dorfstraße, ein paar Schritte nach links über die geteerte Straße, die sie hier *Chaussee* nennen, am Fluss entlang, Ende. Auf der Straße sieht man nur die weißblonden Kinder, die mich wieder beäugen, als sei ich ein Waldgeist. Mit der Gewissheit, dass hier Tage vergehen, ohne dass ein Auto vorbeifährt, rühren sie sich nicht von der Stelle. Die Straße gehört ihnen. Die Männer, die vor dem giftgrünen Dorfladen ausharren, pressen ihre Bierflaschen vor die Brust und schauen mir nach, als hätte ich versucht, ihnen die Flaschen wegzunehmen. Ich spaziere an Vorgärten vorbei, in denen Lupinen und Fingerhüte blühen, an verlassenen Storchennestern, verfallenen Bauernhöfen, an Fertighäusern, die aussehen wie Spielzeug. Bei jedem Haus stelle ich mir vor, dass hier Verwandte gewohnt haben können, von deren Existenz ich nie etwas wusste. Nach ein paar Metern gabelt sich die Straße, *Gąglawki* steht auf einem Schild, das auf einen Sandweg weist. Dann fuhren wir zum Gut nach Ganglau, hieß es immer. Sie redeten über die Dörfer, als lägen sie nebenan und jeder müsste sie kennen: Die Mutter fuhr doch immer nach Darethen zum Kirchweihfest, da hat sie doch in Klaukendorf übernachtet. Dann verbesserten sie sich gegenseitig: Nein, das war doch Walltrude! Nein, Druckwalde! Nein, Großtrinkdorf war doch ganz woanders!

Als Kind fand ich die ostpreußischen Ortsnamen sehr eigentümlich. Wie vom Mond gefallen. Druckwalde, Thomsdorf, Jomendorf fand ich komplett lächerlich, ganz zu schweigen von Ganglau, Kellaren, Stabigotten. Oder Klaukendorf. Nicht auszudenken, wenn ich da zur Welt gekommen wäre. Geboren in Klaukendorf. Aber auch die schlesischen Ortsnamen, die in den Erzählungen meiner Mutter auftauchten, klangen wenig fortschrittlich: Bittendorf, Nitterwitz, Starwitz, Klein-Mahlendorf, Kalkau, Ottmachau, Patschkau. Ich war froh, in Unna zur Welt gekommen zu sein. Außerdem hatte jeder Ortsname ein Anhängsel: HIESS DAS FRÜHER. Ganglau-hieß-das-früher. Stabigotten-hieß-das-früher. Woraus ich schloss, dass es auch bei Ortsnamen eine Evolution gab. Offenbar hatte jemand nach dem Krieg die lobenswerte Initiative ergriffen, die Ortsnamen in Schlesien und Ostpreußen auf alles altmodisch Klingende abzuklopfen, sie zu modernisieren oder, wenn sie nicht mehr zu retten waren, ganz abzuschaffen und durch neuere, besser auszusprechende und eindeutig klingende zu ersetzen. Vermutlich war das auch im Ruhrgebiet so gewesen und vor vielen, vielen Jahren hatte Unna gar nicht Unna geheißen, sondern Unnatschkau. Oder Unnigotten. Die Geschichte schreitet voran.

Ich verlasse die Straße und laufe auf dem Sandweg weiter. Schon lange bin ich nicht mehr solche Wege gelaufen. Eigentlich nicht mal als Kind. Soviel Landschaft wie hier hätte ich als Kind gar nicht verkraftet. Lange Zeit glaubte ich, dass die ganze Welt wie das Ruhrgebiet aussieht, eine Landschaft von nicht enden wollenden Städten, die so unauffällig ineinander übergingen, dass man gar nicht mitkriegte, wann man die Grenze von der einen zu der anderen Stadt überschritt. Und hier hingegen hört die Landschaft nicht auf, Landschaft bis an den Horizont, und keine Stadt drängelt sich ins Bild.

Diese Gegend hätte sich so gut im Goldrahmen über dem Sofa meiner Großeltern gemacht: Eine verkrüppelte Kiefer steht am Bildrand, im Vordergrund leuchten gelbe Rapsfelder, daneben eine Wiese voll hellblauer Blüten, Wiesenschaumkraut, Mohnblumen. Dahinter wogen endlose Kornfeldmeere. Vielleicht noch in der Mitte ein See, so einer wie der, der in der Ferne schimmert. Kein einziges Haus, nur endlose Landschaft, über der sich die Wolken ballen.

Inmitten der Wiese befindet sich ein kleines Grab. Es sieht aus, als wäre hier eine Katze vergraben. Ein welker Strauß liegt vor einem winzigen Kreuz aus dünnen Holzstäbchen. Ein rechteckiges Stück Wiese, das mit Stanniolpapier abgesteckt ist, groß genug, um hier einen Schuhkarton zu vergraben. Neben dem Kreuz steht eine Limonadenflasche mit frischen Wiesenblumen. Ich pflücke ein paar Kornblumen und stecke sie zu den anderen Wiesenblumen. Dann setze ich mich auf einen Feldstein gegenüber, gedenke der Katze, die hier begraben liegt, lege den Kopf in den Nacken und blicke in den Himmel.

4. Die Flucht, die Flucht, immer die Flucht

Frau Piatek hat eine schlechte Nacht hinter sich. Sie sitzt neben dem Kachelofen und hält sich den Kopf. Sie hat davon geträumt, Mist umzugraben. Ist ejin schlechtes Zejichen, ejin ganz schlechtes. Besorgt blickt sie zur Zimmerdecke, von wo das Unheil droht. Ihr Atem rasselt, als säße in ihrer Brust ein Höllenhund. Schuld ist der Reini, schließlich hat sie sich wegen ihm so aufgeregt. Sie schüttelt sich. Dann steht sie auf, zieht eine kornblumenblaue Strickjacke über und bietet mir Kirschkuchen an. Den Kuchen hat ihr die Tochter aus Allenstein mitgebracht, die zu Besuch kam. Die Tochter, ihr Mann und ihre Enkelin kamen auf dem Weg zurück vom Urlaub vorbei, und Frau Piatek erzählt, wie müde alle waren. Saßen vor ihr auf dem Sofa und konnten kaum die Augen aufhalten. Nu, ist es das, was euch der Urlaub macht?, hat sie gefragt und sich gewundert. Warum fährt man in Urlaub, wenn man danach müder ist als vorher? Sie hat in ihrem ganzen Leben keinen Tag Urlaub gemacht, nicht mal einen Mittagsschlaf hat sie gehalten – und müde ist sie bis heute nicht.

Jetzt schickt sie sich an, das Mittagsgeschirr abzuspülen. Sind ja nur die bejden Tellerchen. Sie schöpft mit einem Topf Wasser aus den beiden Plastikeimern, die im Eingang stehen, stellt den Topf auf den Gasherd und sucht in ihrer Schürzentasche nach einem Streichholz. Dann stellt sie die Teller zusammen und klagt über den Preis des Spülmittels. Frieher haben sie das Geschirr im Fluss gewaschen, auf die Knie, und kejine großen Umstände gemacht mit hejißem Wasser und Pril, sagt sie, während sie die Gasflamme anzündet, und hejite ist das alles so … herrschaftsmäßig. Sie zieht die Augenbrauen hoch und kichert kurz und spöttisch. Dann setzt sie sich auf den Küchenstuhl und schaut mir beim Kirschkuchenessen zu. Essen Sie, liebe Frau, essen Sie.

Schließlich ist das Wasser heiß. Bei euch sind ja Maschinen, das haben wir hier nicht, neji, das haben wir nicht. Sie gießt noch etwas kaltes Wasser dazu und wäscht schnell die beiden Teller ab. Na, sehen Sie, und schon ist es fertig. Das lass ich noch fürs nächste Mal, ist zu schade, so viel Pril. Das ist furchtbar teuer, ach. Sie stellt die Plastikschüssel weg. Und sehen Sie, fertig ist die Laube.

Als sie die Teller in den Schrank räumt, frage ich sie nach dem Katzengrab, das ich oben auf dem Hügel gefunden habe. Nu was, Katzengrab, sagt sie, da haben sie doch ejinen totgestochen, da oben bei Muchorowo. Haben sie doch immer zusammen gesoffen, er und sejine Kumpels, hatten sie Schnaps von privat gekauft und besoffen, wie sie waren, endete es im Strejit, ejiner holt ejin Messer raus – und fertig. Jeden zwejiten Tag stellt sejine Verlobte an das Kreuz frische Blumen.

Ich versuche mir vorzustellen, wie die Männer auf der Wiese sitzen und nichts mehr von der Welt sehen außer Schnaps und blinder Wut auf ein sinnloses Leben – bis einer auf dieser Wiese sein Leben ebenso sinnlos verröchelt. Und fertig. Während ich noch nachdenke, ist Frau Piatek schon bei einem anderen Toten angelangt: Bei Leczko, dem Besitzer des Gasthofs unweit der Warschauer Straße, der sich vor den Augen seiner Frau totgeschossen habe, weil er davon überzeugt war, sie würde ihn betrügen. Mit einer Schrotflinte habe er sich erschossen, alles sei voll Blut gewesen. Ejifersichtig war er und verrickt, sagt sie. Und der Betrieb ging ja wejiter, auch ohne ihn. Der Schnaps, sagt sie schulterzuckend, der bringt so manchen um.

Totgeschossen, totgestochen. Es klingt, als hätte sie einen Hergang erklärt, bei dem ein Hund überfahren wurde: Er kam von links über die Straße gelaufen und hat das Auto nicht beachtet. Jetzt liegt er in Bertung neben meinem Albert, sagt sie. Der Leczko? Nein, sagt sie, der aus Muchorowo, der, den sie totgestochen haben. War Albert ihr Mann? Neji, neji, wehrt sie ab, das war doch mejin Sohn. Hat sich aufgehongen. War das ejin Wejinen, neji, so ejin Wejinen.

Und dann erzählt sie von ihrem Albert, der sich mit sechsundfünfzig Jahren das Leben nahm, weil er nicht mehr mit seiner Frau zusammenleben wollte. Wenn sie an ihn denkt, dann sieht sie ihn immer noch als Kind vor sich, ein Kind mit dünnen Beinen. War doch so eijn liebes Jungchen.

In Ganglau, auf dem landwirtschaftlichen Gut hat er gearbeitet, zwei Töchter hatte er – und eine Frau, mit der er sich nicht verstand, worüber er ganz mutlos geworden sei. Immer habe sie sich beklagt, er würde nicht genug arbeiten, selbst wenn er von der Arbeit kam, von der Nachtschicht, da habe sie ihn nicht schlafen lassen, er sollte in den Garten gehen und graben oder sonst was tun, schließlich würden alle Männer arbeiten. Ich häng' mich auf, habe er zu seiner Schwester Erna gesagt. Eines Tages machte er seine Ankündigung wahr, und Frau Piatek wusste, dass er tot war, noch bevor es ihr jemand gesagt hatte. Eine Mutter wejiß so etwas, eine Mutter spiert das! Ja, sagt sie, das Leben war ihm nicht mehr gut genug.

Dann schweigt sie, versunken in Gedanken an ihren Albert mit den dünnen Beinen. Schließlich putzt sie sich noch mal ganz umständlich und endgültig die Hände ab und zieht sich eine rote Jacke, die aussieht wie eine Fliegerjacke, über die Strickjacke. Ihre Haare hat sie zu einem dünnen Schwänzchen gebunden, das über den Kragen ragt. Setzen wir uns nach draußen, liebe Frau, die Sonne schejint so scheen, sagt sie.

Sie will ans Licht, weg von den ganzen Toten. Langsam tastet sie sich an der Hauswand entlang. Die Erdbeerbeete und die davor stehende Bank liegen bereits im Schatten, deshalb setzt sie vorsichtig Fuß vor Fuß, weiter voran, vorbei am Holunderbusch zu der Bank, die keine ist, sondern nur ein schmales Brett auf zwei Holzpflöcken, das an der Sonnenseite des Hauses steht. Gegenüber von den Gemüsebeeten, wo Reini umgegraben und ihre Tochter Porree, Kartoffeln, Mohrrüben und Sellerie gepflanzt hat. Sie lässt sich auf die Bank fallen, weil ihre Beine sie nicht mehr halten, und ruft: So ejin scheener Tag!

In ihrer Fliegerjacke sieht sie aus wie eine Bomberpilotin, die rote Baronin, eine von diesen zähen Veteraninnen, die nonstop den Atlantik überquerten und weder Tod noch Teufel fürchteten. Dann zeigt sie auf die Sonnenblumen, die ihre Köpfe der Sonne entgegenrecken: Sehen Sie, liebe Frau, der Sonnenglanz hat sich gedreht. Die Anka, die Leszinska, will immer Blumen haben, ich sag, mejin Gott, Anetschko, ich gib dir doch schon im Herbst den Samen. Sagt sie, warum wächst nichts bei mir und beji dir ieberall? Ich sag: Das wächst von ganz allejin. Guck mal, Anka, ich pflanz' doch nicht. Später im Herbst kommt der Wind, die werden trocken und verpflanzen sich von allejine, ja, der Wind fegt sie alle weg, und nachher wachsen sie. Ach Gottchen, ja.

Das Leben hat seinen Lauf genommen, und sie sitzt immer noch hier. Sie hat Kinder zur Welt gebracht, und sie hat Kinder zu Grabe getragen. Ihren ältesten Sohn, der mit drei Jahren bei einem Zimmerbrand durch eine Rauchvergiftung ums Leben kam. Das Kind auf der Flucht, das sie zwischen Preußisch-Holland und Elbing in einem Straßengraben lassen musste. Dann ihre Tochter, die einfach umfiel und an einer Hirnblutung starb. Hastig starb sie, sagt Frau Piatek, hastig. Als hätte auch ihre Tochter plötzlich genug vom Leben und es eilig gehabt mit dem Tod. Wie ihr Alfred mit den dünnen Beinen. Ihr ganzes Leben lang war sie in Gedanken, immer in Gedanken, immer schlechte Gedanken, das reicht nicht hier, das reicht nicht da. Deshalb versucht sie jetzt an die Dinge zu denken, die schon vor ihr waren und nach ihr bleiben werden. Der Wind, der Blumensamen, der Sonnenglanz, der sich dreht.

Auf der Straße fährt ein Auto im Schritttempo vorbei, dem sie, glücklich über die Zerstreuung, ihre Aufmerksamkeit schenkt. Sie streckt sich, um es besser sehen zu können. Dann sinkt sie wieder zurück, gelangweilt, weil sie das Nummernschild als Allensteiner identifiziert hat, also sind es Leute, die zum Pilzesammeln in den Wald fahren. Tatsächlich bleibt das Auto vor keinem Haus stehen, und bietet so auch keinen Anlass zu Spekulationen – wer war das, warum war er da und bei wem –, sondern biegt in Richtung Wald ab. Plötzlich nähert sich ein Schnaufen. Mit gerötetem Gesicht biegt Reini um die Ecke.

Ach, hier bist, Mamma, nuschelt er mit gekräuseltem Mund.

Ein Brot hat er eingekauft und ein Stückchen Wurst. Er reicht Frau Piatek das Portemonnaie. Dann geht er wieder ins Haus. Kaum ist er verschwunden, zählt Frau Piatek das Geld nach. Mit gekrümmten Fingern schiebt sie die Münzen hin und her. Na, ejin Bier hat er wohl ausgetrunken, nu ja, das ist alles. Aber das Geld gab er mir. Ejin paar Groschen noch. Na ja, ejin Bier, das erlaub' ich schon.

Hat er mir nicht betrogen, neji. Ach Gott, neji. Sie kichert. Heute schimpf' ich nicht mit ihm, heut' ist er ja traurig. Ist er traurig, weil sejin Gebiss hingefallen ist. Sie lacht. Dieses Mal hat ihm sein Schutzengel nicht geholfen, der mit den Flügeln hinten, der ihn sonst davor bewahrt, in einen Graben zu fallen oder gegen einen Steinhaufen zu laufen. Gestern Abend hat sich sein Gebiss selbständig gemacht. Als er es, betrunken wie er war, aus dem Mund nahm und ins Glas legen wollte, ist es aus seinen Fingern geflutscht und auf dem Steinboden in viele kleine Teile zerbrochen. Jetzt hat er keine Zähne mehr und kein Geld, um sich ein neues Gebiss machen zu lassen. Geschieht ihm recht, sagt sie.

Sie löst den Blick vom Portemonnaie, von den Sonnenblumen und den frisch gejäteten Gemüsebeeten und beobachtet wieder erwartungsvoll die Straße, die in ihrer üblichen Ereignislosigkeit daliegt. Kein Knirschen von Autoreifen, die über die staubige Straße rollen, kein Klicken von Absätzen, nichts. Selbst der Himmel beginnt, sich in Schönheit zu langweilen, er ist blau, blau, blau ohne eine einzige Wolke. Alles steht still, nicht mal ein kleiner Wind kommt auf, der Bewegung in das Bild bringen könnte, nichts. Die Gladiolen stehen schief da wie immer. Eine Biene krabbelt ungeschickt aus der Blüte eines Löwenmäulchens heraus. Mit Blütenstaub bekleckert fliegt sie wütend summend davon. Frau Piatek hat die Beine übereinander geschlagen, die Hände hält sie über den Knien verschränkt. Ihre Hände sehen aus wie aus mattem Wurzelholz geschnitzt, und manchmal blickt sie darauf, als würden ihr diese Hände gar nicht gehören.

Da sieht sie auf dem anderen Ufer der Alle etwas, ihre Augen sind noch immer scharf genug, nicht mal zum Lesen braucht sie eine Brille, sie blickt auf einen Punkt in der Ferne, der sich beim Näherkommen zu einer fülligen Frau ausdehnt, die einen Kinderwagen vor sich herschiebt.

Die Schwiegertochter von der Anka Leszinski, flüstert Frau Piatek. Sie grüßt die Frau auf Polnisch. Dass dieser alte Bock noch so ejine junge Frau gefunden hat, sagt sie kopfschüttelnd, als die Frau mit dem Kinderwagen hinter der Biegung der Chaussee verschwindet. Immer läuft sie schnell. Ob sie wieder hat Schnaps im Kinderwagen versteckt?

Dann bemerkt Frau Piatek wieder jemanden. Sie winkt. Vor dem Haus, das auf dem Hang über ihren Erdbeerbeeten steht, wächst eine dicke Frau aus dem Gras, die ihr ebenfalls zuwinkt.

Isoschka!, ruft Frau Piatek, komm zu uns, Isoschka! Es dauert ein paar Minuten, da steht Isoschka vor uns. Sie sieht aus wie die Hügellandschaft um uns herum, sie ist ganz Bauch, Busen, Hinterbacken. An der Hand hält sie den kleinen weißblonden Jungen, der mich schon im Gasthaus zur Ostpreußischen Schweiz skeptisch beäugt hat. Sie habe gezögert zu kommen, sagt Isoschka, als sie sah, dass Frau Piatek Besuch hat.

Aber neji, Isoschka, neji, bist immer willkommen, sagt Frau Piatek, nimmt sie in den Arm und stellt mich vor: Das ist Frau Reski, wejißt, ist Enkelin von Anna Gapowski und Allo Reski. Isoschka lacht, als sie meinen Namen hört. Sie lacht, als wäre mein Name ein guter Witz, und entblößt dabei ihre Zähne, die auf Lücke in ihrem Mund herumstehen. Gapowski, sagt sie dann, die waren doch für mich wie meine Großeltern.

Isoschka ist keine gebürtige Ostpreußin, sondern Polin, vielleicht nimmt Frau Piatek sie deshalb so gerne in den Arm, denn Isoschka ist wie der polnische Kaffee – Wasser rein, umrühren, fertig. Neben ihr sind Frau Jekosch und die Leszinska umständlich wie deutscher Filterkaffee. Man braucht dies und das, ohne Kaffeekanne und Filter geht es nicht, nie hat man die passenden Papierfilter zur Hand, oft ist der Kaffee nicht fein genug gemahlen, und dann muss man auch noch warten, bis er richtig aufgebrüht wurde. Isoschka beäugt mich nicht wie Frau Leszinski und Frau Jekosch, sondern schüttet gleich eine ganze Flut von Erinnerungen über mir aus, nennt Namen über Namen und erzählt, wie sie nach dem Krieg in das Dorf kam und von meinem Urgroßvater zur Enkelin erwählt wurde, weil seine Enkel doch alle im Westen waren.

Aber ejin großer Mann war das, wie er lebte, über zweji Meter wird er gehabt haben, sagt sie, legt den Kopf in den Nacken und schaut an der Hauswand hoch bis zum Dachfirst.

Und die Oma, die Gapowska war solche klejine. Ja. Die waren wie Oma und Opa fier mich, sagt sie, so die besten.

Es ist ein eigenartiges Gefühl, als Isoschka plötzlich Leben in meinen Urgroßvater haucht. Als Kind waren meine Urgroßeltern für mich nicht mehr als zwei vergilbte Fotos, die aus jener Ecke des Wohnzimmers auf mich herabsahen, in der meine Großmutter die Fotos der Verstorbenen aufzuhängen pflegte: ein hagerer, weißhaariger Mann und eine pausbäckige Frau mit dunklen Altersflecken im Gesicht. Auch Frau Piatek erinnert sich noch, wie mein Urgroßvater gestützt auf seinen Krückstock die Chaussee entlangging, Hand in Hand mit meiner Urgroßmutter, war so ejine Klejine. Sie zeigt in die Richtung der Straße, wo das Haus der Urgroßeltern noch steht: gegenüber von der Schule. Nach und nach kommt die Erinnerung, tropfenweise. Ich entsinne mich, dass meine Großmutter, ihre Schwestern und ihr Bruder nur ungern über ihre Eltern sprachen, die noch einige Zeit nach dem Krieg in Reußen gelebt haben. Vielleicht war es das, was sie nach dem Ostpreußenlied immer hat weinen lassen, viel mehr als all die dunklen Wälder und die kristallnen Seen. Geweint haben sie um ihre Eltern, die sie hinter sich gelassen hatten, einem ungewissen Schicksal entgegen, und der Gedanke, sie im Stich gelassen zu haben, hat sie nie mehr losgelassen. Die Eltern waren zu alt für die Flucht, hieß es immer. Und: Die Eltern wollten zu Hause sterben. Und: Wir hatten doch nicht gedacht, dass wir sie nicht mehr wieder sehen würden. Wir dachten doch, dass wir nach ein, zwei Wochen wieder zurückkommen würden, sagte meine Großmutter und drehte nervös an den Knöpfen ihrer Bluse. Die Aussteuer, klagte meine Großtante, hätte ich ihnen doch wenigstens meine Aussteuer gelassen. Am Ende musste ich sie doch auf der Flucht wegwerfen, die Laken, die Federbetten, die Tischdecken, alles, ach, wenn die Eltern doch wenigstens meine Aussteuer gehabt hätten.

Isoschka erzählt und erzählt. Sie erinnert mich daran, dass mein Urgroßvater Waldarbeiter war, und noch bis zu seinem Tod jeden Tag in den Wald gegangen ist. Am Stock, gebeugt, sah man ihn die Straße entlanggehen. Er habe sie zum Rauchen gebracht, weil er es mochte, wenn sie roch wie ein Mann. An dem Tag, an dem er starb, hatte er eine Gans geschlachtet und sie zum Ausbluten an die Stalltür genagelt. Und als der letzte Tropfen Blut aus der Gans in die darunter stehende Milchkanne getropft war, legte er sich zum Sterben hin. Den Körper ausgestreckt, lag er im Bett und blickte auf seine Füße, die über den Bettrahmen herausragten. Es war ein Frühlingsmorgen, einer jener Frühlingstage, die noch schneeverkrustet waren. Seine letzten Worte zu Isoschka waren: Gib mir Kussek, morgen werd' ich essen Sauerblutsuppe. Und dann starb er. Im Herrn hat er gelebt, im Herrn ist er gestorben. In den Sarg hat er kaum hineingepasst, und das, obwohl der schon zwei Meter fünfunddreißig lang war. Vielleicht hatte er sich im Tod noch gestreckt, wer weiß?

Die Alten waren ja zu schwach für die Flucht, sagt nun auch Frau Piatek. Denk mal an die Oma, die der Kaczynski im Wald gefunden hat. Die vom Wagen gefallen war! Ojei!, ruft Isoschka, hat er sie doch im Tannenholz gefunden! Hat er ihre Bejine gesehn, ejinen ganzen Monat hat sie im Wald gelebt, in ejinem Schneeloch, sagt Frau Piatek. Und dann lebte sie noch sieben Jahre lang bei den Kaczynskis, sagt Isoschka. Aber Erinnerung hatte sie kejine mehr, wusste nicht mal ihren Namen, sagt Frau Piatek. Deutsch sprach sie, sagt Isoschka, nur Deutsch, kejin Polnisch.

Isoschka lässt Kaczynskis Oma wieder links liegen und kommt zurück auf meine Urgroßeltern. Ist die Gapowska nicht an Typhus gestorben?, fragt sie Frau Piatek. Isoschka ist nicht zu bremsen, sie nennt Namen über Namen, unverdrossen zählt sie Verwandte auf, Großcousins und Großonkel, die mir alle nichts sagen, ich kann nur mit den Schultern zucken. Nur ein Name löst noch eine ferne Erinnerung aus: Franziska. Ja, ich erinnere mich, die älteste Schwester meiner Großmutter, sie war als einzige in Ostpreußen geblieben. Ihr

Sohn Rudi war Geiger, das Patenkind meiner Großmutter. Franziska schrieb meiner Großmutter regelmäßig und berichtete ihr von den Fortschritten ihres Patenkindes: Unser Rudi spielt jetzt im Orchester in Allenstein. Unser Rudi hat im Radio gespielt. Meine Großmutter verfolgte seinen Werdegang mit großer Anteilnahme. Ejin Kinstler!, wurde sie nicht müde zu betonen. Sie schickte ihm Saiten für seine Geige, weil die in Polen so schwer zu beschaffen waren – heimlich, weil mein Großvater sich jedes Mal über diese Ausgabe beschwerte. Eines Tages durfte Tante Franziska mit ihrem Mann nach Deutschland übersiedeln. Sie waren bereits über sechzig Jahre alt, das erleichterte die Ausreise. Das Wiedersehen wurde bei meiner Großmutter gefeiert. Es gab ein Kaffeetrinken zu Ehren von Franziska, die ganze Familie war versammelt. Ich hielt vorsichtigen Abstand von den wiedergefundenen Verwandten, die so alt und schwarz gekleidet waren und so eigenartig sprachen, noch eigenartiger als meine Großeltern. Sehr fremd saßen sie auf dem Sofa, sehr fremd und sehr steif. Sie erschienen mir wie Boten aus einer abgelegenen Welt. Einer Welt, mit der ich nichts zu tun haben wollte.

Sie starben kurz nach ihrer Übersiedelung. Tante Franziskas Mann hatte seine Tage damit verbracht, über die wenigen Felder zu laufen, die ihn an Ostpreußen erinnerten, und Gräser zu sammeln. Tante Franziska wartete. Sie wartete auf ihren Mann, sie wartete auf die Ausreise ihres Sohnes Rudi. Sie wartete auf den Tod. Sie haben sich erst satt gegessen und dann sind sie gestorben, sagte Großtante Rosa. Sie starben an Hejimweh, sagte Großonkel Toni. Sie starben an gebrochenem Herzen, sagte meine Großmutter.

Frau Piatek beobachtet schon wieder die Straße, hat sich da nicht etwas geregt? Schau Isoschka, die Leszinska kommt, sagt sie und reckt sich in die Höhe. Auf der Straße bewegt sich ein blauer Punkt, der sich beim Näherkommen als Frau Leszinski entpuppt, die in ihrem blauen Kittel über die Brücke läuft, die Hände wie üblich in die Taschen gestemmt. Aber Isoschka ist nicht an Frau Leszinski interessiert. Gerade ist ihr nämlich eingefallen, dass ihr einer meiner Verwandten das Leben gerettet hat, indem er ihr ein Mittel gegen den Bandwurm geschickt hat. Eines Tages sei sie immer dünner und dünner geworden, sie habe sich nicht mehr zu helfen gewusst, selbst Gebete konnten nichts mehr ausrichten, und wenn sie sich nicht eines Tages hingesetzt und einen Brief nach Deutschland geschrieben hätte, dann hätte der Wurm sie glatt ganz aufgefressen. Sie schaut in die Luft, versucht sich zu erinnern, blickt in mein Gesicht, als stünde dort geschrieben, wie ihr Retter hieß, aber es will ihr nicht mehr einfallen. War es nicht der Sohn der Lene Hahn? Dafür weiß sie aber ganz genau, wie lang der Bandwurm war, sie reißt die Arme auseinander: Zweji Meter lang war er, mindestens, sagt sie stolz.

Na, was läuft sie?, fragt Frau Piatek mit Blick auf die entschlossen daherstapfende Leszinska. Wird es ihr zu eng geworden sein, mit der Schwiegertochter, vermutet Isoschka. Und mit den Enkelkindern, sagt Frau Piatek. Sind ja jetzt zweji, sagt Isoschka. Und all diese Menschen auf zweji Zimmern, sagt Frau Piatek, ojei,

ojei. Hat er wohl getrunken, ihr Mann?, fragt Isoschka. Der sejift, aber der ist friedlich, der legt sich hin, wenn er getrunken hat, sagt Frau Piatek. Nu, wejingstens versejift er die Rente nicht, der verdient sich doch ejin bisschen Geld mit Forellenräuchern, sagt Isoschka. Sie beklagen sich noch eine Weile über die Männer, eher gewohnheitsmäßig, so wie man über Dauerregen klagt. Ejin guter Mann ist ejiner, der zweji Meter unter der Erde liegt, sagt Isoschka schließlich, und dann lachen beide los, bis Isoschkas ganze Hügellandschaft ins Wackeln gerät und Frau Piatek so husten muss, dass der Höllenhund in ihrer Brust wieder wach wird. Das blonde Enkelkind schaut erschreckt an den beiden alten Frauen hoch, die sich die Tränen aus den Augenwinkeln wischen.

Dann steht die Leszinska am Gartenzaun. Nu, worauf wartest du?, ruft Frau Piatek. Komm, Anetschko, komm schon. Seufzend schiebt die Leszinska den Vierkantbolzen weg, der als Riegel dient, und drückt das Gartentor auf. Frau Piatek rückt etwas zur Seite, damit für die Leszinska noch Platz auf der Bank ist. Nu, wie gejht es dir, Anetschko?, fragt Frau Piatek. Nu, wie soll es mir schon gejhen, brummt die Leszinska, immer *bieda*, immer *bieda*. Sie blickt auf mich und erklärt: *bieda* ist, wenn man wenig hat. Früher war *bieda*, wejil man nur auf Karten bekam. Heute ist wieder andere *bieda*. Jetzt gibt es alles, aber das Geld hat man nicht. Nu, was musst ich hejiraten Pollack.

Haben wir von frieher geredet, sagt Frau Piatek, sie will ihr ein Stichwort liefern, damit die Ärmste von ihrem häuslichen Unglück etwas abgelenkt wird. Ach, frieher, sagt die Leszinska. Glücklich seufzt sie und fängt an zu reden, als hätte jemand in ihrem Innersten einen Schalter umgelegt.

Hätt' ich wegblejiben sollen, damals, nach der Flucht. Wenn ich noch daran denke. Als wir beim Arbejitsdienst waren, beji Warschau, da unten, an der Wejichsel. Da waren wir von Oktober bis Januar, bis der Russe schon rejinknallte. Und wir noch mit unserem Hakenkreuz, und die Soldaten sagten: Mädels, schmejißt bloß den Dreck weg! Aber was sollten wir machen, war ja unsere Kluft. Das Zejichen blieb ja doch, nich. Na, und dann wissen Sie, der Russe haut da schon die Granaten hin, und wir stehen auf der Straße und warten auf Autos. Da blieb ejin Lazarettauto stehen: Mädels, auf wen wartet ihr noch? Na, auf Transport, irgendwelchen Transport, um hier rauszukommen. Mädels, ihr kennt ins Auto zu uns rejin, und dann fuhren wir mit den verwundeten Männern, mit den Soldaten. Fuhren wir raus – und auf der Straße … ach, mejin Gott, nein, nicht noch einmal das erleben. Die armen Kinder mit den Pferdewagen. Die Russen waren halben Kilometer hinter ihnen. Und die Wagens, und das Geschreji der Kinder, unter den Wagens … Ich sag Ihnen, Frau Reski, nicht noch mal das erleben. Na ja, und die nahmen uns mit, und ich hab' mejinen Rucksack vergessen, bloß so wie ich stand, stieg ich in das Auto. Aber mejinen Rosenkranz hatte ich in der Tasche gehabt, Frau Reski, Sie werden viellejicht lachen, aber das ist wahr. Bloß den Rosenkranz von der ersten Kommunion hatte ich.

Die Flucht, die Flucht, immer die Flucht. Als wir damals rüberkamen, hieß es immer. Und: Wir haben doch alles auf der Flucht verloren. Als Kind hielt ich mir manchmal die Ohren zu, wenn schon wieder die Geschichte von der Flucht erzählt wurde. Meine Mutter war aus Schlesien geflohen, mein Vater aus Ostpreußen. Also Flucht von jeder Seite.

Meine Freundin Ingrid hatte einen Dachboden, auf dem die Möbel von drei Generationen standen. Ich hatte die Geschichte von der Flucht. Als ich zum ersten Mal auf dem Dachboden meiner Freundin Ingrid stand, war ich schockiert. Es war ein riesiger Bauch, der über Jahrzehnte mit Möbeln voll gestopft worden war. Noch nie hatte ich so viele alte Möbel gesehen. Anrichten, Schränkchen, Stühle stapelten sich in ihm, von Zeit zu Zeit holte sich Ingrid eine Kommode, ein Tischchen mit geschwungenen Füßen in ihr Zimmer, strich es weiß an und erwähnte beiläufig, dass es ihrer Urgroßmutter gehört hatte. In meiner Familie gab es nicht mal einen Lampenschirm, der älter war als ich. Hatten sie am Ende alles weggeworfen? Wussten sie alte Möbel einfach nicht zu schätzen? Irgendetwas musste sich doch auch bei uns noch finden. Wenigstens ein kleines Tischchen. Irgendwo. Vielleicht mussten sie einfach nur mal richtig nachsehen, auf dem Dachboden und im Keller. Meine Mutter blickte mich an, als sei ich etwas schwer von Begriff. Und wiederholte den Satz, den ich schon so gut kannte: Wir haben doch alles auf der Flucht verloren.

Selbst die Zeitrechnung in meiner Familie orientierte sich an der Flucht, es gab ein Leben vor der Flucht und ein Leben nach der Flucht, und das eine hatte mit dem anderen nichts zu tun. Vor der Flucht, das war Ostpreußen und Schlesien, nach der Flucht, das war Ruhrgebiet.

Die Flucht, die Flucht, immer die Flucht. Die Geschichte von der Flucht wurde jedes Mal erzählt, wenn zwei Erwachsene zusammenkamen. Sie begann mit ALS DER RUSSE KAM und endete damit, dass geweint wurde. Sie bewirkte, dass ich »den Russen« für die Verkörperung des Bösen schlechthin hielt. Als ich sechs war, kaufte mir meine Mutter eine Jacke, die wie ein Kosakenkittel geschnitten war. Sie nannte sie Russenkittel. Ich habe die Jacke gehasst.

Wir waren doch Flüchtlinge, hieß es immer, und es klang in meinen Ohren, als handelte es sich dabei um eine besondere Kategorie von Menschen. Auf der Welt gab es Rothaarige, Linkshänder, Westfalen und Flüchtlinge. Als ich ein ganz kleines Mädchen war, war ich überzeugt, dass man bereits als Flüchtling zur Welt kommt. Man wächst heran, und irgendwann ist es so weit: Man muss flüchten, ob man will oder nicht. Schließlich kann man sich die Haarfarbe auch nicht aussuchen. Und in meiner Familie war auch niemand gefragt worden, ob er flüchten wollte, das hatten mir alle, von meiner Mutter bis zu meinen Großeltern immer wieder bekräftigt. Glücklicherweise war es nicht vererbbar. Ich war nicht als Flüchtling zur Welt gekommen, auch nicht meine Cousins – was uns von unseren Eltern unterschied. Wir Kinder spürten, dass wir anders waren. Wir verspürten keinerlei Drang, zu flüchten, die Sommerferien im Schwarzwald zählten nicht, bei den Erwachsenen hingegen war ich mir nicht ganz sicher. Was, wenn ich eines Morgens aufwachen würde, die Wohnung wäre leer und meine Mutter geflüchtet? Am Ende zurück nach Schlesien? Sie sagte zwar immer, dass nun das Ruhrgebiet ihre Heimat sei, aber war es nicht verräterisch, wie sie immer noch »Bei uns zu Hause« sagte, wenn sie von Schlesien sprach? War es nicht so: Einmal Flüchtling, immer Flüchtling? Sie ging zwar nie ohne mich weg, doch wie konnte ich wissen, wann sich bei ihr das Flüchtlingsgen wieder durchsetzen würde? Ich beschloss, sie besser im Auge zu behalten. Meinen Tanten konnte ich auch nicht richtig trauen. Ich dachte an den bevorstehenden Sonntagsausflug im Volkswagen von Tante Ruth und Onkel Heinz, der in den Wuppertaler Zoo führen sollte. Was, wenn es gar nicht nach Wuppertal in den Zoo ging, auch nicht nach Ostpreußen oder Schlesien, sondern nach Dänemark? Wenn sie einfach flüchten würden? Flüchten um des Flüchtens willen? Sie würden weiterfahren, und ich wäre ausgeliefert, hilflos wie immer auf dem Rücksitz, und würde versuchen, meinen aufkommenden Brechreiz zu unterdrücken, der mich in Autofonds immer überfiel, und müsste auf Tante Ruths Geheiß Autokennzeichen aufschreiben, wohinter sich natürlich ein nur allzu durchsichtiges Ablenkungsmanöver verbarg. Sollte ich vielleicht beim Tanken rufen: Helfen Sie mir, man hat mich entführt, geben Sie diesen Leuten kein Benzin, sonst flüchten sie weiter nach Dänemark?

Und es gab noch mehr Fragen: Wie würde ich reagieren, wenn sie es nicht heimlich täten, sondern mich ganz offen zur Flucht aufforderten? Wenn meine Mutter eines Tages sagen würde: Zieh dich schnell an, heute müssen wir flüchten? Dann bliebe mir nichts anderes übrig, als mit zu flüchten, auch wenn ich persönlich nicht als Flüchtling zur Welt gekommen war, schließlich wollte ich nicht alleine zurückbleiben. Ich wollte dieser prekären Situation nicht unvorbereitet gegenübertreten, deshalb überlegte ich mir, was ich mit auf die Flucht nehmen würde. Etwas Nützliches wäre angebracht, also anstelle meiner Lieblingspuppe mit den Schlafaugen eher meine Puppenküche. Und mein chinesisches Teeservice. Und den neuen Puppenstaubsauger. Auf meinen Einkaufsladen würde ich auf der Flucht auch nicht verzichten wollen. Mitsamt seinen vertrockneten Marzipankartoffeln, den Zuckergusszitronen, den winzigen Persilkartons mit dem Puffreis drin und den Schokoladeneiern.

Überhaupt die Schokolade. Bei dieser Gelegenheit würde sich endlich mein Horten von Schokolade auszahlen, eine Eigenart, die bei meiner Mutter immer eine gewisse Ratlosigkeit ausgelöst hatte: An Ostern war meine Weihnachtsschokolade zwar leicht angestaubt, aber immer noch so unberührt wie am Heiligen Abend. Auf der Flucht würden wir von meiner Schokolade noch lange zehren können. Ich fragte mich, ob all das in einen Handwagen passen würde, wenn nicht, würde sich sicher ein größerer Wagen finden, und außerdem gab es ja Fluchthelfer. Als bei uns nebenan die Familie Naß eingezogen war, hatte es schließlich auch Möbelpacker gegeben, die die Schränke getragen und zusammengeschraubt hatten. Ich stellte mir die

Flucht ähnlich vor. Ein Umzug. Nur etwas abenteuerlicher. Ein Umzug, bei dem man durch Tiefflieger vom Weg abgebracht werden sollte.

Meine Mutter erzählte immer, wie begeistert sie gewesen war, als die Familie aus Schlesien flüchtete. Sie war die Jüngste, bei Kriegsende war sie zwölf Jahre alt, genau wie mein Vater. Endlich weg, dachte sie, denn für sie war es das erste Mal, dass sie auf eine Reise ging. In drei Wochen sind wir wieder da, sagte mein Großvater, der nationalsozialistische Kraftfahrer, aber meine Großmutter wusste es besser: Hierher kommen wir nie wieder zurück, sagte sie und weinte. Meine Mutter erzählte davon, wie sie monatelang herumgeirrt waren. Dann waren wir beim Polen, dann waren wir beim Russen, dann waren wir in der Tschechei, sagte sie, und ich dachte daran, dass heute aber alles anders hieß. Es hieß Tschechoslowakei und nicht Tschechei, das stand jedenfalls in meinem Diercke-Atlas, und Russen gab es auch nicht mehr, sondern nur noch Sowjetbürger. Meine Mutter erzählte davon, wie sie nachts über die grüne Grenze gekommen seien, von der Ostzone. Unter der Ostzone konnte ich mir noch etwas vorstellen, nämlich ein Land, in dem es weder Mandarinenkonserven noch Seidenstrümpfe gab, denn die schickten wir zu Weihnachten an meine Tante, die auf Rügen wohnte. Was allerdings eine grüne Grenze war, blieb mir schleierhaft. Ich wagte nicht, meine Wissenslücke zuzugeben, weil meine Mutter mit einer solchen Selbstverständlichkeit darüber sprach. Also stellte ich mir die grüne Grenze ähnlich vor wie den frisch ausgesäten Rasen vor unserer Haustür, den wir Kinder nicht betreten durften, weil sonst der Häuserverwalter wieder angelaufen kam und wie besessen herumschrie. Deshalb war mir auch klar, dass sie nachts über die grüne Grenze gehen mussten, denn die Grenzposten achteten natürlich genauestens darauf, dass kein Flüchtling die grüne Grenze platt trampelte. Sie erzählte auch von russischen Soldaten, die abends zusammensaßen, Papirossy rauchten, das Wolgalied sangen und danach weinten. Und wie sehr es ihr gefallen habe, wenn die Russen ihre traurigen Lieder sangen. Ich versuchte mir die singenden Russen vorzustellen, und mir fiel nur Iwan Rebroff ein. Iwan Rebroff und der Don-Kosaken-Chor. Als Iwan Rebroff in der Konzertaula aufgetreten war, hatte ich stundenlang vor seiner Garderobe gewartet. Schließlich öffnete sich die Tür, und Iwan Rebroff stand vor mir, allerdings nicht in seinem roten Don-Kosaken-Anzug mit roten Pluderhosen, die in schwarzglänzenden, kniehohen Stiefeln steckten, sondern in einer braunen Cordhose und leichten Sportschuhen, was mich sehr enttäuschte. Er belohnte mich für mein Warten mit einem Autogramm, das er mir mit einem schwarzen Filzstift auf mein neues rotes Lederportemonnaie schrieb. Sollte Iwan Rebroff am Ende vielleicht auch, wie es die Art der Russen war, tagsüber nach Belieben Menschen gefangen und abends mit anderen Russen zusammengesessen, gesungen und geweint haben? Und ich hatte ihn sogar noch um ein Autogramm gebeten! Es beruhigte mich ganz außerordentlich, als ich erfuhr, dass Iwan Rebroff gar kein Russe war, sondern nur so tat. Aber es leuchtete mir nicht ein, warum er unbedingt ein Russe sein wollte, wo der Ruf der Russen doch nicht gerade der Beste war.

Meine Mutter erzählte auch von jenem Tag auf der Flucht, als ihre Schwestern Irmgard und Gisela wieder zurück nach Schlesien fuhren, vom Sudetenland zurück, zurück nach Hause, nur für einen Tag, um nachzusehen, ob in ihrem Haus vielleicht doch noch etwas geblieben wäre, Kleider, Erinnerungsstücke, irgendetwas. Mein Großvater war dagegen, sie fahren zu lassen, weil die Zugverbindungen zu unregelmäßig waren, aber dann gab er seinen halsstarrigen Töchtern doch nach. Sie fuhren zusammen mit Freundinnen und freuten sich, bei dem Ausflug bekannte Gesichter aus dem Dorf wieder zu sehen. Die Fahrt sollte nur eine halbe Stunde dauern. Sie kamen nie an. Nach drei Tagen kehrte nur noch Gisela zurück. Alle anderen waren tot. Zerquetscht in einem Viehwaggon zwischen einer russischen und einer polnischen Lok. Zwei Tage lang war Gisela herumgeirrt, weil sie nicht wusste, wie sie ihren Eltern sagen sollte, dass ihre Schwester Irmgard in einem Massengrab begraben worden war. Meine Mutter erzählte auch davon, wie sie in der Ostzone fast verhungert wären, meine Großmutter und ihre Kinder, weil sie nicht mal Marken hatten, auf die sie etwas kaufen konnten. Sie beschrieb, wie sie aus Verzweiflung Brennnesselsuppe gegessen hatten, bis endlich Tante Gisela auftauchte und sie zu meinem Großvater brachte, der bereits im Westen war. Er habe sie vor dem nahen Hungertod bewahrt, indem er ihnen Milch zu trinken brachte, die sie wie die Kälber aus dem Eimer getrunken hätten.

Ich saß vor meinen Königsberger Klopsen, die ich schon eine ganze Weile hin und her geschoben hatte, so dass sie kalt geworden waren, und schluckte. Meine Mutter hatte feuchte Augen und mich plagte mein schlechtes Gewissen. Denn während sie sprach, dachte ich nur daran, wie ich bloß diese Königsberger Klopse loswerden könnte, ohne dass meine Mutter es mitbekäme. Ach, du kannst dir doch gar nicht vorstellen, wie das früher war, sagte meine Mutter, und ich zog mit der Gabelspitze Muster durch die erkaltete Sauce. Ich fuhr um die Klopse herum, baute mit den Kapern kleine Inseln im Meer der weißen Sauce und versuchte mir vorzustellen, wie schön es wäre, wenn wir einen Hund hätten, der meine Reste fressen könnte, und keiner würde es merken.

Wenn meine ostpreußischen Tanten über die Flucht sprachen, dann klang es auch bei ihnen immer wie ein abenteuerlicher Schulausflug. Auch sie hatten ihr Dorf zum allerersten Mal in ihrem Leben verlassen und waren begeistert gewesen. Ich fand das alles aufregend, sagte Tante Leni immer, ich konnte gar nicht verstehen, warum die Mutter immer nur geweint hat.

Als ich etwas älter wurde, ahnte ich zwar, dass die Flucht etwas Ungeheuerliches war, etwas, nach dem das Leben nie mehr so sein konnte, wie es vorher mal gewesen war – aber trotz aller Anstrengung konnte ich mir nichts wirklich Fassbares darunter vorstellen. Die Flucht gehörte so selbstverständlich zu meiner Familie wie eine besondere Form von Ohrmuscheln, die sich über Generationen vererbt hatte, dass niemand für nötig hielt, die Geschichte verständlich und an einem Stück zu erklären. Hier und da tauchte etwas auf. Andeutungen, Hinweise, Anspielungen. Wie der Großvater mit der Gutsbesitzerin wegfuhr. Wie sie die *Gustloff* verpassten. Welche Rolle Großtante Rosa bei der Flucht spielte. Dann die Ortsnamen: Elbing, Zoppot, Stettin, Danzig. Ich versuchte, mir die Geschichte aus Schnipseln zusammenzusetzen.

Die Flucht begann damit, dass mein Großvater meine Großmutter allein ließ. Er war von der Gutsbesitzerin gebeten worden, sie im Auto bis nach Elbing zu fahren – was er auch tat. Er fuhr vor den ungläubigen Augen meiner Großmutter mit dem Auto davon, während sie, die im siebten Monat schwanger war, im Pferdewagen fliehen musste. Mit den fünf kleinen Kindern, von denen der Älteste mein zwölfjähriger Vater war. Das jüngste Kind, Margot, lag im Arm meiner Großmutter. Meine Großmutter sollte von ihrer Schwester Rosa begleitet werden. In Elbing sollte mein Großvater wieder zu der Familie stoßen.

Allerdings entschied sich Großtante Rosa schnell, es doch besser auf eigene Faust zu versuchen. Mit Blick auf den gewölbten Bauch meiner Großmutter stellte Rosa pragmatisch fest: Dir werden die Russen doch nichts tun. Dann stieg sie auf ihr Fahrrad, sagte: Allein komm' ich ja besser durch, und fuhr nach Allenstein, um sich von dort mit einer Freundin bis nach Stettin durchzuschlagen. Meine Großmutter musste allein weiter. In Elbing wartete sie vergeblich auf meinen Großvater. Er kam nicht mehr. Weder nach einem Tag noch nach drei Tagen. Die Kinder sagten nichts. Meine Großmutter sagte auch nichts. Sie weinte und packte die Kinder wieder unter die Plane auf den Pferdewagen. Sie wollten von Elbing über das gefrorene Haff Richtung Danzig und Zoppot fahren. Je näher sie zum Haff kamen, desto mehr Koffer mussten sie wegwerfen, der Wagen wäre sonst auf dem Eis eingebrochen. Kurz vor dem Haff warfen sie sogar den letzten Koffer weg, den mit den Dokumenten und den Papieren. Sie übernachteten in verlassenen Wohnungen von Leuten, die bereits geflohen waren, in Danzig schliefen sie in einer Munitionsfabrik. Als sie endlich im Hafen von Danzig standen, sahen sie nur noch die Eisschollen über die Mottlau treiben: Die *Gustloff*, das Schiff, mit dem sie fliehen wollten, hatte bereits abgelegt. Wenig später erfuhren sie, dass die Verspätung ihnen das Leben gerettet hatte. Die *Gustloff* war torpediert worden und gesunken. Tausende von Frauen und Kindern drängelten sich auf dem Kai. Alle warteten auf das nächste Schiff. Eine Frau trat vor meine Großmutter, bot ihr Hände voll Schmuck an und bettelte: Sagen Sie, dass ich Ihre Mutter bin! – weil die Kriegsmarine nur Mütter und ihre Kinder auf das Flüchtlingsschiff ließ. Meine Großmutter lehnte ab, was meine Tanten nie verstanden haben. Den Schmuck hätte sie doch gebrauchen können. Als schließlich alle glücklich an Bord waren, verbot meine Großmutter ihren Kindern, die Schwimmwesten anzulegen. Wenn wir untergehen, gehen wir alle zusammen unter!, hatte sie erklärt. Meine Großmutter neigte schon immer zu radikalen Lösungen. Durch die Bullaugen des Schiffes sahen meine Tanten, wie die anderen Schiffe um sie herum in der Ostsee versanken.

Das Schiff brachte sie nach Norddeutschland in Sicherheit. In Stade kamen sie an, dann fuhren sie weiter bis nach Nindorf, wo sie ein Zimmer bezogen. Dort starb Margot, der Säugling, den meine Großmutter während der drei Monate dauernden Flucht auf dem Arm gehalten hatte. Sie starb an Diphtherie. Kurz danach brachte meine Großmutter ein Mädchen zur Welt, das sie Edelgard nannte. Von meinem Großvater hatte sie immer noch keine Nachricht. Sie war überzeugt, dass sie ihn nie wieder sehen würde. Sicher hatte er die Gelegenheit genutzt, sie, die Kinder und überhaupt das ganze Elend loszuwerden. Sie hatte nur noch das Bild vor Augen, wie er mit der Gutsbesitzerin im Auto Richtung Elbing davonfuhr.

Meine Großmutter sprach wenig über die Flucht. Sie schüttelte immer nur den Kopf und drehte an den Knöpfen ihrer Bluse.

Frau Piatek träumt heute noch vom Russen. Vor kurzem war ihr Bruder da, zum ersten Mal nach über fünfzig Jahren sahen sich die Geschwister wieder.

Da sagt' ich: Kommt noch mal der Russe? Sagt er: Neji, Hedwig, der Russe kommt nicht mehr. Der Russe kommt nicht mehr. Brauchst kejine Angst haben, da wird kejin Krieg mehr sejin. Aber ich hätte kejine Angst mehr heute, ich hätte kejine Angst. Sagt' ich zu ihm: Ich mecht' nicht mehr weglaufen. Nejin, das war ja Dummhejit. Das war ja die rejinste Dummhejit, dass wir weggelaufen sind. Aber vielleicht hatten wir Angst, dass sie uns totschlagen?

Die Leszinska hört gar nicht zu, sie ist ganz in den

Lupinen versunken. In Gedanken steht sie immer noch an der Straße, jung und schön und arm, mit dem Rosenkranz von der ersten Kommunion in der Tasche, mit dem sie in Bayern ankam, in Coburg bei ihrer Schwester, wo sie noch drei Jahre lang nach Kriegsende bleibt. Noch heute schwärmt sie von Bayern. Da war alles besser. Sogar die Besatzungstruppen. Denn das waren Amerikaner. Und die haben ja nicht auf die Frauen geguckt, sagt die Leszinska, anders als hier, wo die jungen Frauen und Mädchen ja was erleben mussten. Was für ein Glück, dass sie nicht hier war.

Frau Piatek starrt auf den Sonnenglanz. Sie denkt daran, wie sich die Frauen versteckten, wenn die Soldaten durchs Dorf zogen. Wie die Russen manchen Frauen die Finger abschnitten, wenn sie nicht schnell genug die Ringe abgaben. Wie im Schuppen des Gasthauses zur Ostpreußischen Schweiz eine Frau lag, die von den Russen vergewaltigt und danach erschossen worden war. Eine steif gefrorene Tote, über die Leo Jekoschs Vater eine Decke gelegt hatte, weil man sie nicht begraben konnte. Und dann sagt sie: Ja, Anetschko, was für ein Glück für dich, dass du das hier nicht erlebt hast.

Isoschka hört geduldig zu, obwohl sie die Geschichten von der Flucht schon bis in die letzte Wendung hinein kennt. Isoschkas Enkelkind nutzt die Gelegenheit, um so viele Schokodrops in den Mund zu stopfen, bis ihm ein brauner Speichelfaden aus dem Mund rinnt.

Und die Leszinska wäre heute noch in Bayern, wenn der Vater nicht diesen Brief geschickt hätte: Ich bin ganz allein hier, schrieb er, das Haus steht leer, was soll denn aus uns werden? Wär' ich doch geblieben, sagt sie, aber neji, hab' ich gehabt dummen Verstand und bin gekommen zurick.

Na, warst wirklich dumm, bekräftigt Frau Piatek.

Denn als sie wieder zurückkam, lernte sie ihren Mann kennen, beim Tanz, wo er das Schifferklavier spielte. Ein schöner Mann mit schwarzen Augen. Ein Russe, hieß es. Dabei war er ein Pole, aus Litauen. Dass er das Trinken liebte, merkte sie erst, als sie bereits mit ihm verheiratet war.

Und so ging das Leben dahin, sagt die Leszinska und steht mit einem Ruck von der Bank auf.

Gehst schon, Anko?, fragt Frau Piatek.

Ich sitz' aber schon iber ejine halbe Stunde, sagt die Leszinska und schüttelt verwundert darüber den Kopf, dass sie sich von ihrer eigenen Geschichte hat forttragen lassen.

Die Kinder wejinen dir doch nicht nach, mejine liebe Anka, sagt Frau Piatek noch, aber da ist die Leszinska schon hinterm Gartentor und ruft, dass es heute Abend Bohnen gibt, die sie noch kochen muss: Beehnchen machen lustig, aber schwer auf die Bejine.

Der Rost quietscht in den Angeln. Auch Isoschka macht sich bereit, nach Hause zu gehen, die Geduld ihres Enkelkinds hat sich zusammen mit seinen Schokodrops dem Ende zugeneigt. Es zieht an ihrer Hand, bis Isoschka ihm seufzend nachgibt.

Die Sonne ist weitergewandert. Jetzt scheint sie nur noch auf das kleine Eckchen der Bank, auf dem Frau Piatek sitzt. Ein leichter Wind kommt auf, er lässt die

Bäume rauschen und schiebt ein paar Wolken ins Bild. Frau Piatek hat die Augen halb geschlossen. Wie sie so dasitzt in der Sonne, die Hände im Schoß gefaltet, sieht sie aus wie ein zufriedener alter Bussard.

5. Er war doch der Älteste

Der sejift auch die Stejine aus der Erde, sagt Frau Jekosch. Sie dreht angewidert den Kopf weg, und hofft, dass der Totengräber unter ihrem Blick in die frisch ausgehobene Grube stürze. Diesen Saufkopp kennt sie, ist doch der Mann von der Skibowska. Totengräber ist er nicht hauptberuflich, sondern nur gelegentlich, wenn er das Pech hat, den Toten zu kennen. Deshalb muss er auch heute nicht nur den Sarg tragen, sondern dem Toten darüber hinaus auch sein Grab schaufeln. So ist es hier üblich.

Der, wer trägt, der scharrt auch zu, sagt Frau Jekosch.

Der Friedhof von Groß Bertung liegt auf einer kleinen Anhöhe hinter der Kirche, er ist nichts als ein großer Acker. Die Häuser des Dorfes fürchten seine Ausdünstungen und halten sich von ihm fern. Jedes Grab ist mit einem Kreuz geschmückt, wer von unten auf den Friedhof hinaufblickt, sieht vor sich einen Wald aus Kreuzen aufsteigen: Holzkreuze, Metallkreuze, Marmorkreuze und Zementkreuze mit deutschen und polnischen Namen.

Waren Sie schon auf dem Friedhof?, hatte Frau Piatek gefragt und mir den Besuch empfohlen, als handele es sich um die Besichtigung eines Heimatmuseums. Scheen ist unser Friedhof, alles so Bekannte, alle aus Reußen. Aber mechten Sie mit jemandem gehen, der

Ihnen mecht erklären, wer wo ist, sagte sie und bestimmte Herrn Jekosch zu meinem Friedhofsführer. Er kratzte sich kurz am Kopf, dann gingen wir los. Frau Jekosch kam auch mit, weil sie den Leo nicht gerne alleine lässt. Jetzt steht sie unten und sieht uns dabei zu, wie wir uns durch das Gras kämpfen, durch Brennnesseln, Vogelmiere und gelbe Blütendolden.

Ach hier, unser Pfarrer, sagt Herr Jekosch, und bleibt vor einem Kreuz stehen. Der Pfarrer Pietkewicz, hier liegt er. War guter Pfarrer, hat scheene Predigten gehalten, wirklich scheene. Der hatte so … na, will ich sagen: Herz, hatte der.

In der Reihe dahinter liegt Frau Piateks Sohn Albert. Sein Foto schmückt den Granitstein, es zeigt einen ernsten Herrn mit breiten Schultern und dunklen Augenbrauen, in dem nur seine Mutter noch den Albert mit den dünnen Beinen erkennt. Das Grab ist mit Plastikrosen geschmückt, die Unvergänglichkeit ausströmen, unter den Daten seines Lebens steht ein *spoczywaj w bogu*, Ruhe in Gott. Und dann das Grab von Agata Neumann. Ojei, sagt Herr Jekosch und geht schnell weiter. Das war ejine Deutsche, sagt er, aber die hat gekämpft für Pollacken, nich, die hat verpfiffen, hat gesagt, wer Deutsch in der Kirche gesungen hat. Und die Kommunisten haben doch eingesperrt, wenn sie haben Deutsch gesungen in der Kirche.

Ich sehe mich noch mal nach Agata Neumanns Grab um. Den Daten zufolge wurde sie für ihre Denunziation mit einem langen Leben belohnt. Vermutlich starb sie glücklich und zufrieden an Altersschwäche.

Das Gras steht hoch zwischen den Gräbern, besonders hinten im alten Teil. Wir steigen durch das hüfthohe Gras dahin, wo ich Gräber von meiner Familie vermute, schließlich wurden doch aus den umliegenden Dörfern alle Toten hier beerdigt. Gapowski, Reski, murmelt Herr Jekosch, und Frau Jekosch schreit von unten hoch: Leo, mehr rechts, versuch's mehr rechts.

Manche Grabsteine sind umgefallen, die Inschriften verwittert, ein rostiger Jesus liegt im Gras, umgeben von umgekippten Grabsteinen, zersprungenen Grabplatten und verwilderten Brombeerbüschen. Daneben ein mannshohes Marmorkreuz: Hier ruht in Gott unser inniggeliebter Sohn und Bruder Edmund Jagalski. Unterprimaner der Kopernikus-Oberrealschule zu Allenstein. geb. 7.2.1907, gest. 23.5.1926. Gottes Wille kennt kein Warum. So stolz waren seine Eltern auf ihren Edmund, dass er für sie noch im Tod der Unterprimaner blieb. Mein Vater besuchte die gleiche Schule, zwar nur zwei Jahre lang, aber sie waren ausreichend, um meine Großeltern ein Leben lang mit Stolz zu erfüllen. Es sollte etwas aus ihm werden. Aber die Flucht kam dazwischen, und statt Gymnasiast wurde er Bergmann.

Schon als Kind liebte ich Grabsteine, auf denen viel zu lesen war. Wo die Toten geboren wurden, woran sie gestorben sind, und was der Tote war – Sohn oder Vater, Tochter, Mutter oder Großmutter. Bei unseren regelmäßigen Besuchen auf dem städtischen Friedhof konnte sich meine Fantasie bereits mit wenigen Angaben begnügen. Wenn ich von meiner Mutter zum Wasserholen geschickt wurde, kam ich immer an einem Grab vorbei, das mich ergriff: Hier ruht in Gott unsere liebe Tante Josephine Redzich geb. 21. Mai 1857, gest. 11. Januar 1933, stand auf einem Blechschild, das unter dem daneben stehenden Grabkreuz hing. Schon lief vor meinem inneren Auge das Leben der Tante Josephine ab, die zwar fünfundsiebzig Jahre alt wurde, die aber keiner hatte haben wollen. Nicht mal ein Ehemann war ihr vergönnt, neben dem sie hätte ruhen können. Vermutlich hatte sie in der Familie ihres verheirateten Bruders ein Gnadenbrot bekommen, wofür sie sich nützlich gemacht hatte. Sie hatte am Kachelofen gesessen, klaglos die Socken gestopft und die Kartoffeln geschält und sich so die liebe Tante auf einem blechernen Schild verdient.

An einem anderen Grab las ich: Hier ruht unser innig geliebter Sohn Friedhelm Schulte-Wellerhoff, 12. 7. 1956 – 4. 9. 1964, den ein tragischer Verkehrsunfall aus der Blüte seines Lebens riss, und schon sammelte sich das Wasser in meinen Augen. Acht Jahre. Und ein Verkehrsunfall! Kindergräber brachten mich durch die alleinigen Lebensdaten zum Weinen. Ich liebte den moosigen Grabstein einer früh verstorbenen Julie. Unsere unvergessene Tochter. Geboren am 1. Dez. 1899. An einer Lungenentzündung verstorben am 13. Mai 1912. So jung. Und so ein schöner Name. Und dann eine dumme Lungenentzündung. Ich war acht und dachte an meine Rippenfellentzündung, die als solche erst diagnostiziert worden war, als ich bereits wieder gesund war, und schauderte. So nah an der Schwelle des Todes und niemand, einschließlich meiner selbst, hatte etwas davon mitgekriegt. Dabei ist es von der Rippenfellentzündung zur Lungenentzündung bekanntlich nur ein kleiner Schritt. Mein Lieblingsgrabstein war der von Erich Schmiedinghagen. Unser unvergessener Sohn 1925–1944. Von Feindfahrt im französischen Atlantik nicht mehr zurückgekehrt, stand auf einem kleinen, schwarzen Marmorkissen. Die Feindfahrt ließ mich schaudern und noch mehr der französische Atlantik, ich kannte nur die Nordsee, und die hatte mich schon sehr beeindruckt. Rätselhaft blieb mir nur, wie Erich Schmiedinghagen es geschafft hatte, auf unseren Friedhof hier im Ruhrgebiet zu gelangen, wo er doch vom Atlantik nicht mehr zurückgekehrt war.

Die Sonne sticht. In Herrn Jekoschs Nacken stehen kleine Tropfen, und unter seinen Achseln breiten sich Schweißrosetten aus. Er hat sich die Ärmel seines Hemds hoch gekrempelt, und oberhalb der Armbeuge ist die Haut schneeweiß. Er spricht mit den Gräbern wie mit alten Bekannten: Ach, die Turowska. Die ist doch von Darethen. Maria Bosowska? Ist das nicht die aus Ganglau? Hier, diese Maria, die kenn' ich, die ist von Thomsdorf. Und da ist Waschilewski, sejine Frau, die war auch aus Reußen. Hollek? Ja, war auch ejin Deutscher, aber den kenn' ich nicht.

Hast gefunden, Leo?, ruft Frau Jekosch wieder von unten hoch. Versuch hinten, mehr hinten links!

Leo schwenkt nach links. Na, sagt er, muss doch auch von den Reskis und den Gapowskis hier ejin Grab sejin. Gapowski misste hier auf diese Seite sejin. Wenn er Grab gehabt haben wird, dann muss es doch hier auf dem Friedhof sejin, nich?

Voller Tatendrang bahnt er sich einen Weg durch das

Grün, vorbei an Weißdornbüschen und Disteln. Das Gras ist hier so hoch, dass die Gräber dazwischen kaum noch zu sehen sind. Plötzlich gibt der Boden unter mir nach, und ich breche mit einem Bein in ein Grab ein. Am Ende ist es das meines Urgroßvaters? Ich blicke um mich, hoffe, dass mich keiner sieht und taumele weiter. In der Ferne sehe ich Herrn Jekosch herumstolpern. Ab und zu blitzt sein weißes Hemd zwischen dem Grün auf. Ich drücke mich an einem Distelbusch vorbei und stütze mich dabei an einem Grabstein ab, der ins Wackeln gerät. Mit einem dumpfen Geräusch fällt er ins Gras.

Auf dem Grabstein meiner Großeltern im Ruhrgebiet war *Eheleute Reski* bereits zu einem Zeitpunkt eingraviert, an dem meine Großmutter noch quicklebendig war. Der Stein war ein rechteckiger Quader aus silbergrauem Granit. Links stand: Aloysius, rechts war noch frei. Das Leben meiner Großmutter: eine Lücke auf dem Grabstein. Ich fragte mich, was sie wohl gedacht haben musste, wenn sie vor dem Grab stand und dieses *Eheleute Reski* las. Sie hatte es selbst so verfügt. Vermutlich wollte sie ihre Kinder nicht mit den Kosten belasten. Ob sie es getröstet hat, schon zu Lebzeiten zu wissen, wie ihr Grabstein aussah? Kein *Hier ruht,* kein *Unvergessen* zierte den Stein, nicht mal die genauen Lebensdaten, sondern lediglich die Jahreszahlen, was den Grabstein eigentümlich anonym machte. Vermutlich wollte meine Großmutter wie immer mit der Zeit gehen, und Grabsteine, auf denen viel beklagt, vermisst und beweint wird, so hatte man sie beim Bestattungsunternehmen Hünerbein belehrt, waren schon lange aus der Mode. Der Grabstein hatte durch die Beschränkung auf das Wesentliche allerdings etwas Erhabenes bekommen. Eheleute Reski. Aloysius 1913–1985, das klang so wie Hermann Hesse 1877–1962, da war auch jeder Kommentar überflüssig. Sogar der Geburtsort fehlte. G-e-b-o-r-e-n-i-n-J-o-m-e-n-d-o-r-f, das wären allein bei meinem Großvater achtzehn weitere Buchstaben gewesen, ganz zu schweigen von ihrem G-e-b-o-r-e-n-i-n-R-e-u-s-s-e-n – all das hätte gar nicht mehr auf den Grabstein gepasst. Was vorbeji ist, ist vorbeji, sagte meine Großmutter. Und dennoch. Auf die ostpreußischen Elchschaufeln hatte sie nicht verzichtet. Links neben den *Eheleuten Reski*.

Leo!, schreit Frau Jekosch von unten. Nu was! Findst nicht?

Neji!, schreit Leo. Ist nich!

Ich gebe auf. Es ist zu spät. Sie haben sich aufgelöst, meine Vorfahren, die Knochen sind pulverisiert, im Grundwasser versickert, weg, spurlos. Ich kämpfe mich aus dem Gras zurück auf den Weg. Wieder fällt ein Grabstein vom Sockel, schuldbewusst drehe ich mich um. Mir ist, als ob meine Großmutter mir dabei über die Schulter sähe, wie ich hier an den Gräbern rüttle.

Dort, wo der Totengräber das Grab ausgehoben hat, steht eine kleine Trauergemeinschaft. Nicht mehr als zehn Personen stehen um das Grab herum. Was für eine kleine Beerdigung, geht mir durch den Kopf.

Ist der alte Nowak, der beerdigt wird, flüstert Frau Jekosch. Sind sejine Kinder gekommen, die in Deutschland wohnen. Haben wir zusammen mit ihnen Rosenkranz gebetet, am Sarg.

Davon hat meine Mutter immer erzählt. *Bei uns zu Hause*. Da schaffte man die Toten nicht so schnell wie möglich ängstlich weg, sondern bahrte sie in einem Zimmer auf. Weil das im Ruhrgebiet nicht mehr möglich war, versuchte meine Familie dem in der Leichenhalle aufgebahrten Toten die letzte Ehre so oft wie möglich zu erweisen. Der erste Tote, den ich auf diese Weise gesehen habe, war das Baby einer Tante, das in einem weißen Kindersarg ruhte und wie rosa Perlmutt schimmerte. Dann meine Tante Rosemarie. Unsere Rosi. Ich liebte sie sehr. Sie war meine Patentante und hatte mich schon rauchen lassen, als ich erst vierzehn war. Als ich sie im Sarg sah, erschrak ich. Sie lag mit toupierten Haaren zwischen den weißen Kissen, mit einem rosa geschminkten Gesicht und weißen Lippen. Sie trug ein schwarz-weißes Cocktailkleid, ganz so, als hätte sie eben noch getanzt, *Du, du liegst mir im Herzen* gesungen und sich nur mal kurz zum Ausruhen hingelegt. Onkel Jürgen hatte im Tode glücklich ausgesehen. Sein langer, schmaler Kopf war runder, fülliger und wohlgenährter geworden, die hohlen Wangen hatten sich gefüllt, und sein ausgeprägter Adamsapfel, von dem ich meinen Blick nie abwenden konnte, war verschwunden. Nur sein Hals war lang und dünn wie zu Lebzeiten. Auch mein Großvater hatte glücklich ausgesehen, eine letzte Verzückung lag auf seinem Gesicht. Ein Leuchten, als hätte er etwas Schönes gesehen.

Meine Tanten und Onkel schritten meist um den Sarg herum und strichen dem Toten behutsam über das Haar, die Hände – bis auf dem neuen, modernen Friedhof eine Glasscheibe auftauchte, die fortan jede Nähe unmöglich machte. Plötzlich stand meine Familie ganz verloren da, sie drückten ihre Hände gegen das Glas und hinterließen darauf die Abdrücke ihrer Handflächen. Mit Taschentüchern versuchten sie hilflos die Spuren wieder zu beseitigen. Sie kneteten ihre Hände, sie traten vor und wieder zurück, als trauten sie ihren Augen nicht. Hilflos schauten sie auf die Glasscheibe, die den Toten dahinter in einen Fremden verwandelte.

Meine Großmutter habe friedlich ausgesehen, hatten meine Großtanten verkündet, als sie von ihrem Besuch in der Leichenhalle zurückgekehrt waren. Tatsächlich hatte der Kampf um ihr Leben in ihrem Gesicht keine Spuren hinterlassen. Als ich an ihrem Bett saß, spürte ich, dass sie nicht zurücktreten wollte. Sie wollte dabei sein, bei den Geburtstagen, den Hochzeitsfeiern, den Begräbnissen der anderen. Wochenlang hatte sie ohne Bewusstsein dagelegen und gurgelnd und rasselnd geatmet. Oft hatte sie laute, verzweifelte Seufzer ausgestoßen, kurz darauf hörten wir ihren Atem gar nicht mehr, so dass wir glaubten, sie sei erstickt, aber dann seufzte sie wieder laut und irgendwie untröstlich. Sie lag auf dem Rücken, die Hände flach an der Seite. Der Infusionsbeutel hing über ihr wie eine tote Qualle. Ihr Bett stand neben dem Fenster, sie teilte das Zimmer mit einer anderen Kranken, die Frau starb nach wenigen Tagen. Die Onkel, die Tanten, meine Mutter und ich, wir wechselten uns am Bett meiner Großmutter ab. Wenn meine Mutter und ich nachts wachten, gingen wir ab und zu ins Raucherzimmer, eine verglaste Ecke des Flurs, die vom Neonlicht bläulich schimmerte und rauchten dünne Zigaretten. Dann kehrten wir wieder an ihr Bett zurück, schuldbewusst, weil wir sie ein paar Minuten allein gelassen hatten, streichelten ihre Wange, ihre Hand, und hofften, dass sie es spüren möge. Tage und Nächte saßen wir da, weinten, lauschten auf ihren rasselnden Atem und sahen sie an. Meine Mutter dachte an das Leben mit ihr und daran, dass sie nie geglaubt hätte, dass meine Großmutter sterben könnte, und schwieg. Von Zeit zu Zeit reinigte sie ihr den Mund mit einem Holzstäbchen, aus Angst, dass sich die Zunge hinten im Gaumen verklemmen könnte und sie ersticken würde. Ich hoffte, dass sich meine Großmutter endlich wieder aufrecht hinsetzen und zu mir: Nu, was kuckst? sagen würde. Nachts erleuchtete nur die kleine Nachttischlampe das Zimmer. Zwischen den Krankenhauslaken wirkte das Gesicht meiner Großmutter noch olivfarbener als sonst, die weißen Haare kräuselten sich verschwitzt im Nacken und an den Schläfen. Ihr Gesicht wurde jeden Tag jünger. Als sie starb, war sie faltenlos.

Von fern hörte man die Gespräche der Krankenschwestern. Sie liefen mit weißen, atmungsaktiven Pantoletten über die Flure und redeten über ihre bevorstehenden Urlaube, dieses Mal nach Gran Canaria. Als eine Schwester das Bett aufschüttelte, lagen plötzlich die Beine meiner Großmutter frei. Es waren schöne, glatte, gerade Beine. Ohne jede bläuliche Vene, ohne jede Krampfader. Unglaublich glatt. Beschämt blickte ich zur Seite. Es war, als sei ich dabei ertappt worden, in der Schublade meiner Großmutter zu wühlen. Als stünde ich gebeugt vor ihrem Fünfziger-Jahre-Nachttisch, der neben dem Schlafzimmerschrank stand, hätte die Schublade herausgezogen und mir ihre Briefe durchgelesen.

Ich habe nie über die Beine meiner Großmutter nachgedacht, geschweige denn über die Frage, ob sie ihr gefallen haben mögen. Ihre Beine waren für mich immer unsichtbar gewesen, ich kannte meine Großmutter nur in langen Röcken, Röcken, die fast bis zu den Fesseln reichten. Schließlich war sie meine Großmutter. Sie existierte für mich nur von der Taille aufwärts. Seit jenem Sekundenbruchteil, in dem ich ihre Beine unter der Decke gesehen hatte, bereute ich meine Gedankenlosigkeit. Vielleicht hatte es auch in ihrem Leben eine Zeit gegeben, in der sie stolz auf ihre Beine gewesen war. Vielleicht hatte es Männer gegeben, andere Männer als mein Großvater, die mit ihren Augen und Händen über diese glatten Beine gestrichen waren, jene Beine, die jetzt leblos unter dem Sargdeckel aus poliertem Nussbaum ruhten. Was wusste ich denn schon von diesen Beinen?

Während ich an die Beine meiner Großmutter denke, tropft es vom Himmel. Kein Regen, sondern Weihwasser. Der Pfarrer von Groß Bertung segnet den Sarg und verspritzt Weihwasser, er keucht angestrengt, und es scheint, als zuckte die kleine Trauergemeinschaft unter den Tropfen zusammen. Ich muss wieder an die Beerdigung meiner Lieblingstante denken. Unsere Rosi. Kein Unfall, keine Krankheit war ihrem Tod vorausgegangen. Sie brach zusammen, und noch in derselben Nacht war sie tot. In jener Nacht, als der Tod meine

Tante holte, ist meine Großmutter geschrumpft. Sie schien wie von einer unsichtbaren Hand zusammengedrückt.

Die Rosi war doch so lebenslustig, hieß es, und es klang, als sei Lebenslust eine tödliche Krankheit. Denn schließlich hieß es auch immer: Und der Heini war doch so lebenslustig. Ich überlegte, ob Lebenslust vererbbar wäre. Würde auch ich eines Tages lebenslustig werden, oder war ich am Ende schon jetzt davon befallen, ohne es gemerkt zu haben? Woran konnte man erkennen, dass einer lebenslustig war? Daran, dass er gerne das Lied vom Polenmädchen sang? Oder galt das noch nicht als Lebenslust? Meine Tante hatte nicht nur gerne gesungen, sondern ganze Saalgesellschaften zum Lachen gebracht, mit Stegreifparodien über sich selbst. Vielleicht müsste ich nur älter werden, und in der Pubertät käme es zu einem vergleichbaren Ausbruch? Und dann wäre das Ende nah? Lachte ich nicht bereits jetzt zu viel? Zu meiner Erleichterung fiel mir ein, dass meine Mutter mich immer als himmelhoch-jauchzend-zu-Tode-betrübt charakterisierte, eine Eigenschaft, von der ich hoffte, dass sie mir ein längeres Leben bescheren würde.

Als sollte der lebenslustige Charakter meiner Tante noch mal beschworen werden, schien die Sonne, als meine Tante beerdigt wurde. Es war ein strahlender Frühsommertag, ein Tag, der zu Ausflügen lockte, zu einem ersten Freibadbesuch, zu nackten Füßen in Sandalen. Mir erschien das schöne Wetter wie ein Hohn. Warum konnte es nicht regnen oder hageln? Warum konnte sich der Himmel nicht so grau verhängen, wie es sonst üblich war? Stattdessen schien die Sonne mitleidslos auf uns herab. Ein warmer Wind zerrte an den Trauernden. Er fuhr in die Hosenbeine und unter die Jacketts und blähte die Soutane des Pfarrers auf. Meine Cousins und mein Onkel standen schwankend vor dem offenen Grab und hielten sich aneinander fest. Und im Gegenlicht sah ich, wie Tränen und Weihwassertropfen durch die Luft spritzten.

Der von der Hitze erschlaffte ostpreußische Himmel ist grau geworden. Der Pfarrer sieht in seinem Spitzenüberwurf barock aus. Ein rundes Gesicht mit weinroten Wangen. Die Trauernden lassen etwas von dem sandigen Boden von der Schaufel auf den Sarg rieseln. Danach spricht der Pfarrer das Beileid aus. Bei uns war das der Augenblick, in dem meine Großonkel zu mir traten und wie immer sagten: Bist doch die Tochter vom Hejini. Ach, der Hejini, seufzten sie, neji, neji, neji. Und schüttelten den Kopf und drückten mich und weinten mir in den Nacken.

Mit gesenkten Köpfen verlässt die Trauergemeinschaft den Friedhof von Groß Bertung. Leichenschmaus ist bei den Nowaks zu Hause, flüstert Frau Jekosch.

Bei uns war der Leichenschmaus das wichtigste Kriterium für eine schöne Beerdigung. Egal, wie tragisch der Tod oder wie jung der Verstorbene war: Wir versammelten uns unter Tränen auf dem Parkplatz, teilten uns unter Tränen auf die verschiedenen Autos auf und fuhren zum Leichenschmaus. Ihre letzten gemeinsamen Jahre hatten meine Großeltern damit verbracht, auf Beerdigungen zu gehen, um sie danach zu benoten. Sie zählten die Kränze und die Trauernden, sie berechneten die Minuten, die der Pfarrer den Ruhm des Toten pries, und die Schnäpse, die danach getrunken wurden. Die Beurteilung der Beerdigung ergab sich aus der Anzahl der Kränze geteilt durch die der Trauernden, multipliziert mit den ruhmreichen Minuten der Predigt und den Schnäpsen. Keine Trauer ohne Schnaps. Kein Schnaps ohne Trauer. Einmal waren meine Großeltern von einer Beerdigung zurückgekehrt, bei der zum Leichenschmaus Apfelsaft angeboten wurde. Mein Großvater war noch Wochen danach außer sich. Apfelsaft, höhnte er, eine Apfelsaftbeerdigung.

Für mich war der Leichenschmaus eine Zumutung. Eine Obszönität. Als würde man den Toten auffressen. Schon das Wort Leiche war mir unheimlich. Es hörte sich fremd und gerichtsmedizinisch an. Wenn man ermordet worden war, war man eine Leiche, aber so etwas gab es in unserer Familie nicht. Leichen waren nicht mit mir verwandt. Sie hatten nichts mit der Tante Rosi oder meinem Großvater zu tun, die wir gerade zu Grabe getragen hatten. Außerdem musste ich bei Leichenschmaus immer an die Gänse denken, die meine Großmutter zu Weihnachten briet und meine Familie verspeiste. Alle leckten sich über die Finger und nagten jedes Knöchelchen mit großem Behagen ab, und das Fett lief ihnen übers Kinn. Ich hingegen schob das Fleisch an den Tellerrand und hoffte, dass mich niemand zum Essen zwingen würde. Vergebens. Das kannst du doch nicht liegen lassen, sagte Tante Rosi vorwurfsvoll, als sie mein zerpflücktes Stück Gans auf dem Teller sah. Überall verfolgten sie mich mit dem Essen. Zu Hause, bei meinen Großeltern, bei meinen Tanten. Wenn ich hier auch essen muss, dann hätte ich gleich zu Hause bleiben können, antwortete ich verbittert. Kopfschüttelnd zog meine Tante den Teller zu sich und aß meine Reste. Die großen Knochen saugte sie blank, die kleinen Knöchelchen aß sie krachend einfach mit. Die Haut schluckte sie ganz, mitsamt dem darunter liegenden, weißlichen Fett, und ich liebte sie dafür. Sie schluckte die Gänsehaut, ohne mit der Wimper zu zucken, ich blickte unverwandt auf ihren Hals, über den sich seit einer Schilddrüsenoperation eine lange Narbe zog, als hätte jemand versucht, ihr den Hals durchzuschneiden, und stellte mir vor, wie die Gänsehaut ihre Speiseröhre herunterflutschte. Und beides, die Leichen und den Schmaus, bekam ich einfach nicht zusammen. Gerade hatte man noch geweint, und jetzt sollte schon wieder gegessen werden? Ich verachtete jeden einzelnen Mettbrötchenesser.

Auch bei dem Leichenschmaus meiner Großmutter hatte es Mettbrötchen gegeben. Die Brötchen waren ganz schlaff, weil sie vermutlich schon am frühen Morgen geschmiert worden waren. Der Leichenschmaus fand in der *Mühle* statt, weil er als ebenso wichtiges Familienfest galt wie die Hochzeit oder die Taufe. Im Saal roch es wie immer nach abgestandenem Rauch vom Vorabend. Belegte Brötchen und Pils, Streuselkuchen und Kaffee. Danach wieder Schnaps für alle. Meine drei Großtanten tranken auch, wenngleich zögerlich. Schon nach kurzer Zeit hing der Rauch tief über den Köpfen der Trauergäste in der *Mühle*. Die

Gesichter fingen an, sich zu entspannen. Die Nasen hörten auf zu laufen, die vom Weinen geschwollenen Augen traten in ihre Höhlen zurück, die verschleimten Münder wurden wieder trocken. Meine drei Großtanten tranken bereits entschlossener. Schon prosteten sie den Kegelschwestern meiner Großmutter zu. Später fing Großtante Mia wie gewohnt an zu streiten, sie stichelte gegen einen Schwiegersohn und beleidigte einen Onkel: Du?, sagte sie, hast dir im Leben doch nie die Hände schmutzig gemacht. Großtante Babe begann leise zu singen, Großtante Rosa wollte schlichten. Es war wie immer. Am Ende weinten alle ein bisschen zusammen. Meine Großmutter hätte es geliebt.

Frau Jekosch meint, ich solle den Pfarrer fragen. Vielleicht könne man in den Büchern sehen, wo die Gapowskis und Reskis begraben sind. Weil der Pfarrer kein Deutsch spricht, wird Leo zum Übersetzen bestimmt. Frau Jekosch geht schon nach Hause vor, schließlich kann sie nicht den ganzen Nachmittag auf dem Friedhof vertrödeln. Die Wäsche muss gewaschen, die Fenster geputzt, die Treppen gewischt werden.

Leo Jekosch zündet sich eine Zigarette an. Er steckt sich die Zigarette zwischen Ringfinger und Mittelfinger, und wenn er einen Zug nimmt, sieht es aus, als würde er einen Joint rauchen. Er inhaliert und hält dabei mit der Handfläche den Mund zu, als gelte es, nichts von dem kostbaren Rauch entweichen zu lassen. Wir sitzen im Garten des Pfarrhauses unter einer Linde. Dort steht eine Bank, auf der wir auf den Pfarrer warten. Denn der ist schon wieder unterwegs, obwohl er gerade erst beerdigt hat. Die Haushälterin meint, er müsse gleich da sein, er sei nur kurz zur Straße runtergefahren.

Dann kommt der Pfarrer. Er trägt keine Soutane mehr, sondern ein kariertes Hemd und sitzt auf einem kleinen Traktor, mit dem er bis vor die Haustür fährt. Der Traktor ist so groß wie anderswo die Rasenmäher. Der Anblick erinnert mich an den Mann, der auf seinem Rasenmäher durch Amerika gefahren ist. Ob der Pfarrer auf diesem Traktor durch Ostpreußen fährt? Zur Letzten Ölung? Er bittet uns in sein Arbeitszimmer. Herr Jekosch erklärt ihm mein Anliegen, und der Pfarrer zuckt bedauernd die Schultern. Die Gräber, die nicht von Angehörigen gepflegt werden, verfallen, da kann auch er nichts ausrichten. Er kann höchstens in den Kirchenbüchern nachsehen, wann meine Urgroßeltern gestorben sind, vielleicht ließe sich anhand der Daten rekonstruieren, an welcher Stelle sie begraben sein müssten. Aber versprechen könne er nichts.

Der Pfarrer ist so rund und rosig, dass man bei seinem Anblick sofort an Essen denken muss, an gefüllte Gänse, gespickte Sonntagsbraten, geschmortes Sauerkraut mit einer fetten Sauce, und Herrn Jekosch knurrt der Magen.

Gapowski, Josef, *tak?*, fragt der Pfarrer. Wann er gestorben sei? Ich vermute, 1951. Er führt uns in sein Büro. Es riecht wie in einer Bibliothek, abgestanden und leicht säuerlich. Er betont, dass in seiner Pfarrei noch die kompletten Kirchenregister aus der Zeit vor dem Krieg erhalten sind, anders als in vielen Kirchen in Ostpreußen, wo die Unterlagen im Krieg verbrannt sind, und holt die verstaubten Register hervor. Dicke Folianten, in denen er mit seinen runden, rosigen Fingern zu blättern beginnt. Sechsundzwanzig Personen sind 1951 gestorben, das ist nicht viel. Da müsste er zu finden sein. Gapowski, Gapowski. Sicher 51?

Ich zucke mit den Schultern. Sicher weiß ich es nicht.

Die Blätter der Folianten machen ein Geräusch wie Pergamentpapier. Dann findet er ihn doch. Gapowski, Josef, *tak*?, sagt er und zeigt uns die Eintragung. Aber wo das Grab sein könnte, weiß er dennoch nicht. Fünfzig Jahre sind eine lange Zeit. Vermutlich wird er ein Holzkreuz gehabt haben, und ein Holzkreuz verwittere schnell, sagt der Pfarrer entschuldigend, als sei es ihm unangenehm, dass mein Urgroßvater auf seinem Friedhof abhanden gekommen ist.

Nach finfzig Jahren, da macht ja kejiner mehr die Gräber fertig, gibt Herr Jekosch zu bedenken, da muss der Pfarrer auch schon frische nehmen.

Ich nicke verständnisvoll mit dem Kopf.

Möchten Sie Geburtsurkunden mitnehmen?, fragt der Pfarrer, wie um mich zu trösten. Eine eigenartige Frage. Aber für ihn scheint es sich um eine Selbstverständlichkeit zu handeln. Er ist offenbar daran gewöhnt, dass Deutsche zu ihm kommen, heimwehkranke Ostpreußen, und sich von ihm Geburtsurkunden ausstellen lassen. Ich denke an den Koffer mit den Dokumenten, den meine Großmutter kurz vor dem Haff vom Wagen geworfen hatte. Wir hatten doch keine Papiere!, hatte es immer geheißen. Ich war erleichtert, als ich mit zehn endlich meinen Kinderausweis bekam, weil ich damit ein für alle Mal dem Schicksal entronnen war, ein Mensch ohne Papiere zu sein.

Der Pfarrer fragt mich nach den Geburtsdaten. Dann füllt er Geburtsurkunden aus, für meinen Vater, meine Großmutter und meinen Großvater, und ich lasse es geschehen. Ich lasse es geschehen, weil mir so ist, als benötigte ich hier im Reich der Erinnerungen einen Beweis für ihre Existenz – einen Beweis, den ich in der Hand halten kann. Geburtsurkunden für drei Tote. Er schreibt mit Tinte wie ein Kalligraph, er trägt die Geburtsdaten ein, das Datum der Taufe und die Namen der Taufpaten. Die Feder des Füllfederhalters kratzt über das Papier. Ich erfahre, dass meine Urgroßmutter den schönen Geburtsnamen Chojecki trug, Franziska Chojecki. Von wegen: Immer schon deutsch.

Als der Pfarrer den Geburtsschein meines Vaters ausstellt, stutzt er. Geboren am 22.3.1933, getauft am 25.3.1933, aber was steht hier? Da ist ein Wort, das er nicht kennt. Er schiebt den Folianten über den Schreibtisch zu Herrn Jekosch. Herr Jekosch beugt sich über die Seite und kneift die Augen zusammen. »Legitimiert« steht da, sagt er dann. Legitimiert am 22.5.1934 von Aloysius Reski.

Ah, sagt der Pfarrer. Ah, sagt Herr Jekosch. Ah, sage ich.

Mit den Geburtsurkunden in der Hand laufe ich die Straße nach Reußen zurück, vorbei an den ausgefransten Umrissen der Bäume, vorbei an zwei gelangweilt blickenden Störchen, die auf den sumpfigen Wiesen längs der Alle stehen, und denke an meinen Vater.

Mein Vater starb mit siebenundzwanzig. *Unter Tage.*

Er war der älteste Sohn. Er hieß Heinrich, aber alle nannten ihn Heini.

Herr Jekosch läuft wie ein Haflinger, sein kräftiger, gedrungener Oberkörper schaukelt im Takt der Schritte, die Arme sind angewinkelt und pendeln mit. Unter seinem Hemd sieht man die Umrisse eines schweißnassen Unterhemdes, das an seinem Oberkörper klebt. Es ist der Gang eines Mannes, der seine Beine zur Fortbewegung benutzt. Stundenlang könnte er so weiterlaufen, im leichten Trab seines Alltagslebens. Er holt so weit aus, dass sich sein Oberkörper dabei hebt und senkt. Er schaut weder nach rechts noch nach links, sondern läuft. Ein Auto besitzt er nicht, und er kennt auch niemanden im Dorf, der eins hat. Wenn kein Bus kommt, läuft man zu Fuß oder fährt mit dem Fahrrad. Alle, außer Joschka, dem Sohn der Leszinska, der besaß ein Auto. Bis er es betrunken in den Graben fuhr. Seitdem geht auch Joschka wieder zu Fuß.

Wir sind ja Kilometer zu Fuß gelaufen, erzählten meine Tanten und meine Mutter immer, Kilometer zu Fuß. Egal, ob es Sommer war oder Winter. Bei Schnee und Eis. Mich schauderte. Wieder mal war ich froh, nicht in Ostpreußen oder Schlesien auf die Welt gekommen zu sein.

Jetzt versuche ich mit Herrn Jekosch Schritt zu halten. Er arbeitet als Hausmeister in der Schule von Reußen. Obwohl Frau Jekosch bereits mit dem Essen auf ihn wartet, will er mir noch die Schule zeigen. Demnächst wird sie abgebrochen, der Neubau ist schon halb fertig, das neue Schuljahr wird dort stattfinden. Kurz hinter dem Ortseingangsschild steht die Schule auf einer kleinen Anhöhe. Ein Backsteinbau wie das Gasthaus zur Ostpreußischen Schweiz. Zweistöckig.

Herr Jekosch zieht einen riesigen Schlüsselbund aus der Tasche. Er öffnet die Tür, mit uns drängelt sich die Sonne in einen dunklen, knarrenden Flur. Es riecht verstaubt. Etwas Säuerliches liegt in der Luft, es riecht nach verschwitzten Kindern am Ende der großen Pause, nach liegen gelassenen Frühstücksbroten, alten Schwämmen, die in einer kleinen Pfütze liegen, nach feucht gewordener Kreide und Buntstiften.

Wir schlugen uns immer darum, wer die Tafel putzen, die Kreide ordnen durfte, und das Schönste war, neue, makellose, jungfräuliche Kreide aus dem Karton nehmen zu dürfen, wobei ich immer in einen Zwiespalt geriet, weil ich zu gerne ein Stück mitgenommen hätte, was sich allerdings mit meiner Rolle als pflichtbewusste Tafelputzerin schlecht vereinbaren ließ. Eines Tages stellte uns die Lehrerin ein blasses, schwarzhaariges Mädchen vor, das Maria hieß und aus Portugal kam. Ihr Vater ist Gastarbeiter, sagte die Lehrerin, und es klang wie: Ihr Vater hat ein Auto geklaut, aber sie kann nichts dafür. Maria stand mit gesenktem Kopf vor uns und zupfte verlegen an ihren Haaren. Sie sah so anders aus. Sie trug ein altmodisches, dunkelblaues Kleid mit weißem Kragen. Ihr Name war so altmodisch wie ihr Kleid. Maria. Großmütter heißen vielleicht Maria, aber keine Mädchen, wir hießen Cornelia, Regina, Bettina, Annette, aber nicht Maria. Sofort tat mir Maria Leid. Mein Banknachbar, der freche Norbert Beckmann vom Autohaus Beckmann, heftete seinen Blick auf sie, kicherte und tuschelte.

Meine Mutter hatte mir erzählt, wie überheblich sich die Westfalen nach dem Krieg gegenüber den Flüchtlingen verhalten hatten. Sie schilderte mir, wie sie sich über ihre Art zu sprechen mokierten, wie sie die Liebe der Schlesier zu Klößen und Mohnkuchen verhöhnten und belachten, oder die Tatsache, dass manche Flüchtlingsfrauen Kopftücher trugen. Obwohl sie selbst Kaminski hießen und Gemballa und Czichon, taten sie so, als seien sie die einzig wahren, echten Erste-Klasse-Deutschen und die Flüchtlinge nur Dritte-Wahl-Deutsche, wie bei den Champignons. Seither sah ich in jedem Gastarbeiter einen Flüchtling. Ich nahm mir vor, Gastarbeiterkinder zu retten. Ich wollte Willy Brandt sein. Ihm hatte ich zu verdanken, dass ich in einem halben Jahr auf das Gymnasium gehen würde, denn er hatte Chancengleichheit für Arbeiterkinder versprochen. Ich würde die Chancengleichheit für Gastarbeiterkinder durchsetzen. Ich blickte auf die blasse Maria, die inzwischen zwei Stühle weiter Platz genommen hatte, und merkte, wie es in meiner Brust pochte. Mein Gerechtigkeitsgefühl drückte mir gegen die Rippen. Ich lächelte Maria an. Ich würde sie vor den Schmähungen meiner Mitschüler schützen, besonders vor Norbert Beckmann, der Italiener immer nur als Spaghettifresser und Itaker verunglimpfte, Jugoslawen als Knoblauchfresser, und der bestimmt auch bald Schimpfwörter für Portugiesen parat haben würde.

In der Pause spielten wir Gummitwist, und Maria

stand verlegen auf dem Schulhof herum. Ob sie Heimweh nach Portugal hatte? Ich sah sie mir genauer an und stellte fest, dass sie extrem behaarte Unterarme und einen leichten Damenbart hatte, was mich etwas gruselte, ich hätte lieber ein schöneres Gastarbeiterkind gerettet, aber ich hatte keine andere Wahl, schließlich war Maria das einzige Gastarbeiterkind in unserer Klasse. Ich machte ein paar Schritte auf sie zu, dachte an Willy Brandt und bot ihr an, mit uns Gummitwist zu spielen. Sie schüttelte den Kopf. Vielleicht wäre ihr Völkerball lieber? Verstecken? Himmel und Hölle? Sie schüttelte den Kopf. Ich zog aus meiner Tasche eine kleine Tüte Gummibärchen hervor, aber selbst die lehnte sie ab. Es war offenbar schwerer als ich dachte, ihr eine Chance zu geben. Maria war eben sehr bescheiden. Ich holte tief Luft. Es kostete mich einige Überwindung, aber dann sprach ich es aus: Wenn du willst, kannst du an meiner Stelle die Tafel putzen. Ich dachte an die neue, glatte Tafel, die man so herrlich streifenfrei wischen konnte, und an den Karton neuer Kreiden, und mir blutete das Herz vor lauter Edelmut. Ich blickte auf ihre Oberlippe und sah, wie sich ihr kleiner, schwarzer Schnurrbart bewegte. Und dann hörte ich sie sagen: Nee, keine Lust. Später sah ich, wie sie mit Norbert Beckmann lachend in einer Ecke des Schulhofs stand und Münzen warf.

Hoheitsvoll waltet Herr Jekosch seines Amtes als Pedell und schließt ein Klassenzimmer nach dem anderen auf. Die Türen wirbeln Staub auf, dahinter Zwergenbänke und Zwergentische, eine schlecht geputzte Tafel, an der ein Schwamm hängt. Die Bänke sehen so aus, als stammten sie noch aus der Zeit vor dem Krieg. Hier hat mein Vater gesessen, bis er zehn war.

Neben der Tafel steht ein Glasschrank mit Anschauungsmaterial für den Unterricht – getrocknete Blumen, Katzenschädel, Hühnerschädel, Vogelnester, Schafshörner. Ausgestopfte Tauben stieren glasig auf den Betrachter, eine verstaubte Blindschleiche ringelt sich um die Vogelnester.

Herner, sagt Herr Jekosch. Ist ja modern, die Kinder lernen davon, von Fische und von Katzenkepfe und von diese Schafherner.

Alle sind sie hier zur Schule gegangen, nicht nur mein Vater, sondern auch meine Tanten, meine Großtanten, die Großonkel, Großeltern. Frau Piatek, Frau Leszinski, ihr Sohn Joschka, Frau Jekoschs Norbert, und all ihre Töchter und Enkelkinder. Frau Piatek saß in der letzten Reihe und sang *Mein Ermland will ich ehren, so lang ich leb' und bin. Die Acker sind voll Ähren, die Wiesen sind so grün*. Als sie hier zur Schule ging, wurde noch in beiden Sprachen unterrichtet: in den ersten Reihen Polnisch, in den hinteren Bänken Deutsch.Dann kam der Hitler und dann war nur noch Deutsch, sagte Frau Piatek. Und Frau Leszinski kriegte eins mit dem Geigenbogen übergezogen, weil sie immer noch auf Polnisch sang.

In der Schulzeit meines Vaters wird es eine Landkarte gegeben haben, mit Fähnchen für die Stellungen der Wehrmacht. Er wird die Daten der ruhmreichen Geschichte des Deutschen Ordens von der Tannenbergschlacht auswendig gelernt und erfahren haben, dass Ostpreußen immer schon deutsch war. So wie Frau Leszinskis Sohn Joschka später gelernt haben wird, dass Ostpreußen immer schon polnisch war.

Der Holzboden ächzt unter unseren Schritten. Wir steigen die Holztreppe hoch. Herr Jekosch schließt Tür um Tür auf und ergänzt: Hier sitzen die Lehrer, hier kochen sie Tee für die Kinder, hier ziehen sich die Kinder um, hier sind die Stühle für die kleinsten Kinder. Ob mein Vater seine Initialen in eine dieser Bänke geritzt hat?

Lieber Gott, mach mich fromm, dass ich in den Himmel zu meinem Papa komm. Mir war weniger am Himmel gelegen als an meinem Vater. Jede Woche gingen meine Mutter und ich zu seinem Grab. *Zu früh!* stand in goldener Schrift auf dem schwarzen Marmorstein, darunter war eine Grubenlampe gemeißelt. Wir wechselten die Blumen vor seinem Grabstein aus, Astern und Chrysanthemen, Gladiolen, Nelken und Dahlien, immer nur gelbe oder weiße Blumen, mit dem Blumenpapier wischte meine Mutter den Grabstein blank, wir pflanzten Flammende Herzen in die Blumenschale, klaubten Laub und Kiefernnadeln von seinem Grab und beseitigten die Spuren der Verwüstung, die Kaninchen und Maulwürfe hinterlassen hatten. Im Herbst bedeckten wir das Grab mit Tannengrün, und ich zündete das ewige Licht an, das nie ewig, sondern höchstens eine Woche brannte.

Bevor wir wieder gingen, blieben wir eine Minute vor dem Grab stehen, meine Mutter blickte auf den Grabstein und schwieg. Ich traute mich nicht, etwas zu sagen.

Sie weinte nie, sie schwieg nur und betrachtete den Grabstein, als würde er zu ihr sprechen. Ich stand neben ihr und fühlte mich beklommen. Ich fühlte mich traurig, weil meine Mutter trauerte und ich ihre Trauer nicht zu teilen vermochte. Sie trauerte um jemanden, den ich nicht gekannt hatte. Ich blickte auf das *Zu früh!* und bedauerte, dass ich sie nie richtig trösten könnte. Wenn ich wenigstens ein klitzekleines Fitzelchen von Erinnerung an ihn hätte, dachte ich. Abends, wenn meine Mutter noch stundenlang allein vor dem Fernseher saß, und ich bereits im Bett lag, peilte ich mit weit aufgerissenen Augen in das Dunkel und suchte mein Gedächtnis mit Entschlossenheit ab, bis mir ein Sommertag in den Sinn kam und ich sein Gesicht sah, das sich über mich beugte. War es nicht ein Sommertag gewesen, als mein Vater mich im Arm hielt und ich wie eine Kirmespuppe in weißem, getupftem Tüll steckte?

Er sah aus wie ich. Meine Mutter sah in mir seine Augen, sein Kinn, seine Stirn, sein Hohlkreuz, seine schlechten Zähne, und ich trug seine Augen, sein Kinn, seine Stirn, sein Hohlkreuz und seine schlechten Zähne mit Stolz. Ganz der Heini, sagten auch die Verwandten, wenn sie mich sahen. Sie betrachteten mich wie ein Konzentrat von Übereinstimmungen. Genau! Sie ist er!, sagten sie. Und verblüfft fügten sie an: Erinnert sich die Petra nicht an den Heini? Ganz so, als ließe sich mit der Ähnlichkeit auch die Erinnerung vererben.

Ich war bald daran gewöhnt, allein durch meine Ähnlichkeit mit meinem Vater zunächst immer einen Moment von Traurigkeit auszulösen. Aber ich wusste auch, dass nach den Tränen jeder beginnen würde, eine besonders schöne Episode aus dem Leben meines Vaters zu schildern, um den Moment von Beklemmung vergessen zu machen. Nach und nach sprudelten sie über. Jeder hatte eine eigene Begebenheit, eine eigene Beobachtung, ein eigenes Erlebnis im Sinn, und in jedem ihrer Sätze kam das Wort stolz vor: Wie stolz er jedem von seiner bevorstehenden Vaterschaft erzählt habe, so dass fremde Leute auf der Straße meiner Mutter auf den Bauch geblickt und gefragt hätten: Wann ist es denn so weit?, und meine Mutter in Tränen ausgebrochen sei. Wie stolz er auf seinen ostpreußischen Namen gewesen sei, und wie er bei der Hochzeit zu meiner Mutter gesagt habe: Jetzt bekommst du endlich einen vernünftigen Namen. Meine Onkel beschrieben seinen Stolz auf seinen Beruf als Bergmann. Meine Mutter schilderte seinen Stolz auf unsere kleine Wohnung in der Zechensiedlung: Da, wo die schönsten Gardinen hängen, da wohnen wir. Meine Tanten rühmten seinen Stolz auf seine Tochter und erinnerten sich daran, wie er mich eines Abends – zwei Wochen vor der Taufe, das wussten alle noch Jahre danach – vor den erschreckten Augen meiner Mutter aus der Wiege gezerrt, mich in die Küche getragen, unter die Küchenlampe gehalten und meinen Tanten zugerufen habe: Schaut sie euch an! Die wird mal Auslandskorrespondentin! Wie er ausgerechnet auf Auslandskorrespondentin kam, konnte niemand erklären. Meine Tanten hatten die Köpfe geschüttelt und gemeint: Jetzt ist er endgültig verrückt geworden. Aber sie hatten sich nicht getraut, etwas zu sagen.

Ich war süchtig nach Geschichten über ihn. Wieder und wieder ließ ich mir erzählen, wie gerne er gefeiert habe – zu gerne, wie meine Mutter meinte: In unserer ganzen Ehe hatte ich ihn kein Wochenende für mich allein. Wie er immer alle eingeladen und geglaubt habe, für hundert Mark die ganze Welt kaufen zu können. Es machte sie glücklich, über meinen Vater zu sprechen, und mich machte es glücklich, ihnen dabei zuzusehen. Ich beobachtete meine Mutter, meine Tanten, meine Großmutter – ihre Augen glänzten, sie lachten, und für einen Augenblick war es, als wäre er noch lebendig.

Es gefiel mir, meinem Vater ähnlich zu sein, denn meine Mutter hatte ihn geliebt, seine Mutter hatte ihn vergöttert, seine Schwestern hatten ihn angebetet. Der Lieblingssohn, der Lieblingsbruder. Er war doch der Älteste, sagten sie, als handele es sich um eine überirdische Eigenschaft. Auf dem Familienfoto von der Kommunion seiner Schwester Renate tragen meine Tanten wollene Kniestrümpfe, haben noch keine Taille und träumen davon, dass ihnen Brüste wachsen. Mein Vater aber, der Älteste, trägt einen Nadelstreifenanzug und sieht über ihre Köpfe hinweg ernst und feierlich in die Ferne.

Der Älteste. Es klang wie: der Erwählte. Meine Großmutter liebte ihn mehr als ihren Mann. Mit ihm war sie geflüchtet. Der Heini. Der Einzige, dem ein Blick von ihr genügt hatte, um sie zu verstehen, eine bestimmte Art Luft zu holen, eine bestimmte Neigung ihres Kopfes. Seitdem der Heine tot war, hat sie nicht mehr über die Flucht gesprochen, sagte meine Mutter, und mir erschien es, als sei mit dem Tod meines Vaters eine Krankheit über meine Großmutter gekommen. Als sei mit meinem Vater auch ein Teil ihrer Erinnerung verschwunden. Als hätte sie ihr Gedächtnis verloren wie einen Geruchssinn. Ohne ihn konnte sie nicht mehr mitteilen, was sie damals gefühlt hatte. Die anderen Kinder sprachen über die Flucht immer nur wie über einen abenteuerlichen Umzug. Sie korrigierte sie nie, sondern drehte an den Knöpfen ihrer Bluse und hoffte nur, dass sie bald das Thema wechseln würden.

Als mein Vater fünfundzwanzig Jahre alt war, ging er davon aus, dass seine Eltern in diesem Jahr die silberne Hochzeit feiern würden. Er überlegte, welches Geschenk er seinen Eltern machen würde, ob er sich einen neuen doppelreihigen Anzug leisten könnte, in dem er diesen festlichen Anlass begehen wollte und mit welchen Delikatessen er den Präsentkorb mit der silbernen 25 füllen würde. Westfälischer Schinken, Ölsardinen, eine Flasche Bärenfang? Er wunderte sich, dass meine Großeltern immer noch keinerlei Vorbereitungen machten und fragte schließlich, wo denn die Feier stattfinden würde. Da nahm ihn meine Großmutter beiseite und sagte, dass die Feier erst in einem Jahr stattfinden würde. So erfuhr mein Vater, dass er unehelich geboren war. Mein Großvater hatte sich erst entschlossen, meine Großmutter zu heiraten, als mein Vater bereits ein Jahr alt war. Seitdem musste man ihn von meinem Großvater fern halten, wenn er betrunken war.

Vor Frau Piateks Häuschen steht ein rotes Auto mit Allensteiner Kennzeichen. Ihre Tochter aus Allenstein ist zu Besuch. Ich laufe vorbei und hoffe, dass sie mich nicht sieht, weil sie mich sonst sicher zum Kaffeetrinken einlädt. Vorbei auch an Frau Leszinskis Haus, wo sich die Gardine ganz sacht bewegt, als ich ihr Fenster passiere. Vermutlich ist gerade die ganze Familie um den Küchentisch versammelt und löffelt ihre Bohnensuppe.

Ich will zur Alle, zu jener Stelle, wo die Dorfkinder schwimmen gehen. Mein Großvater hat uns Enkelkindern immer vom kristallklaren Wasser vorgeschwärmt, und wir Ruhrgebietskinder glaubten ihm kein einziges Wort. Der einzige Fluss, den wir kannten, war die Seseke, eine bräunliche Kloake in einem betonierten Bett, in das aus großen Rohren die stinkenden Abwässer der Stadt flossen. Eines Tages ertrank der kleine Bruder einer Schulkameradin darin, seither überquerte ich die Holzbrücke mit großer Vorsicht, es war für mich der schrecklichste aller vorstellbaren Tode, in diesem Höllenpfuhl zu versinken. Der Weg zur Alle ist sandig, ich streife die Schuhe ab und laufe barfuß weiter. Trockene Blätter und Kiefernnadeln kleben unter meinen Füßen, in der Sonne ist der Sand warm und fein wie Puder, im Schatten ist er feucht. In der Ferne höre ich Kinder kichern, die Steine ins Wasser werfen. Dann liegt die Alle vor mir. Wie ein kleiner See liegt sie da. Bevor sich der Fluss durch die Schleuse zwängt, staut er sich in einem Knick. Ich stolpere den Abhang herunter. Die Kinder beobachten mich wie einen Eindringling. Das Wasser ist so klar, dass die Sonne bis auf den Grund scheint und die Fische sich vor ihren eigenen Schatten fürchten. Das Wasser scheint unbeweglich, aber als ich ein Blatt hineinwerfe, sehe ich, wie es sich langsam dreht, Fahrt bekommt und davonzieht. Am Uferrand liegt eine Sandgrube wie ein sichelförmiger, frisch aufgestreuter Strand, man sieht noch die Spuren eines LKWs. Die Kinder haben ihre neonfarbenen Mountainbikes in den Sand geworfen und lassen mit wachsender Begeisterung Backsteine ins Wasser fallen, die sie kaum schleppen können. Sie haben dünne Beine und spitze Knie, ihre Beine sind voller zerkratzter Mückenstiche. Aus ihren mageren Rücken ragen die Schulterblätter spitz heraus, wie kleine Flügel. Ich höre, wie die Kinder Polnisch und Deutsch durcheinander sprechen. In der Luft tanzen Schwärme von giftgelben Zitronenfaltern, Pfauenaugen torkeln betrunken durch die Sonnenstrahlen. Auf dem anderen Ufer des Flusses ist ein kleiner Steg angebracht, von dem andere Kinder ins Wasser springen. Sie machen Handstand am äußersten Rand des Holzstegs und lassen sich nach hintenüber ins Wasser fallen. Ein Junge trägt eine neongelbe Badehose, die ihm im Schritt fast bis unter die Knie geht.

Am liebsten würde ich mich auch ausziehen und hier schwimmen gehen. Aber ich habe keinen Badeanzug dabei. Ich könnte in BH und Slip schwimmen, vermutlich würde es keinen stören außer Frau Jekosch, die früher sogar unter dem Badeanzug noch ihre Unterwäsche anbehielt: Mit Bistenhalter und Schlipfer und ganzem Badeanzug bin ich schwimmen gegangen, so war das frieher, nicht wie heute, wo da ist Nudistenplage! Ihre Stimme klingt mir noch im Ohr, also krempele ich nur die Hosen bis zum Knie hoch und wate etwas im Wasser herum, was die Kinder mit ratlosen

Blicken verfolgen. Der Junge in der neongelben Badehose ruft mir etwas zu, aber ich verstehe kein Wort.

Kalt, was?, sagt er dann.

Hey, du sprichst ja deutsch, sage ich.

Klar, sagt der Junge, ich komme ja aus Remscheid.

Machst du Ferien hier?, frage ich.

Mein Opa ist gestorben, sagt er beiläufig, wir waren drei Tage da, heute Morgen war Beerdigung, und morgen Abend fahren wir wieder. Sechzehn Stunden. Wir fahren durch.

Ah, sage ich.

Fahren Sie auch durch?, fragt er mich.

Nein, sage ich. Ich habe es nicht so eilig.

Er blickt mich mit schmalen Augen an. Haben Sie auch Verwandte hier?, fragt er.

Nein, sage ich, jedenfalls nicht so direkt. Eher indirekt.

Ob sich mein Vater an die Badestelle seiner Kindheit später im Ruhrgebiet noch erinnert hat? Er war immer stolz darauf, Ostpreuße zu sein. Stolz wie auf einen einzigen, geheimen Besitz. Vielleicht wollte er aber auch gar nicht mehr an die HEIMAT denken, sondern träumte von einem Messerschmidt-Kabinenroller.

ALS WIR IM WESTEN WAREN. Das Leben nach der Flucht hatte begonnen. Mein Großvater hatte seine Familie nach der Flucht aus Ostpreußen keineswegs im Stich gelassen, wie meine Großmutter es befürchtet hatte. Er hatte zum vereinbarten Treffpunkt nicht kommen können, weil er noch zum Volkssturm eingezogen worden war. Nach dem Kriegsende hatte er seine Familie über den Suchdienst des Roten Kreuzes gesucht und in Nindorf gefunden, wo ihnen eine Frau das Zimmer vermietet hatte. Der Freude über das Wiedersehen verdankt Tante Ursel ihre Existenz. Die Fahrt mit der Gutsbesitzerin verzieh meine Großmutter meinem Großvater trotzdem nie.

Die Familie fand im Ruhrgebiet Arbeit und Wohnung. Mein Vater war fünfzehn Jahre alt und begann genau wie mein Großvater, als Bergmann zu arbeiten. Mein Großvater hat seine Arbeit immer gehasst. Mein Vater hat sie geliebt. Er hat sie geliebt, weil sie gefährlich war. Eine Männerarbeit. Nichts für Memmen. Er wurde gut dafür bezahlt, seine Angst zu verdrängen. Sie lebten in einem Haus, dessen Mauern rußverschmiert waren. Die Zeche lag gleich nebenan. Die Wohnung hatte keine Toilette und kein Badezimmer, aber sie waren glücklich, dass der Weg zur Arbeit so kurz war. Sie schlachteten drei Schweine im Jahr, tanzten jeden Samstagabend im Schlafzimmer und feierten ihr Überleben.

Meine Mutter lernte meinen Vater bei ihrem ältesten Bruder kennen. Er stellte ihr meinen Vater als einen sehr guten Freund vor. Meiner Mutter gefiel, dass er ein Mann war, der einem anderen ein sehr guter Freund sein konnte. Ihre Lebensgeschichten waren füreinander gemacht. Beide waren auf der Suche nach Arbeit ins Ruhrgebiet gelangt, wie viele andere Flüchtlinge. Meine Mutter arbeitete in einer Nähfabrik. Mein Vater brachte meine Mutter schon wenige Tage nach dem Kennenlernen mit nach Hause. Sie war die erste Fremde, die in die Familie kam, und wurde einer allein herrschenden Mamma und fünf lebenslustigen Schwestern vorgestellt. Sie musterten sie. Heimlich natürlich, denn Gastfreundschaft ist das höchste ostpreußische Gebot. Aber aus den Augenwinkeln beobachteten sie sie – ihre Art, wie sie ihr Haar frisierte und ihre tropfenförmigen Ohrringe trug, wie sie ihre Beine übereinander schlug, und dass sie den Wein ablehnte, den man ihr anbot und überhaupt ständig nein, danke sagte und: Machen Sie sich wegen mir keine Umstände. Sie überlegten, ob sie mit all dieser Zurückhaltung überhaupt zu ihnen passen würde, er mochte ja verliebt sein, aber. Er war doch der Älteste. Und den gaben sie nicht ohne weiteres her. Betraf eine solche Entscheidung nicht im Grunde sogar die ganze Familie? Blut ist dicker als Wasser. Aber als meine Großmutter ihre Schürze löste und ungeachtet der Bescheidenheit meiner Mutter eine Flasche Wein auf den Tisch stellte, wussten die Töchter, dass die Entscheidung bereits gefallen war.

Bald wurde Verlobung gefeiert: Im Wohnzimmer, unter den Schutenlampen und der Mittelgebirgslandschaft im Goldrahmen, die später dem röhrenden Hirsch weichen sollte. Zur Kaffeetafel gehörten Frankfurter Kranz und Buttercremetorten, auf die mit der Spritztüte ein H und ein I, die Initialen des Verlobungspaars getupft worden waren, das Ganze dekoriert mit Mokkabohnen, daneben ersoffen Obsttorten unter der Schlagsahne. Nelkensträuße mit Spargelkraut versperrten die Sicht auf das Gegenüber. Die Tanten hatten Wespentaillen und Wasserwellen. Tante Rosi hatte sich zur Feier des Tages die Strumpfnähte nicht wie gewöhnlich mit Augenbrauenstift auf die nackten Beine gemalt, sondern sich ein Paar Cupresa-Nylonstrümpfe geleistet. Die Brillantineköpfe der Männer glänzten um die Wette. Im Schlafzimmer hatte man schon die Möbel weggerückt, um Platz für eine Tanzfläche zu schaffen. Die Schwiegereltern stießen mit kalter Ente auf Bruderschaft an. Das ostpreußisch-schlesische Brautpaar saß in der Mitte unter der Mittelgebirgslandschaft und hielt sich die Hände. Mein Vater blickte abwesend. Am Morgen hatte er noch einen Kumpel zu Grabe getragen, der auf der Zeche Monopol verunglückt war.

Zwei Jahre dauerte die Verlobungszeit. Dann wurde geheiratet, meine Mutter war in anderen Umständen. Als mein Vater von zu Hause auszog, saßen seine Schwestern weinend am Küchentisch. Unser Heini ist weg. Unser Heini ist weg, schluchzten sie, bis meine Großmutter sagte: Ihr sejid doch wohl verrickt geworden. Jetzt ist aber Schluss, schließlich ist er nicht gestorben. Von nun an fand sich die Familie jeden Samstag bei dem Heini ein, der in seiner neuen Wohnung nicht nur eine Musiktruhe besaß, die sich Tefiphon nannte, sondern auch ein Badezimmer. Erst wurde gebadet, dann gefeiert.

Die Mittelgebirgslandschaft und die Schutenlampen meiner Großeltern sahen ein Verlobungspaar nach dem anderen unter sich vorbeiziehen. Nach meinem Vater verlobten sich seine Schwestern. Jedes Jahr eine andere. Die Kaffeetafeln wurden immer länger, zu den Buttercremetorten, den Obsttorten und Frankfurter Kränzen kam noch die kalte Schnauze hinzu, zur kalten Ente die Erdbeerbowle. Bald waren alle miteinander verwandt. Und nie vergaßen sie, samstags das Überleben zu feiern.

Die Fotos aus jener Zeit waren nicht so würdig, wie es jene aus Ostpreußen waren. Während sie in Ostpreußen noch ernst und gottergeben auf den Fotografen geblickt hatten, hielten sie sich hier aneinander fest, als befänden sie sich bei starkem Seegang auf einem Schiff. Ständig fielen sie einander um den Hals. Schnappschüsse von Großtante Mia, die eine Schmetterlingsbrille trägt und jubelnd die Arme hochreißt, als stände sie auf der Bühne und wollte die ganze Welt umarmen. Ein jauchzender Onkel Horst vor dem Büffetschrank, in dem die Sammeltassen wie Ausstellungsstücke präsentiert waren. Die Familie, wie sie tanzt, singt und sich betrinkt. Dann die Fotos von meinem Vater: Mein Vater angeheitert auf einem Kinderfahrrad sitzend. Mein Vater in Motorradkluft mit Motorradbrille, im Arm meine Mutter, dahinter das Motorrad, das eine Horex war und mit einem Beiwagen fast so gut wie der Messerschmidt-Kabinenroller, außerdem hieß das Motorrad Regina, was Königin bedeutete, weshalb auch ich so heißen sollte, allerdings wollte meine Mutter nicht, dass ihre Tochter den Namen eines Motorrads trägt, weshalb ich Petra-Regina heiße. Mein Vater tanzend mit meiner Mutter. Mein Vater als Bräutigam mit weißer Fliege. Mein Vater mit mir im Arm vor dem Förderturm der Zeche Monopol. Mein Vater und der Eisbär. Auf dem Eisbärenfoto sieht mein Vater ganz nach jungem Herrn aus, er trägt einen hellen Filzhut, Nadelstreifenhosen und helle Lederhandschuhe, und der Eisbär hat seinen Arm um ihn gelegt. Seine Lebenlust? Auf den meisten Fotos lächelt er, aber er zeigt nie die Zähne. Dunkle Augen, dunkle Haare. Eine spitze Nase. Die Haare trug er der Mode entsprechend zurückgekämmt, sie waren gewellt, als hätte er sie mit Wellenreitern in Form gebracht. Meine Mutter und mein Vater vor dem lamettageschmückten Weihnachtsbaum, meine Mutter hat den linken Arm um seine Schulter gelegt, und mein Vater hält ihre Hand. Dann das Foto von mir und meinem Vater, der mit mir in einem Kornfeld steht. Mein Lieblingsbild. Jener Sommertag, als mein Vater mich auf dem Arm hielt, und ich wie eine Kirmespuppe in weißem, getupftem Tüll steckte, war auch keine Erinnerung, sondern nur ein Foto. Ein Foto, das ich so oft angeschaut hatte, bis ich glaubte, mich an ihn erinnern zu können.

Und mit wem sind Sie verwandt?, fragt mich der Junge in der gelben Badehose, vermutlich eher der Form halber, denn er blickt auf mich wie auf einen toten Fisch. Ich weiß nicht, was ihn mehr an mir irritiert, die Tatsache, dass ich nicht in sechzehn Stunden nach Deutschland durchfahre oder meine indirekten Verwandten.

Mit Frau Piatek, sage ich. Jedenfalls fast. Ah, sagt der Junge, und ich sehe ihm an, dass er Genaueres von meinen wie auch immer gearteten Verwandtschaftsbeziehungen nicht hören will. Vermutlich sind ihm hier im Haus seiner Großeltern seit Tagen mehr Verwandte vorgestellt worden, als er je in seinem kurzen Leben gesehen hat, und er hat sie mit dem gleichen Interesse wahrgenommen wie die Petersilie im Kräutergarten seines Großvaters. Er hebt einen schwarz glänzenden Kiesel auf, lässt ihn mit verächtlicher Miene über das Wasser tanzen und schlurft über den Sand davon.

Als mein Vater starb, war ich zwei Jahre alt. Ich habe ihn nie gekannt. Er hat für mich immer nur in Erzählungen gelebt.

6. Wo die Liebe eben so hinfällt

Ich ziehe meine Schuhe wieder an und laufe zurück in das Dorf. Bei Frau Leszinski sitzt niemand vor dem Haus, auch Frau Piateks Bank ist leer, und das Auto vor ihrem Haus ist verschwunden. Aber ich sehe zwei Frauen vor dem Gasthaus zur Ostpreußischen Schweiz sitzen, die sich beim Nähern als Frau Piatek und Frau Jekosch entpuppen. Ich frage mich, ob es bestimmte Regeln dafür gibt, wann sie auf welcher Bank sitzen. Der Stand der Sonne scheint eine Rolle zu spielen. Bis zum frühen Nachmittag liegt die Bank von Frau Piatek in der Sonne. Am frühen Abend die von Frau Leszinski. Frau Jekoschs Bank wird fast nie von der Sonne beschienen, dafür ist sie bequemer als Frau Piateks Bretterkonstruktion.

Frau Piatek und Frau Jekosch sitzen auf der Bank neben dem Brunnen. Frau Piatek weiß schon, dass ich auf dem Friedhof und in der Schule war und dass die Gräber meiner Urgroßeltern verloren gegangen sind, was sie mit ebenso bekümmertem Gesicht kommentiert wie meinen Abstecher zur Alle: Die Alle ist doch nicht mehr wieder zu erkennen, sagt sie, das war doch so ejin scheener Fluss, frieher waren hier doch so viele Krebse inner Alle, so klar war das Wasser.

Ich erzähle ihnen von dem deutschen Jungen, den ich an der Alle getroffen habe und der zur Beerdigung seines Großvaters angereist war. Ach, Nowaks Enkel, sagt Frau Piatek. Na, ob der Junge wejiß, wie der alte Nowak zu Tode kam?, fragt sie unheilvoll. Der Finger war ihm doch abgebissen!

In die Ferne blickend erzählt sie die Geschichte von Nowaks abgebissenem Finger, als würde sie einen bizarren Kriminalfall beschreiben. Nowaks Sohn sei im betrunkenen Zustand in Streit mit seinem Vater geraten, warum, weiß niemand mehr im Dorf, es sei zur Schlägerei gekommen, und mitten im Handgemenge habe der Sohn versucht, dem Vater den Finger abzubeißen. Versucht, denn der Finger sei noch dran geblieben. Vor Schmerzen sei der Vater in Ohnmacht gefallen, und der Sohn verschwunden. Als die Mutter den Vater bewusstlos im Hof liegen gesehen habe, habe sie auch noch einen Eimer Wasser auf ihn geschüttet, weil sie glaubte, dass er betrunken sei. Drei Wochen habe der Vater krank dagelegen, der Finger sei schwarz und schwärzer geworden, bis er schließlich amputiert werden musste. Dem Vater sei es danach auch nicht besser gegangen, er habe sich einfach nicht mehr erholen können, bis er schließlich im Sterben lag. Der Sohn blieb verschwunden.

Und der Pfarrer kam schon fier hejilige Elung, fügt Frau Jekosch aufgeregt an.

Und da kommt der Sohn besoffen nach Haus, ruft Frau Piatek, und Frau Jekosch wiederholt, blass vor Empörung, was Nowaks Frau sagte: Na, was kommst besoffen nach Haus, wenn der Vater ist in solch ejinem Zustand.

Frau Jekosch und Frau Piatek schauen mich erwartungsvoll an.

Furchtbar, sage ich.

Furchtbar, furchtbar, echot Frau Jekosch und presst die Lippen zusammen, und ich stelle mir die letzte Ölung vor, Herr Nowak bleich auf dem Bett liegend, dem Tode schon so nah. Seine Frau sitzt im Kerzenschein und betet den Rosenkranz. Ich vermute, dass Nowaks Tod ein weiteres erschreckendes Beispiel für die bekannte männliche Unzurechnungsfähigkeit darstellen soll. Der Mann denkt nicht! Irgendwie endet hier immer alles beim Tod. Dabei wollte ich eigentlich nur vom schönen Wasser der Alle schwärmen. Stattdessen geht mir nun der abgebissene Finger des toten Nowak nicht mehr aus dem Sinn. Aber als ich noch ganz in Gedanken versunken bin, haben Frau Jekosch und Frau Piatek bereits wieder ungerührt das Thema gewechselt. Bloß nicht trübselig werden. Jetzt sind sie bei der Badestelle an der Alle, als wäre nichts gewesen, und Frau Jekosch nutzt die Gelegenheit, um von ihrem Norbert zu schwärmen: Wie mejin Sohn in der Badehose von der Bricke sprang, wie konnte der schwimmen! Die ganze Bricke stand voll Jungs und jeder hat geguckt, wie scheen mejin Sohn kann schwimmen.

Offenbar taugt ihr alles zum Vorwand, um von ihrem Sohn zu schwärmen, der für sie kein Mann ist wie all die anderen, sondern ein Wesen von engelhafter Geschlechtslosigkeit. Bevor Frau Jekosch nun noch zum hohen Lied auf ihren guten Leo ansetzt, der nie trinkt, wird sie von Frau Piatek gebremst. Sie gibt zu bedenken, dass es zu deutscher Zeit Strom-Aufseher gegeben habe, die den Fluss reinigten und die Ufer in Stand hielten. Kein Vergleich zu heute, meint sie. Jetzt schauen Sie sich mal die Ufer an, was ist das fier ejin Dreck. Ojeji ojeji.

Ich wage gar nicht einzuwenden, dass ich in Deutschland schon viel schmutzigere Flüsse gesehen habe. Ob mit dem Sitzen auf bestimmten Bänken auch bestimmte Themen verbunden sind? Auf Frau Piateks Bank wird am meisten gelacht, auf Frau Leszinskis Bank wird viel ums Geld geklagt, auf Frau Jekoschs Bank geht es um Ordnung und Sauberkeit, so dass sogar Frau Piatek davon angesteckt ist und etwas vom Unkraut in ihren Erdbeerbeeten murmelt, das dringend gejätet werden muss. Frau Jekosch erklärt nun, dass sie noch die Bettwäsche bügeln muss und die Kellerfenster putzen, ganz zu schweigen von den Kirchenbänken, der Pfarrer hat gefragt, ob sie nicht zum Saubermachen kommen könnte. Als würde ihr das Gasthaus zur Ostpreußischen Schweiz nicht bereits genug Arbeit bereiten. Nun will sie mit dem Leo gehen und die Kirche sauber machen, allein schafft sie das doch gar nicht mehr!

Frau Piatek beginnt das Thema Sauberkeit allerdings schnell zu langweilen. Der Höflichkeit halber hat sie ihren Beitrag entrichtet, aber jetzt ist genug. Ihre Augen verdüstern sich, sie späht auf die Straße, die wieder mal keine Ablenkung bietet. Warum kann hier nicht mal was passieren, eine Fee über die Straße fliegen, die Brigittka vom Putzwahn erlösen und über allen Häusern Sterntaler ausstreuen würde? Es würde auch schon reichen, wenn der Reini mit dem Trinken aufhörte und der Sohn der Leszinska endlich Arbeit fände. Ungeduldig zupft sie ein paar Flusen von den

Ärmeln ihrer kornblumenblauen Strickjacke und lässt Frau Jekoschs Klagen an sich vorbeiziehen wie das ferne Rauschen der Alle. Frau Jekosch lässt sich jedoch nicht vom Putzen abbringen, die Bettwäsche ist noch etwas feucht, die muss sofort gebügelt werden, sonst kriegt sie ja kein Mensch mehr glatt, vom Fensterputzen ganz zu schweigen, so viele Fenster hat dieses Haus, so viele. Was ist das nur für ein Leben, jeden Tag geht es wieder aufs Neue los, der Dreck versteckt sich in allen Ritzen. Frau Jekosch schüttelt den Kopf, und ihre Augen füllen sich mit Tränen.

Du machst zu sauber, sagt Frau Piatek schließlich tröstend zu ihr, du bist zu ejigen, gibt sie zu bedenken. Geh ejinfach mit dem Lappen darüber, quäl dich nicht so.

Frau Jekosch schnauft laut in ihr Taschentuch. Das ist ja alles leicht gesagt. Aber was will der Mensch machen, wenn ihm nichts bleibt als die Sauberkeit?

Frau Piatek steht auf, behutsam stützt sie ihren gebrechlichen Körper auf der Bank ab und ergreift meinen Arm. Schluss mit den Klagen. Es ist kühl geworden, und sie muss dem Reini das Abendbrot zubereiten. Sie schiebt sich in ihren Fellpuschen an dem Brunnen vorbei, tastet sich am Backsteinmäuerchen bis zum Zaun vor und geht, sich an den Zaunlatten fest haltend, nach Hause. Kommen Sie, liebe Frau, sagt sie zu mir, essen Sie etwas mit uns.

Kaum hat sich ihre Tür hinter uns geschlossen, atmet sie auf. Alle sind so verrickt, die sind ja halb damlich, die Frauen. Ob das die Witterung macht, oder was? Ich wejiß nicht. Willst nicht putzen gehen, na, denn geh nicht und red da nicht. Mich nimmt ja der Pfarrer nicht mehr, sagt sie und lacht. Und dich auch nicht, nicht, was Rejini? Und der Leo muss morgen gehen und sauber machen. Oh Jessus.

Reini hört nichts. Er sitzt versunken vor dem Fernseher und schaut sich das *Glücksrad* an. Frau Piatek schöpft Wasser aus dem Plastikeimer im Flur und bringt es auf dem Gasherd zum Kochen. Dann nimmt sie ein Brot, das groß ist wie ein halbes Wagenrad, hält es vor die Brust und schneidet eine dicke Scheibe ab. Sie holt Margarine aus dem Kühlschrank und das Stück Wurst, das Reini gekauft hat. Die Wurst sieht aus, als wäre sie aus Stein. Auf einem Teller liegen kleine vertrocknete Häufchen, das sind die Teebeutel, sie benutzt sie immer zwei Mal. Das Wasser kocht, und sie gießt es auf die vertrockneten Häufchen, die das Wasser schwach golden färben. Mittags und abends sitzt sie mit ihrem Reini an dem kleinen Tisch mit der Wachstuchdecke und beredet mit ihm den Tag, als wäre er ihr Mann. Sie nimmt zwei kleine Tomaten aus einer Plastikschüssel, die auf dem Küchenschrank steht und schneidet sie mit einem weißen Wegwerf-Plastikmesser in Viertel. Wo ist eigentlich Frau Piateks Mann? Wie lange sitzt sie schon ohne ihn hier am Tisch mit der Wachstuchdecke?

Mein Mann?, sagt sie. Statt einer Antwort dreht sie mir den Rücken zu. Sie kramt lange und umständlich in der Besteckschublade herum, schließlich holt sie zwei Messer hervor, deren Klingen vom vielen Gebrauch ganz dünn geworden sind. Dann sagt sie: Der hat mich doch sitzen lassen.

Von der *Glücksrad*-Sendung dringt ein Geräusch herüber, als würde eine Fee ihre Finger über eine Harfe gleiten lassen. Das Publikum applaudiert. Rejini seufzt wie ein Hund im Schlaf.

Richard, so hieß ihr Mann. Eine Woche vor Weihnachten 44 war er noch auf Urlaub in Reußen. Sagte: Hedwig, wenn es gut geht, dann bin ich bei euch zu den Feiertagen. Aber es ging nicht mehr gut. Nach Weihnachten, am 20. Januar, mussten sie flüchten.

Und er kam bis heute nicht, sagt Frau Piatek und schiebt den Teller mit den Tomatenvierteln zu mir rüber. Er kam bis heute nicht, wiederholt sie tonlos. Richard. Wo die Liebe eben so hinfällt.

Ist Ihnen auch so warm?, fragt sie dann. Sie geht zum Fenster, zieht die Gardine beiseite, dreht den schweren Griff und wischt ein paar Steinchen vom Fensterbrett. Sie blickt einen Moment hinaus, dann schließt sie das Fenster wieder und zieht die Gardinen zurecht.

Aus dem Zimmer nebenan hören wir Reini konzentriert atmen, mit offenem Mund verfolgt er, wie der Moderator die Punkte an die Kandidaten verteilt. Jeder nicht gewonnene Punkt klingt, als würde jemand an einer schlecht gestimmten Gitarrensaite zupfen.

Er kam nicht, weil ich doch das Kind kriegte, sagt sie und wischt mit einer heftigen Bewegung ein paar Brotkrümel von der Wachstuchdecke, wobei sie fast das Teeglas umgestoßen hätte. Sie hatte ihrem Mann geschrieben, dass sie schwanger war, weil sie ein polnischer Soldat im Frühjahr 45 vergewaltigt hatte. Seither wollte ihr Mann nichts mehr von ihr wissen. Sie streicht die Kittelschürze glatt und fährt mit den Fingern über die Naht, wo ihre Finger ein loses Fädchen ertasten. Sie reißt es mit einem Ruck ab.

Das ejine sag' ich euch: Ejin Russe ist nie so schlecht wie ein polnischer Soldat.

Ihre Augenbrauen haben sich in ihrem Gesicht zusammengeballt wie Wolken vor dem Regen. Sie schaut aus dem Fenster auf die Bank vor den Erdbeerbeeten. Im Gegenlicht sieht man die Stacheln ihres Damenbarts vibrieren.

Es dämmerte bereits, sie hatte Holz im Wald gesucht und kam zurück über den Weg an der Alle. Dann stand er da, der Soldat. Aus dem Schatten der Bäume aufgetaucht. Griff nach ihr und drückte sie auf den Boden. Sie kratzte und biss wie eine Hündin.

Aber bin ich nicht losgekommen, sagt sie und spuckt die Verbitterung aus wie eine kleine Fliege, die sie aus Versehen eingeatmet hat.

Schaff dir das ab, sagte eine Freundin zu ihr. Komm, wir pflücken Blätter vom Lebensbaum, der Lebensbaum an der Kapelle, ich brüh' dir das mit Milch auf, das musst du trinken. Es war wie ein weißer Sirup, sie wusste nicht, was mit ihr geschehen würde, wenn sie es schluckte, und sie wollte es auch nicht wissen, sie hätte alles geschluckt, um den Bastard in ihrem Bauch loszuwerden, sieben Kinder waren genug, aber es ging nicht runter, der bittere Sirup stand ihr im Hals, sie konnte ihn nicht schlucken und erbrach sich. Dann sagte sie: Soll es kommen, wie es ist. Und so geschah es.

Der Moderator applaudiert einem Gewinner, wieder ertönen Harfenklänge. Ach, Flascheneffner, sagt Reini, das hätt' ich auch gewusst.

Mein Mann war ja noch ejin junger Kerl, als er ging, sagt sie leise. Aber dass ich mechte Sehnsucht haben – neji, hatte ich kejine. Ich sagte immer: Lieber will ich das Häufchen Kinder haben, als so ejinen Mann im Hause.

Sehnsucht. Fünfunddreißig war sie, als ihr Mann sie verließ. Und er war vierzig. Dann kam das Kind vom polnischen Soldaten zur Welt. Sie nannte es Krystyna.

Sie schiebt den Teller mit der Wurst von sich weg und steht auf. Ihr Blick hat sich in der Weite verloren, weg von der abgeschabten Stuhllehne und der löcherigen Wachstuchdecke. Sieht sie sich selbst dort auf der Straße stehen? Damals, als sie eine junge Frau war? Um fünf Uhr morgens gab sie dem Säugling die Brust, dann erst wieder um fünf Uhr nachmittags, wenn sie von der Arbeit kam, so lange musste es Krystyna ohne Milch aushalten. Zehn Jahre lang arbeitete sie als Magd auf dem Gut in Ganglau. Zehn Jahre lang in der Ziegelei in Groß Bertung. Jeden Tag blieben die Kinder allein zu Hause, bei Kriegsende war die älteste Tochter vierzehn und musste den Haushalt versorgen. Noch heute erinnern ihre großen Hände daran, dass sie geschuftet hat wie ein Mann. Zwei Jahre lang als Hilfsarbeiterin beim Bau der Masurensiedlung in Allenstein, wo sie den Zement anrührte und den Maurern die Steine reichte. Von den Ziegeln bekam sie eine solche Hornhaut an den Händen, dass sie heiße Ziegel ohne Handschuhe anfassen konnte. Wenn sie am Nachmittag von der Ziegelei nach Hause kam, musste sie schon an Nowaks Haus vom Fahrrad steigen, weil ihr die Kinder auf der Straße entgegengelaufen kamen. Weinend und mit verrotzten Nasen.

Drei Jahre nach Kriegsende schrieb ihr Mann aus Iserlohn. Es sollte keine Versöhnung geben. Er wollte sich scheiden lassen und bat sie um ihr Einverständnis. Sie fühlte kein Bedauern. Sie zwang sich, an die frühen Jahre mit ihm zu denken, die ihr auch kein Glück gebracht hatten. Als ihr Ältester an der Rauchvergiftung starb, hatte ihr Mann betrunken im Wirtshaus Spiza gesessen. Und als sie Reini zur Welt brachte, war ihr Mann nicht mal zur Entbindung ins Krankenhaus gekommen, sondern hatte auf dem Jahrmarkt in Allenstein Rosen geschossen.

Ja, ich gebe die Einwilligung, schrieb sie, denn ich hab' bei dir genug saure Äpfel gegessen, und die kann ich jetzt nicht mehr vertragen. Den Brief nahm er als Beweis für ihr Einverständnis mit der Scheidung mit aufs Gericht.

Wieder ertönt das Geräusch von schlecht gestimmter Gitarrensaite. Wieder kein Punkt. Zum Schuhe putzen!, ruft Reini ungeduldig in den Fernseher, als könnte die Kandidatin ihn hören. Sie suchen ein Wort zum Schuhe putzen!

Frau Piatek zuckt die Schultern. Wir verstehen nicht, sagt sie kopfschüttelnd und meint das Fernsehen.

Ein einziges Mal kam ihr Mann doch noch nach Reußen zurück. Zwanzig Jahre nach Kriegsende. Eine ihrer Töchter hatte ihn eingeladen. Frau Piateks Schwägerin bat die ganze Familie zur Kaffeetafel. Es wurde gesungen und getanzt. Sogar mit ihr hat er getanzt. Er legte den Arm um sie, als wäre nichts gewesen, und sie fühlte Abscheu. Ja, Abscheu, anders kann sie es nicht nennen, Abscheu vor ihrem eigenen Mann.

Immer wieder sangen alle. *Scheiden ist ein hartes Wort/ Du bleibst hier und ich geh' fort.* Zu den Kindern sagte er: Was geschejin ist, ist geschejin. Das hat der Krieg gemacht. Die Kinder bettelten und sagten: Ach, Papa, blejib doch. Aber er antwortete nur: Nein, ich kann nicht blejiben. Ich kann nicht hier beji euch blejiben.

Zu ihr sagte er nichts.

Sie hält wie üblich die Beine übereinander geschlagen und ihre Hände ineinander verschränkt. Sie blickt auf die Adern, die durch die gebräunte Haut ihrer Hände hervorschimmern, und schweigt. Ihre Hände sehen aus, als wären sie eine Nummer zu groß für ihren zarten Körper. Dann hebt sie den Kopf und sagt: Und ich hab' auch nichts gesagt, und so ging das ausejinander und fertig.

Das war das letzte Mal, dass sie ihn gesehen hat.

Mit einer entschlossenen Bewegung steht sie auf. Und fertig. Schluss mit den schlechten Gedanken, sie stützt sich auf die Stuhllehne, von der Stuhllehne ist es nur ein halber Schritt zum Büffet, dann der Türrahmen. In ihrer kleinen Wohnung findet sie sich zurecht wie eine Blinde. Sie streckt den Kopf zu Reini rein, von dem man gar nichts mehr hört. In der Hand hält sie den Teller mit dem Brot für ihn. Wieder zurück auf dem gleichen Weg, Türrahmen, Büffet, Stuhllehne. Sie lässt sich auf den Stuhl fallen. Mit der Hand macht sie eine Bewegung, als wollte sie Mücken vertreiben.

Jetzt ist er tot. Als er starb, fuhren ihre Tochter Erna und ihr Sohn Albert nach Deutschland zur Beerdigung. Es ist noch nicht lange her. Frau Piatek fragte nur, wie der Tote angezogen war. Da sagten die Kinder: Mamma, nur so einen hellbraunen Anzug hat er gehabt.

Ach, hab' ich gesagt, nicht in Schwarz? Sie macht eine lange Pause.

So war das, sagt sie. Nicht mal ejinen schwarzen Anzug für den Sarg hat er gehabt.

Das war der Richard. Wo die Liebe eben so hinfällt. Und wenn es auf ejinen Misthaufen ist. Ojeji.

Was das für eine Schande war, in so einem Dorf, rief Großtante Rosa. Eine Schande, eine Schande, echote Großtante Mia. Überall wurde doch geredet. Sie saßen auf dem Sofa im Wohnzimmer meiner Großeltern, unter dem röhrenden Hirsch saßen sie, nebeneinander wie im Bus. Jede redete vor sich hin. Die Anna kriegt ein Kind, sagte Rosa, das erzählten sie sich sogar im Gasthaus zur Ostpreußischen Schweiz. Und als er dann da war, da sah er doch dem Allo so ähnlich.

Meine Großmutter sagte nichts, sie hatte rote Flecken am Hals und drehte an den Knöpfen ihrer türkisfarbenen Bluse. Sie wusste ja, dass ihre Schwestern es nur gut meinten. Sie waren aus Leverkusen und Wattenscheid angereist, wie üblich blieben sie drei Tage, unter dem lohnt es sich ja gar nicht, zu verreisen. Am ersten Tag freuten sie sich, sich wieder zu sehen, am zweiten Tag feierten sie, am dritten Tag aßen sie die Reste und ließen das Leben Revue passieren. Dieses war der dritte Tag.

Von mir ist der nicht, hat der Allo gesagt. Wenn ich schon daran denke, rief Großtante Rosa und schüttelte sich. Von mir ist der nicht! Sie kratzte die Kuchenkrümel wütend vom Teller und schob ihn mit einem Ruck angewidert von sich weg. Sie aßen die Reste der

Schwarzwälder Kirschtorte, die meine Großmutter zu ihrer Ankunft serviert hatte. Jetzt, zwei Tage danach, war die Torte schon etwas aus der Form geraten, die Sahnerosetten, die jedes Stück krönen sollten und in deren Mitte eine Maraschinokirsche saß, waren zerlaufen, wodurch die Torte ihre Würde verlor, obwohl sie von Café Humberg stammte, der besten Konditorei der Stadt. Die Männer waren unterwegs, um sich die Beine zu vertreten. So nannten sie ihren Abstecher zum Schützenhof, wo sie im Schatten der Kastanienbäume saßen und mit Bier und Schnaps ihren Kater bekämpften. Die Großtanten tranken wie üblich Brombeerlikör. Meine Großmutter hatte mir ein besonders großes Stück Schwarzwälder Kirschtorte auf den Teller geladen, sie hatte mit einem Löffel nachhelfen müssen, denn die Torte hielt sich nicht mehr auf dem Tortenheber. Ich saß davor und war verzweifelt. Wie so oft, wenn ich allein im Wohnzimmer meiner Großeltern saß, vermisste ich meine Mutter. Sie hätte mich vor der Torte gerettet.

Dabei sah er doch dem Allo so ähnlich, sagte nun auch Großtante Babe und führte vorsichtig den Goldrand des Likörglases an ihre Lippen.

Wejißt noch, Anni, wie du den Hejini auf dem Arm gehalten hast und mit ihm auf dem Hof auf und ab gegangen bist, bis der Allo auf der Kutsche vorbeifuhr auf dem Weg zur Miehle?, sagte Mia und wischte sich den Mund mit der Serviette ab. Sie blickte in ihre Kaffeetasse, als würde sich in der Kaffeepfütze das Bild meiner verzweifelten Großmutter spiegeln, die im Hof ihres Elternhauses steht, meinen Vater auf den Armen trägt und darauf wartet, dass mein Großvater ihr im Vorbeifahren einen Blick zuwirft.

Wir waren doch ejine angesehene Familie im Dorf, sagte Rosa. Ihre Stimme zitterte im Gedanken an die Schmach immer noch empört. Und der Allo ging doch nur ejin Mal im Jahr in die Kirche, fügt sie an, als würde das alles erklären.

Und zur Bejichte ging er nur am letzten Sonntag vor Ostern, echote Mia.

Die Schokoladenstückchen waren geschmolzen und hatten sich mit der Sahne vermischt, der dunkle Biskuit war durchtränkt von Sahne und Marmelade. Die Großtanten hatten klaglos ihre Portionen verspeist, nur ich schob den nassen Biskuit in der Schokoladen-Sahne-Pfütze so lange hin und her, bis er ganz zerfiel und sich alles auf meinem Teller in einen bräunlichen Brei verwandelte. Lediglich die Maraschino-Kirsche ragte heraus.

Mejin Gott, was war der Vater beese, sagte Rosa. So ejin Lump, hat er immer gesagt, so ejin Lump. Die Mutter hat gewejint, der Vater hat gewejint, und ich hab' auch gewejint.

Ach, herr auf davon, sagte meine Großmutter und wischte sich die Augen mit der Serviette ab. Wejißt doch, wie die Reskis waren.

Mejin Gott, was fier ejine ejingebildete Familie, rief Mia.

Unser Vater war ja so belejidigt, als er davon erfuhr, dass er sich besoffen hat, sagte Rosa und schüttelte den Kopf im Gedanken an die Schmach, die Familie Reski ihnen zugefügt hatte.

Ich versuchte die Maraschino-Kirsche mit der Kuchengabel aufzuspießen. Sie war jedoch hart wie Porzellan, sie sprang vom Teller, rollte über die Tischdecke und hinterließ bräunliche Spuren, so als sei ein Vogel über den Tisch spaziert.

Und als die Reskis damals nach der Flucht in Dortmund waren, da hab' ich dir immer gesagt: Was krauchst denn jetzt dahin, wenn die Schwiegereltern dich damals nicht wollten, sagte Rosa.

Meine Großmutter schwieg. Die Reskis. Die Familie meines Großvaters war eine wohlhabende Bauernfamilie gewesen. Die Verbindung zu meiner Großmutter, der Tochter eines Waldarbeiters, war für sie eine Mesalliance, die sie nach Kräften zu verhindern versucht hatten. Diese Herabwürdigung war den Schwestern meiner Großmutter immer ein Stachel im Herzen geblieben. Besonders die Mutter meines Großvaters war ihnen suspekt. Hatte sie nicht versucht, die Hochzeit mit allen Kräften zu vereiteln? Meine Großtanten ließen keine Gelegenheit aus, meine Großmutter an die beiden dunklen Flecke der Familiengeschichte zu erinnern, an jene entwürdigende Zeit, als sie meinen Vater unehelich zur Welt bringen musste, weil mein Großvater die Vaterschaft bestritt und an die unrühmliche Rolle meines Großvaters bei der Flucht.

Wollt' er sich lejicht machen, der Allo, meinte Mia, und ich ahnte, dass jetzt wieder die Geschichte mit der Gutsbesitzerin kommen würde und schloss die Augen. Sofort spielte sich vor meinem inneren Auge ein Breitwandfilm ab, in der Art irgendetwas zwischen *Sissi – Jugendjahre einer Kaiserin* und *Die Frau in Weiß*. In den

Hauptrollen: Mein Großvater, meine Großmutter und die Gutsbesitzerin. Ort: Irgendwo in Ostpreußen. Zeit: 1945. Mein Großvater, groß, schlank und so gut aussehend wie auf dem Hochzeitsfoto von Großtante Rosa. Er trägt einen doppelreihigen Anzug, sitzt in einem offenen Wagen und lächelt ein halbes Lächeln. Neben ihm sitzt die Gutsbesitzerin, eine weiß geschminkte Dame mit Hut und wehendem Chiffonschal um den Hals, ihre Glacéhandschuhe in der Hand haltend. Sie fahren an meiner schwangeren Großmutter vorbei, die mit den fünf Kindern auf einem Pferdewagen sitzt, ihre neugeborene Tochter Margot im Arm hält und mit ihrer dunklen Haut aussieht wie eine Zigeunerin. *Schwarzbraun muss mein Schätzle sein.* Die Gutsbesitzerin winkt ihr im Vorbeifahren noch huldvoll zu, mein Großvater hingegen versucht den Eindruck zu erwecken, als erfordere es seine ganze Kraft und Aufmerksamkeit, den Wagen zu fahren und weicht dem Blick meiner Großmutter aus. Irgendwann auf der Landstraße wird die Gutsbesitzerin meinen Großvater gebeten haben, anzuhalten, sie wird mit ihren glacébehandschuhten Händen seine Hände ergriffen und ihm tief in die Augen geblickt haben. Bleiben Sie bei mir, wird sie gegurrt haben, dies ist die Gelegenheit für uns, ich liebte Sie vom ersten Augenblick, in dem ich Sie sah, und ich brauche nur in Ihre Augen zu blicken, um zu wissen, dass es auch Ihnen ernst ist.

Als ich die Augen wieder öffnete, stand der Teller mit der Schwarzwälder Kirschtorte immer noch vor mir. Ich hörte, wie Großtante Rosa sagte: Na, und dann musst er die Gutsbesitzerin fahren, der Allo. Ich biss ein

Stückchen von der Maraschinokirsche ab, die ich mir unauffällig zurückgeangelt hatte, es schmeckte nach Marzipan, und ich spuckte es wieder auf den Teller.

Na, und du?, sagte meine Großmutter und blickte ihre Schwester vorwurfsvoll an. Ihre Nasenflügel zitterten. Nicht, dass sie meinen Großvater verteidigen wollte. Wer frei ist von Schuld, der werfe den ersten Stein. Denn kurz nachdem der Großvater mit der Gutsbesitzerin davonfuhr, hatte auch Rosa sie mit den Worten im Stich gelassen: Allejin komm' ich besser durch. Und war Richtung Allenstein verschwunden.

Ihre Schwester verstand die Anspielung und begann nervös, ein umhäkeltes Taschentuch zu kneten. Ich musste doch weg, mich hätten die Russen doch vergewaltigt, flüsterte sie, die schossen doch schon, da waren doch versprengte Soldaten ieberall, dir hätten sie doch nichts getan, warst doch schwanger.

Na, wennst mejinst, sagte meine Großmutter betont gleichmütig und spielte mit den Fransen der Tischdecke. Um die Ränder ihres Mundes zeichneten sich zwei rote Likörmale ab. Ich versuchte die Schwarzwälder Kirschtorte unter der Serviette verschwinden zu lassen. Niemand würde merken, dass ich nichts davon gegessen hatte. Jetzt schwiegen alle drei. Ein kritischer Moment. Am Ende würden sie jetzt auf mich und meine Torte blicken. Zu meiner Erleichterung stellte ich jedoch fest, dass sie immer noch völlig abwesend waren. Im Geiste irgendwo in Ostpreußen.

Ist ja auch ejin Quatsch gewesen, dass ich weggegangen bin, sagte Großtante Rosa schließlich leise, hast ja Recht, Ania.

Dann schwiegen alle vier. Verloren in Gedanken über das, was gewesen war. Kneteten die Hände, lauschten dem Brausen der nahen Autobahn, strichen ihre Blusen glatt, von denen eine farbenfroher als die andere war, türkis, gelb, rosa, rot, sagten ab und zu mal gedehnt: ojeji oder: ach ja, und versanken wieder in Schweigen. Ich rutschte auf meinem Stuhl hin und her. Bald würde meine Großmutter aufstehen, die Serviette auf meinem Teller lüften und fragen: Nu was, schmeckt dir nicht? Ich begann zu schwitzen. Sie schwiegen immer noch. Ab und zu seufzten sie. Ich fühlte mich unsicher und schluckte. Gleich würde meine Großmutter den Tisch abräumen. Mit einem Mal hörten wir Stimmen im Hausflur vor der Tür und das Geräusch eines Schlüsselbunds. Ich atmete auf. Die Onkel waren wieder da, der Großvater, meine Cousins, alle drängten sich im engen Flur und redeten durcheinander.

Na, wart ihr wieder in Ostpreußen?, rief Onkel Horst und kicherte. Bei der Gutsbesitzerin? Großtante Mia machte ihm gegenüber nur eine abfällige Handbewegung und sagte: Nu, was verstehst schon.

Mein Großvater errötete und wich dem Blick meiner Großmutter aus. Meine Onkel schauten meinen Großvater so komplizenhaft an, als würden sie sein Geheimnis teilen. Ich war zwar überzeugt, dass sie auch nicht mehr darüber wussten als ich, aber auch sie ließen die Gutsbesitzerin bei jeder Gelegenheit zwischen den Kaffeetassen wieder aufleben. Sie schwebte über meinem Großvater wie ein Luftgeist und verfolgte ihn bis ins hohe Alter.

Der Vater hat es ja von allen am besten gehabt, sagten meine Onkel lachend, der musste nicht mit dem Pferdewagen fahren, sondern fuhr bequem mit dem Auto. Und an die Front musste er auch nicht. Dann machten sie sich noch etwas darüber lustig, dass mein Großvater vom Kriegsdienst freigestellt war, weil die Mühle meines Großvaters kriegswichtiges Mehl hergestellt hatte, und mein Großvater rang sich sein halbes Lächeln ab.

Nu, was sollt' ich denn machen, musst' ich sie doch fahren, sagte er und kratzte sich am Ohr.

Was musstest du sie fahren, fauchte meine Großmutter, nichts musstest du fahren. Verlegen verschwand mein Großvater im Keller, um Bier zu holen, er würde das Wohnzimmer erst wieder betreten, wenn er sicher sein konnte, dass sich die Gutsbesitzerin verzogen hatte. Meine Großmutter und ihre Schwestern räumten das Kaffeegeschirr vom Tisch, sie nahmen mir wortlos meinen Teller ab, und niemand interessierte sich mehr für meine Schwarzwälder Kirschtorte. Stattdessen fragte mich meine Großmutter, ob ich zum Abendbrot bleiben würde.

Mechten Sie Leberwurst?, fragt Frau Piatek. Hab' ich vergessen anzubieten. Ich lehne dankend ab und greife zu den restlichen Tomatenvierteln auf meinem Teller. Reini sitzt immer noch so gebannt vor der *Glücksrad*-Sendung, als würde sie über sein Schicksal entscheiden. Frau Piatek hat wie ein Spatz gegessen, eine halbe Scheibe Brot mit Butter. Am liebsten isst sie das Brot belegt mit Wurst und Marmelade, aber solche Wonnen gestattet sie sich nur zum Frühstück. Sie steht vom Tisch auf und reißt ein Kalenderblatt ab, das einen wohl genährten Johannes den Täufer zeigt, zum Vorschein kommt eine schläfrig blickende heilige Theresa, die ein rotes Kruzifix wie ein Kind in ihren Armen wiegt. Frau Piatek zerknüllt den heiligen Johannes und wirft ihn in eine abgeschnittene Waschpulverpackung, die als Papierkorb dient.

Auf dem Gericht hat er gesagt: Ich will kejine Polin, ich will ejine deutsche Frau, sagt sie und streicht sich wütend eine Haarsträhne aus dem Gesicht, die sich immer wieder aus dem nach hinten gekämmten Haar losmacht. Ihre Stimme klingt, als würde sie sich nur mühsam beherrschen. Statt ihre Empörung rauszuschreien, rückt sie die bunten Eduscho-Kaffeedosen zurecht, die ihr Büffet zieren, sie schiebt die verbeulte Brottrommel mit einem solchen Ruck zurück gegen die Wand des Büffets, als würde sie ihren Ex-Mann dahinter vermuten.

Ich will ejine deutsche Frau! Wir hatten doch optiert, wir mussten doch unterschrejiben, wir mussten ja, denn sonst hätten sie uns doch mechten jagen. Und er sagt, er will kejine Polin haben. Unwirsch rückt sie den Deckel auf der Zuckerdose zurecht. Aus dem Wohnzimmer erklingt wieder die Harfe.

Schuhcreme, sagt Reini befriedigt. Hab' ich doch gesagt.

Hat sie geraten?, ruft Frau Piatek.

Neji, sagt Reini. Hat sie nicht geraten. Aber ich hab's gewusst.

Frau Piatek setzt sich wieder auf ihren Stuhl. Als ihr Mann starb, hinterließ er seinen Kindern keine einzige deutsche Mark. Nichts. Und das, obwohl er sich an den Kindern noch bereichert hatte. Ihre Schwiegermutter hatte ihm eines Tages die Geburtsurkunden der Kinder nach Iserlohn geschickt. Bis zur Scheidung hatte er Kindergeld bezogen, und danach sparte er durch seine Kinder auch noch Steuern. Der Lump, der.

An ihrem Kinn steht ein einziges langes Barthaar, das in Erinnerung an diese Niedrigkeit vor Empörung zittert. Und sejine Frau, die war ganz mit Gold beklebt, sagt sie.

Dann schweigen wir wieder – jenes Schweigen, das ich von meiner Großmutter und ihren Schwestern kenne, wir schweigen und seufzen und horchen auf das Glücksrad, das sich wieder dreht, und Frau Piatek sagt: Mejine Kinder, die hat mir der liebe Gott gegeben.

Dann lacht sie kurz auf, holt Luft und erzählt die Geschichte ihrer Tochter Brigitte, der jüngsten Tochter. Ihr Vater war der Gutsverwalter von Ganglau, ihr Arbeitgeber. Der war hinter allen Frauen auf dem Gut her, und sie hat es getroffen. Selbst als sie schon lange nicht mehr auf dem Gut arbeitete, musste sie seinen Blick ertragen, wenn sie ihn sonntags beim Kirchgang in Groß Bertung sah. Aber sie sah durch ihn und seine Frau hindurch. Jahre vergingen so, jeden Sonntag fühlte sie seine begehrlichen Blicke an sich kleben, jeden Sonntag fühlte sie sich erneut erniedrigt. Jahre später, als Brigitte bereits eine junge, schöne Frau war, blickte Frau Piatek stolz auf sie, wenn sie am Arm ihrer Tochter zur Messe ging. Muss ich dem lieben Gott danken, Brigitte, dass ich dich hab', sagte sie zu ihr, als sie neben ihr über den Kirchhof ging. Da spürte sie, wie sich der Gutsverwalter eng an ihr vorbeidrängte und ihr im Vorbeigehen zuflüsterte: Musst du mir danken, dass du sie hast.

Vor der Kirche hat er mir das gesagt, ruft sie, vor der Kirche. Der Lump. Der Lejibhaftige soll ihn holen. Sie blickt auf die schläfrige heilige Theresa vom Kalenderblatt und schluckt ihre Verwünschungen herunter. Und da soll noch einer sagen, dass es Gerechtigkeit gibt auf Erden. Dieser verdammte Schuft.

Dann Hans, der jüngste Sohn.

Der stammt von einem Chauffeur, sagt Frau Piatek. Der fuhr den Arzt zu den Kranken. Mehr wejiß ich nicht von dem Chauffeur. Ich hab' ihn nicht gefragt, wer er ist, ich hab' ihn nicht gefragt, wie er hieß – nichts. Er kam ran an mich, und ich hab' mich nicht viel gewehrt. Und schon war ich wieder schwanger. Obwohl ich schon fast vierzig war. Ich hatte ihn ejinige Male hier im Dorf gesehen. Er war mir aufgefallen, weil er so scheenes, schwarzes Haar hatte. Eines Tages sah er mich an der Bushaltestelle stehen. Er hielt an und bot mir an, mich mitzunehmen. Ich habe nicht abgelehnt. Danach war ich die Schuldige, ich saß immer in der Tinte. Nachher kam er noch mal, und ich hab' gesagt, wenn ich das Kind zur Welt bring', dann schick' ich es dir. Er hat gesagt: Ist gut. Und dann hat er die Papiere für ejin Waisenhaus besorgt. Als der Junge dann auf der Welt war, kam er noch mal, und ich sagte: Gehen Sie, ich behalte das Kind, ich schick' es nicht ab.

Die anderen Frauen sagten mir, ich soll ihm schwarzen Kaffee geben, dem Säugling. Viele machten das damals. Aber ich hab' gedacht: Ich habe schon so viel ausgehalten, ich behalte den Jungen. Er war das zehnte Kind. Und so lief die Karre.

Inzwischen hat es draußen zu dämmern begonnen. Der Himmel hat sich verfärbt. Im Halbdunkel der Küche leuchtet nur noch Frau Piateks weißes Haar.

Ich wage nicht zu atmen, nicht zu fragen, ob es auch Männer für glückliche Momente in ihrem Leben gegeben hat, für Leidenschaft, Verliebtsein, Herzklopfen. Männer, die sie in ihren Armen hielten, Männer, die ihr die Haarsträhne aus dem Gesicht strichen, Männer, die sich in ihren schwarzen Augen verloren, Männer, die sie liebten. Ich schlucke meine Frage mit dem kalt gewordenen Tee herunter.

Wieder ertönt das scheppernde Geräusch von schlecht gestimmter Gitarrensaite. Wieder kein Punkt. Neji, sagt Reini heiser, Schildkrete?, das verstehji' ich nicht. Er steht auf, gähnt und streckt sich. Das *Glücksrad* ist zu Ende. Nacht, Mamma. Er schließt die Schlafzimmertür hinter sich.

Dann ist es zum ersten Mal still in dem kleinen Haus. Man hört nichts mehr außer dem Knacken der Balken und Frau Piateks rasselndem Atem. Vielleicht sollte ich jetzt gehen. Vielleicht ist Frau Piatek schon lange müde, aber sie sagt nichts, aus lauter Höflichkeit. Ich räuspere mich und stehe auf. Wollen Sie schon gehjen?, sagt Frau Piatek und begleitet mich die zwei Schritte zur Tür. Im Flur ist kein Licht. Als sie die Tür öffnet, legt sich ein schmaler Streifen Mondschein auf ihr Gesicht. Sie legt die Hand auf meinen Arm und schaut mich an.

Wissen Sie, flüstert sie, die Männer, die ich hatte, das

waren kejine Männer. Das waren … Hurenbecke. Männer fier finf Minuten. Die haben abgeschlackert, abgeschlackert haben die, mehr nicht.

7. Erbsen! Sauerkohl! Gemiese!

Sonntag. Das ganze Dorf ist unterwegs zur Frühmesse, drei Kilometer zu Fuß hin, drei Kilometer zu Fuß zurück, alte Frauen, die Handtaschen in der Armbeuge tragen, junge Frauen, die ihre Kinder hinter sich her zerren, Männer in dünnen Anzügen mit Hochwasserhosen, die nicht mal die Knöchel bedecken. Die Hosen umflattern die mageren Männerbeine, und die Jacken sitzen so eng, dass nicht mal die Krawatten Platz darin haben. Vergeblich versuchen die Krawatten, aus dem Ausschnitt zu entkommen, doch bei jedem Schritt werden sic mit einem Griff wieder zurechtgerückt.

Allen voran läuft Frau Leszinski, sie hat alle abgeschlagen, dahinter folge ich, keuchend. Auf dem Feld steht ein schwarzer Storch, da hinten, haben Sie das gesehen, Frau Leszinski? Ich schwöre es, er war schwarz. Aber Frau Leszinski hat für solche Kinkerlitzchen keine Augen, schwarze Sterche, nu was, es ist schon spät, in einer Viertelstunde fängt die Messe an. Eine Kuh blickt uns sehnsüchtig nach, die Luft riecht frisch gewaschen, und die Kornmeere haben sich geglättet wie das Mittelmeer an einem Junimorgen. Kein Windhauch bewegt die Wolken am Himmel, in der Ferne liegt der See von Kellaren, und ich träume vom Schwimmen.

Frau Leszinski trägt ein blaues Kleid mit frisch gestärktem weißen Blusenkragen. Es ist das erste Mal, dass ich sie ohne ihre Kittelschürze sehe, auch Frau Piatek sah heute Morgen kirchfein aus, sie trug ein cremefarbenes Wollkleid und hatte die Haare zum Knoten gebunden. Aber zur Messe wollte sie nicht. Nowaks westdeutsche Verwandtschaft hat ihr zwar einen Platz in ihrem Audi angeboten, aber den hat sie dankend abgelehnt. Neji, neji, um Gottes willen. Und iebrigens, ich hab' kejine Schuhe, so zum Laufen. Blejiben Sie mal scheen gesund und gehen Sie allejine, neji, ich kann nicht. Ich will bloß so sitzen und etwas essen und hier in die Welt gucken, wie die Autos fahren. Das ist mejin Leben.

Außerdem vertraut Frau Piatek auf die Kraft ihrer bärtigen Madonna, die über ihrer Anrichte hängt, aber das verrät sie Nowaks Verwandtschaft nicht. Ein Gebet zur Madonna ist ihr mehr wert als jeder Gottesdienst. Vor kurzem erst hat sich Frau Piatek in einer bestimmten Angelegenheit an sie gewendet, und zwei Tage später hatte Reini eine Arbeit im Straßendienst. Wenn das nichts ist. Dass er die Arbeit schon nach einem Monat wieder verloren hat, weil er immer zu spät kam, war nicht ihre Schuld, die bärtige Madonna hat sich Mühe gegeben, mehr kann man nicht verlangen. Nur die Beichte kann ihr die Madonna nicht abnehmen, das muss der Pfarrer machen, alle drei Monate kommt er zu Frau Piatek nach Hause. Ich hab' ja kejine Sinden, sagt sie dann, ich fluch' bloß auf mejinen Sohn. Und der Pfarrer antwortet: Ist gut, ist gut, und erteilt ihr die Absolution, im Namen des Vaters, des Sohnes und des Heiligen Geistes.

Über unseren Köpfen fliegen Mauersegler ihre Verfolgungsjagden. Endlich taucht hinter der Biegung der stämmige Backsteinbau der Kirche von Groß Bertung auf. Sie hat Ähnlichkeiten mit den üppigen Formen von Isoschka, breit und ausladend hockt sie da, geschmückt von einer metallenen Spitze, die auf dem mächtigen Turm wie ein zu klein geratenes Hütchen sitzt.

Schauen Sie, die Fenster, flüstert Frau Leszinski und zeigt auf die moderne Bleiverglasung, der Pfarrer hat neue Fenster machen lassen.

Eine moderne Muttergottes im Strahlenkranz leuchtet aus der Bleiverglasung, abstrakt natürlich. Die beiden neuen Kirchenfenster haben den Blick der Kirche verändert, ihr Blick ist so unbeweglich, als hätte man ihr Glasaugen verpasst. Vom Kirchhoftor blicken zwei in Stein geschlagene Soldatenköpfe in die Unendlichkeit: Den Heldentod starben in Groß Bertung. Darunter die Namen von Gefallenen aus dem Ersten Weltkrieg. Die Soldatenköpfe könnten allein mit den Kieferknochen den Feind zermalmen, das Kinn ist vorgereckt, die Mundwinkel sind verächtlich heruntergezogen, so dass sich tiefe Kerben in ihren Gesichtern eingegraben haben. Vermutlich erwarteten sie nach dem Ersten Weltkrieg voller Ungeduld den Zweiten, die Kieferknochen malmend, endlich der Heldentod, das Ende. Die Köpfe haben alles überlebt, Hitler und den Krieg, die Rote Armee, die Vertreibung, den Kommunismus, sie sahen, wie zu Führers Geburtstag die Straßen mit Fähnchen geschmückt wurden, wie später die Flüchtlingstrecks vorbeizogen, wie die Russen den

Pfarrer erschossen, und das Weltgeschehen hat sie lediglich ein Stück von der Nasenspitze gekostet.

Vor dem Kirchenportal begrüßen sich die Kirchgänger auf Polnisch und auf Deutsch. Die Haarpracht der Frauen zeugt vom polnischen Färbewunder, Aschblonde konkurrieren mit Rotblonden, Goldblonde glänzen neben Silberblonden, Nachtschwarze versuchen neben Rabenschwarzen zu bestehen, Kupferrote neben hell Mahagonifarbenen. Die Männer rauchen noch schnell eine Zigarette, hinter ihren uns zugewandten Rücken steigt dünner Rauch auf. Wie Kinder halten sie die Zigarette verschämt in der hohlen Hand, nehmen verstohlen einen hastigen Zug und warten darauf, dass sie von ihren Frauen erwischt und in die Kirche gezogen werden.

Hier wurde mein Vater getauft, hier heirateten meine Großeltern – doch noch bevor ich mich weiter in Gedanken verlieren kann, schubst mich Frau Leszinski in das Dunkel der Kirche. Wir missen vorn in die erste oder zwejite Bank, flüstert sie, da ist am besten zu sehen, auch der Pfarrer und alles.

Im Vorbeigehen versuche ich eine Gedenktafel mit den Namen der Gefallenen aus dem Zweiten Weltkrieg zu entziffern, die Namen sind latinisiert: Czodrowski Wernerus neben Brahl Enrichus und Michallek Joannes. Als ich in der Bank sitze, benommen von der kühlen und süßlichen Kirchenluft, wende ich den Blick nach oben und erblicke Myriaden von Engelsköpfen. Sie schweben über unseren Köpfen, ernste und lachende Heerscharen, Engel mit Über- und Unterbiss, mit Locken und Glatzen und Tonsuren. Frau Leszinski bemerkt mein Erstaunen, zeigt nach oben und flüstert: Hab' ich gedacht, dass ich schon tot bin. Denn die Decke sei in demselben Jahr restauriert worden, in dem Frau Leszinski ihren Herzinfarkt hatte. Als sie wieder gesund gewesen sei und die Kirche nach Monaten zum ersten Mal wieder betreten habe, um dem Herrgott für ihre Rettung zu danken, habe sie die Engelsköpfe für eine Vision gehalten und sich ans Herz gefasst: Das ist das Ende, jetzt komm' ich in den Himmel rejin.

In jeder Nische, auf jedem Sockel warten Heilige auf Almosen. Ein lindgrüner heiliger Johannes, eine kanariengelbe heilige Barbara, alle mit kirschroten Wangen und türkisfarbenen Augen. Sogar die Christusfiguren sind farbenprächtig, ihre Herzen glühen tomatenrot und die Wundmale pinkfarben. Die Kirche füllt sich bis auf den letzten Platz. Sogar der Beichtstuhl ist besetzt, wie das rote Lämpchen anzeigt. Die Ministranten sind pickelige Jungs, die steif in gardinenartigen Spitzenüberwürfen stecken, unter denen ihre Sweatshirts hervorschauen. Als die Jungs vor dem Altar stehen, leuchten ihre Ohren wie das ewige Licht. Ihre Köpfe sind kahl geschoren wie die meiner ostpreußischen Vorfahren, das wenige Haar, das man ihnen ließ, steht so steif von ihrer Stirn ab, als hätten sie es in Zuckerwasser getränkt.

Der Pfarrer liest die Episteln, das Tagesevangelium, die Messdiener vernebeln alles mit Weihrauch, und die Gemeinde betet mit fester Stimme mit, nicht murmelnd, wie ich es von den Kirchenbesuchen meiner Kindheit in Erinnerung habe, wo hin und wieder einer in den Gebeten stecken blieb, auf der Suche nach dem nächsten Vers. Kleine Kinder rutschen ungeduldig auf den Bänken hin und her, sie steigen auf die Gebetbank, um besser sehen zu können, rutschen ab, stoßen mit dem Kinn auf und jaulen so lange, bis die Mütter wie wütende Schwanenmütter zischen und die Kinder wieder zurück in die Bank drücken. Vater unser, der Du bist im Himmel, geheiligt werde Dein Name, Dein Reich komme …

Schließlich beginnt der Pfarrer die Predigt, der Höhepunkt des Gottesdienstes. Er verkündet Gottes Wort mit Hingabe und Inbrunst, er flüstert, schreit und surrt, er flötet und wechselt überraschend die Tonlagen, von hoch zu tief, er steigert sich zu einem Crescendo, ein wahrer Rausch erfasst ihn, so dass die Gemeinde am Ende dasitzt wie betäubt. Sogar die kleinsten der Kinder wagen nicht mehr, sich zu rühren, sie schweigen verschüchtert und starren auf ihn wie auf ein Gespenst.

Meiner Großmutter hätte er gefallen. Das ist noch ein Pfarrer!, hätte sie gesagt. Und meinem Großvater musste der Tort widerfahren, von einem Inder unter die Erde gebracht zu werden, der zu allem Übel auch noch Abstinenzler war und beim Leichenschmaus nur Orangensaft trank. Der Inder hatte den Platz des alten Pfarrers eingenommen – jenes einzigen Pfarrers, demgegenüber mein Großvater seine lebenslange Pfaffenverachtung aufgegeben hatte. Er hatte meinen Großvater bei der goldenen Hochzeit durch das Trinken von sieben Schnäpsen für sich eingenommen. Kurz nach dem gemeinsamen Schnapstrinken wurde der Pfarrer versetzt. Er hatte mit seiner Haushälterin das Zölibat gebrochen, ob betrunken oder nicht.

Der Inder war kurz vor dem Tod meines Großvaters in die Stadt gekommen. Niemand aus meiner Familie hatte je zuvor einen Inder gesehen, nicht mal Onkel Oskar, und der war immerhin schon mal in Tunesien gewesen. Alles sei schwarz wie Kohlenstaub an ihm, hatte mein Großvater gemeint, dem der Inder in der Stadt begegnet war, die Haut schwarz, die Haare ölig – und erst die Augen! Die Augäpfel hätten geleuchtet wie die eines Kumpels, der von unter Tage hoch kommt. Augen hat der Kerl, sagte mein Großvater schaudernd, Augen wie ejin Deiwel.

Er hätte sich den indischen Vikar vielleicht auf dem Rücken eines Elefanten vorstellen können, aber nicht bei seiner eigenen Beerdigung. Schließlich hatte der Inder so gar nichts von klerikaler Würde, egal, wie sehr er sich auch bemühte. Und erschwerend zu seinem Indisch-Sein kam hinzu, dass er nur Vikar war. Als ahnte er die Geringschätzung, gab er sich bei der Beerdigung meines Großvaters große Mühe. Er hielt eine schöne, bewegende Predigt, sprach den Namen Aloysius ohne zu stocken aus und wies darauf hin, dass mein Großvater aus Jomendorf in Ostpreußen stammte – dennoch gelang es ihm nicht, die Herzen meiner Familie für sich zu gewinnen. Sie blickten feindselig. Was versteht einer, bei dem zu Hause die Kühe auf der Straße herumliegen, wo man die Toten in einen Fluss wirft und die Witwen verbrennt, schon von Ostpreußen? Als Großtante Mia etwas Schnaps getrunken hatte, sprach sie aus, was alle dachten: Dass wir den Inder eigentlich nicht nötig gehabt hätten. Wo wir doch schließlich ejinen Prämzianten hatten. Der hätte es doch iebernehmen kennen.

Primiziant, antwortete meine Großmutter kühl, es heißt Primiziant. Aber wie das hieß, war Mia egal, auf jeden Fall hätte der das doch machen müssen. Es passiere schließlich nicht jedem, einen eigenen Prämzianten in der Familie zu haben.

Primiziant, korrigierte meine Großmutter.

Primiziant oder Prämziant, wen steert das schon, sagte Mia. Und dann erinnerte sie daran, dass sich meine Großmutter für die Gelegenheit das türkisfarbene Kostüm gekauft hatte, das mit der langen Jacke und dem Faltenrock, so dass man hätte meinen können, Königin Beatrix käme daher. Und das alles fier ejine Prämiz.

Primiz, sagte meine Großmutter, es hejißt Primiz.

Sie hatte vor Stolz geglüht, als ein Neffe meines Großvaters zum Priester geweiht wurde. Endlich ein persönlicher Draht, ein direkter Weg, eine Abkürzung zum lieben Gott. Sie ließ es sich nicht nehmen, zu der ersten feierlichen Messe nach seiner Priesterweihe ins Sauerland zu reisen. Die Mutter kommt nicht zum Sparclub, die fährt zur Primiz, sagte Onkel Oskar, und es klang so ehrfurchtgebietend, dass sich niemand mehr traute zu fragen, was eine Primiz überhaupt sei. Die Garderobenfrage wurde mit allen Töchtern besprochen. Mit Hut oder ohne Hut? Waren Handschuhe einer Primiz angemessen? Sollte sie sich zuvor bei Hagena ein neues Gebetbuch kaufen? Eines mit Goldschnitt? War ein türkisfarbenes Kostüm einer Primiz geziemend, oder durfte man sich am Ende nur in

Schwarz nähern? Aber es war Hochsommer, und außerdem liebte sie lebhafte Farben und Muster. Azurblau und Violett, Rosa und Smaragdgrün, changierende Stoffe, auffällige Muster mit Vögeln, Ornamenten und Punkten. Sie blieb bei Türkis.

Als meine Großmutter von der Feier zurückkehrte, war sie von ihrer Mission so ergriffen, dass sie schwieg, wie es bei solchen Gelegenheiten sonst nicht ihre Art war. Sie fühlte sich geläutert, gereinigt, als hätte sie etwas Erhabenem beigewohnt, zu dem nur wenige Privilegierte Zugang hatten. Endlich ein Priester in der Familie. Jetzt konnte nichts mehr passieren. Und dann begann sie zu erzählen, alles zu beschreiben, von der Blumendekoration in der Kirche bis hin zum besonderen Duft des Weihrauchs, sie schilderte den Gesichtsausdruck des neuen Priesters bei den Gebeten, seine Haltung vor dem Altar, sie erinnerte sich an die Form des Abendmalkelchs und der Monstranz, den Klang der Altarschelle, sie wusste, wer aus der Familie anwesend gewesen war, und wer gefehlt hatte, und welche Entschuldigung man für sein Fehlen vorgebracht hatte.

Die Prämiz, die Prämiz, die Prämiz, sagte Mia, mejin Gott, hast ja von nichts anderem mehr gesprochen. Aber den Allo wollt' er nich beerdigen, neji?

Nu, was denkst, entgegnete meine Großmutter empört, mejinst, das wär so ejinfach? Schließlich könne ein Pfarrer doch nicht hier und da und rechts und links beerdigen, wie es ihm in den Sinn kommt. Der habe doch schließlich Verantwortung und eine Gemejinde, die zuallererst beerdigt werden möchte.

Das beteuerte sie, obwohl auch ihr bei der indischen Beerdigung meines Großvaters etwas Erhabenes gefehlt hatte, etwas Feierliches, etwas Würdevolles. Ein Inder. Mein Großvater musste sich im Grabe umgedreht haben.

Frau Leszinski übersetzt mir die Predigt in Stichworten. Das Fernsehen, flüstert sie. Und die Euthanasie. Er ist dagegen. Die Gläubigen schauen dem Pfarrer mit offenen Mündern zu, eine Zornesader tritt an seiner Halsgrube hervor, kriecht den Hals kräuselnd entlang, verschwindet am Hinterkopf und tritt auf der Stirn wutrot wieder auf. Ein Mann reicht den Klingelbeutel durch die Reihen, es ist der Totengräber, der Nowaks Grab ausgehoben hat, auch er im Spitzenüberwurf. Saufkopp, zischt Frau Leszinski verächtlich und wirft ihm ein paar Zloty in den Beutel.

Wenn der Klingelbeutel durch die Reihen ging, war ich als Kind erleichtert, weil nun das Ende der Messe nah war. Jeden Sonntag ging ich in die Kirche – genau wie meine tiefgläubige ostpreußische Großmutter. Lieber Gott, mach mich fromm, dass ich in den Himmel komm. Meine Mutter war nicht mehr zur Kirche gegangen, seitdem mein Vater tot war. Mitleidig guckte sie mir vom Fenster aus nach, wie ich den Weg zur Straße entlanglief, um pünktlich in die Kirche zu kommen und versäumte nie, mir nachzurufen: Vergiss nicht, nach rechts und links zu gucken, wenn du über die neue Straße gehst! Meine Mutter beichtete auch nicht. Ich beichtete mit Hingabe. Ich grübelte über mein Tun, ich überlegte ganze Nachmittage lang, welches meiner Vergehen beichtenswert gewesen sein könnte, und ließ mir sogar eigene Kategorien für meine Sünden einfallen. Ich saß mit einigen Mädchen aus meiner Klasse in der Kirchenbank, Christel Horowitsch, Gina Fabinski, Martina Josuweit, die alle meine neue Tasche bewunderten, die mir meine Großmutter zum Geburtstag geschenkt hatte. Nur Gabi Evers fehlte, weil sie evangelisch war. Sie kam nicht in den Genuss auf so unaufwendige Weise ihre Sünden loszuwerden, was sie mit Neid erfüllte und an ihrem Glauben zweifeln ließ. Nach und nach sah ich meine Schulkameradinnen im Beichtstuhl verschwinden, wo sie niederknieten, den Mund an das Gitter pressten und ihr Gewissen erleichterten. Auch ich kniete nieder, faltete meine Hände und sagte zum Pfarrer: Ich habe eine Brotsünde begangen. Ich sah durch das Gitter, wie er aus seinem Dämmerschlaf aufwachte. Er legte die Hand an sein Ohr und sagte: Hä? Ich wiederholte langsam: Ich habe eine Brotsünde begangen. Und was soll das sein?, fragte der Pfarrer. Ich fand es empörend, dass er mich nicht verstand. Es war bereits bedrückend genug, die eigenen Sünden aussprechen zu müssen, aber noch schlimmer war, dass ich ihm erst erklären musste, was eine Brotsünde ist. Der liebe Gott sieht doch schließlich alles. Oder etwa nicht? Widerwillig erklärte ich dem Pfarrer, dass ich mein dick mit Butter bestrichenes Brötchen auf dem Weg von der Schule nach Hause weggeworfen hatte. Mit zehn Ave Maria war ich meine Brotsünde wieder los. Als ich an meinen Platz in der Kirchenbank zurückging, um meine Tasche zu holen, musste ich feststellen, dass sie jemand mit einem dicken, schwarzen Filzstift bemalt hatte. Mein Verdacht fiel auf meine Banknachbarin Gina Fabinski. Dass so etwas in der Kirche unter den Augen Gottes passieren konnte, verbitterte mich. Vermutlich beichtete sie gerade dem Pfarrer ihre Gemeinheit.

Meine ersten Zweifel an der Kirche waren genährt. Was, wenn meine Mutter Recht hätte, die meine Frömmigkeit immer etwas belächelte? Wenn es wirklich einen lieben Gott gibt, sagte sie, dann muss er blind und taub sein. Meine Großmutter hingegen hatte keinen Zweifel an der Existenz Gottes. Ohne den lieben Gott wären wir mit der *Gustloff* untergegangen, sagte sie immer. Ich dachte an meine bevorstehende Kommunion, an das weiße Kleid und die Lackschuhe, an den Tüll-Pompon, in dem ich mein weinrotes Gebetbuch tragen würde, und an die letzte Himmelfahrts-Prozession, bei der ich Blumen gestreut hatte. Ich dachte an die bunten Grableuchten, die meine Großmutter immer auf das Grab meines Vaters stellte. Auf all das hätte ich ungern verzichtet. Aber meine Verunsicherung blieb. Ich wollte mich auf keinen Fall damit lächerlich machen, dass ich an etwas glaubte, was es gar nicht gab. Ich entschloss mich, Gott auf die Probe zu stellen.

Die Gelegenheit ergab sich, als ich vom Bockspringen erschöpft in unserer Turnhalle saß, und Herr Hoppenstedt an den Ringen hing. Herr Hoppenstedt war unser Sportlehrer. Wenn er uns nicht gerade über den Bock jagte oder vom Schwebebalken stieß, brüllte er herum wie unser Häuserverwalter und warf mit Schlüsseln um sich. Wir saßen auf der Bank aufgereiht wie die Pfadfinder. Hoppenstedts Haltung war tadellos.

Die Beine bis in die Fußspitzen gestreckt, Bauch rein, Brust raus, Hintern zusammengekniffen. Hoppenstedt schwang hin und schwang her. Und wir schwangen mit. Wir hatten die Köpfe in den Nacken gelegt, damit wir Hoppenstedt da oben besser verfolgen konnten. Hoppenstedt schwang höher und höher, und unsere Köpfe rollten von rechts nach links und von links nach rechts, noch nie hatten wir Hoppenstedt so hoch fliegen sehen, und fast sah es so aus, als wollte er davonfliegen, wegsurren wie Batman, weg, auf und davon, durch die Decke unserer Turnhalle wie ein Tornado. Aber dann. Dann nämlich geschah das, wofür ich schon immer gebetet hatte: Die Ringe rissen. Der Herrgott hatte uns erhört, und Hoppenstedt fiel vom Himmel wie ein Meteorit.

Für mich war das der Beweis für die Existenz Gottes. Ein Hauch von Ewigkeit. Wenn ich jemals in meinem Leben noch mal zweifeln sollte: Die Tatsache, dass Hoppenstedt von den Ringen fiel, würde mir den Glauben an eine übergeordnete Instanz wiedergeben. Meine Großmutter hatte Recht. Sicher, die Welt ist schlecht, die Reichen werden reicher, und die Armen werden ärmer, fast immer trifft es die Falschen, aber dennoch: Es gibt Hoffnung. Wenn Hoppenstedt von den Ringen fallen konnte, dann war alles möglich. Licht am Horizont.

Die Orgelmusik klingt schon nach Schlussakkord, und die Gemeinde atmet auf, da geht der Pfarrer noch mal durch die Reihen des Kirchengestühls, um die Gläubigen zu segnen. Er taucht einen Strohwedel in das Weihwasser, holt ihn triefnass hervor und schlägt ihn mit einer peitschenden Armbewegung über den Köpfen seiner Schäfchen aus, so dass sogar die bonbonbunten Heiligen unter den Tropfen zusammenzucken. Ich wische mir das Wasser mit dem Ärmel von der Wange. Als der Pfarrer wieder am Altar angelangt ist, steht er keuchend da, mit dem Strohwedel in der Hand, irgendwie unentschlossen, als wollte er uns züchtigen, wenn er nur dürfte, aber da ist die Messe schon zu Ende. Erleichtert strömen wir dem Ausgang zu. Die Gemeinde steht noch einige Minuten vor der Kirche unter dem Tor mit den Soldatenköpfen beisammen, die Männer rauchen wieder, und die Frauen ermahnen die Kinder, endlich still zu sein. Dann laufen alle wieder nach Hause, wo das Fernsehen mit der nächsten Verderbnis auf sie wartet.

Frau Jekosch hat einen Gesichtsausdruck, als hätte sie schon Stunden mit dem Essen auf mich gewartet. Sie geht immer in die Frühmesse, weil sie es sonst nicht schafft, pünktlich um zwölf das Essen auf den Tisch zu stellen.

Sie essen nicht, sagt sie. Die Rindsroulade liegt wie ein stummer Vorwurf auf meinem Teller, daneben ein Berg dampfender Kartoffeln. Das Sonntagsessen. Schmeckt Ihnen nicht.

Herr Jekosch ist schon fertig, er wischt sich den Mund ab und schnalzt sich die Reste aus dem Gebiss. Zum Nachtisch gibt es Vanillepudding mit Schokoladensoße, aber erst, wenn ich aufgegessen habe. Wieder und wieder beteure ich, wie sehr mir ihre Rindsrouladen ein Genuss sind, aber Frau Jekosch traut mir nicht. Sie lauert auf meine Bewegungen. In jedem meiner Bissen wähnt sie eine Verachtung ihrer Kochkunst, argwöhnisch überwacht sie, wie ich meine Gabel halte, wie ich die Kartoffeln mit der Soße zum Mund führe, wie lange ich kaue, wie schwer ich schlucke. Es würde sie umbringen, wenn ich etwas auf dem Teller liegen ließe, also esse ich. Zermalme Rouladenstückchen um Rouladenstückchen, kaue Kartoffel um Kartoffel und schlucke hart, denn zu trinken gibt es nichts. Beim Essen trinkt man nicht. Ich esse immer so wenig, versichere ich, und Frau Jekosch blickt mich an, als sei ich ansteckend. So wejinig Appetit. Ojei.

Verstohlen wischt sie einen Soßenfleck vom Tisch, sie wischt um meinen Teller herum, dann steht sie endlich vom Tisch auf, weil sie es nicht mehr erträgt, mir beim Essen zuzusehen. Heute früh war sie zum Gottesdienst ebenfalls in Groß Bertung, aber wenn sie ehrlich ist, dann ist ihr der in Jomendorf lieber. Jeden Sonntag findet dort um halb zehn die Messe auf Deutsch statt, und ein Mal im Monat leistet sie es sich, dorthin mit dem Bus zu fahren.

Endlich sieht sie mir nicht mehr beim Essen zu, der Gedanke an den deutschen Gottesdienst lässt sie meine Rindsroulade vergessen und bewegt sie so, dass sie ganz rote Wangen bekommt. Ein Mal im Monat fährt sie mit Frau Leszinski dorthin, sonst hält sie ja nicht so viel von ihr, von der Frau Leszinski, ehrlich gesagt, ist ja ejine arme Frau, mit diesem Mann und diesem Sohn und jetzt auch noch den Kinderchen, gut, dass mejin Leo nicht trinkt, aber zur Messe in Jomendorf fährt sie immer mit der Frau Leszinski. Nu ja.

Heute ist es ja ejnfacher, erklärt sie, mit dem Deutsch. In der Kirche und auch sonst. Aber frieher … Sie verdreht die Augen in Erinnerung an jene Jahre nach dem Krieg, in denen sie stumm in der Kirchenbank sitzen blieb, weil sie nicht auf Deutsch singen durften.

Ein Mädchen von Reußen kamen sie aus der Kirche holen, weil sie nur Deutsch gesungen hat. Dabeji stand die in der Bank, aber hat nicht gesungen. Ich stand an ihr, und die hat nicht Deutsch und nicht Polnisch gesungen. Und dann kamen da, na, wie hießen die, Polizeji, neji, die Uboffze, die Sicherheitspolizeji, die hat sie genommen. Und Frau Leszinski sagte zu ihrem Mann: Die Gertrud haben sie genommen. Na ja, da fuhr er hin, und er bekam sie raus. Na, der hat ja Polnisch gesprochen. Ist ja Pole. Sonst wäre sie ins Gefängnis gekommen. Was sie da mit ihnen gemacht haben, wejiß ich nicht. Was Gutes ja nicht.

Beiläufig versucht sie, einen Soßenfleck aus ihrem Kittel zu reiben. Sie reibt mit der befeuchteten Spitze des Geschirrtuches über den Stoff, aber der Fleck will nicht weichen. Zerstreut reibt sie weiter über die Stelle, als wüsste sie nicht, wohin mit dieser plötzlichen Erinnerung an die Heldenhaftigkeit von Frau Leszinskis Mann. Ausgerechnet dieser Saufkopp. Bevor es jedoch dazu kommen kann, dass sie ihre Meinung über ihn ändert, wechselt sie schnell das Thema.

Der Organist zur deutschen Messe in Jomendorf kommt aus Bertung, sagt sie, ja, und dann spielt er, auf sejinen Organen, den elektrischen. Dreji Frauen singen oben auf dem Chor, ich sing auch, denn wenn man Stimme hat, dann kann man ja auch gehen.

Sie blickt mich mit verhaltenem Atem an, als erwarte sie den Ausdruck einer Anerkennung für ihre Singstimme, und so nicke ich zustimmend.

Der Kaplan, der die deutsche Messe hält, kommt aus Deutschland, sagt sie mit verklärtem Gesicht. Ein so junger Priester. Ach, wie scheen der spricht. Dann kichert sie etwas verlegen wie über einen unziemlichen Gedanken, ergreift den Wasserkessel und setzt ihn auf die Herdplatte.

Feierlich zählt sie ihre Deutschzirkel auf: Mit den anderen deutschen Frauen aus dem Dorf trifft sie sich ein Mal im Monat zum deutschen Kaffeetrinken im Pfarrhaus, dann gibt es noch den deutschen Rosenkranz, ein Mal im Monat kommen die deutschen Frauen aus dem Dorf zum Rosenkranzbeten zusammen, auch da wird auf Deutsch gebetet. Sogar fernsehen kann sie neuerdings auf Deutsch. Seitdem sie eine Satellitenantenne haben, empfangen sie alle Programme, doch am liebsten schaut sie *Gute Zeiten, schlechte Zeiten* und die Nachrichten auf RTL. Aber nur, wenn Peter Kloeppel sie spricht.

Ihr Deutschtum hütet sie wie eine zerfallende Kreuzstichdecke, die man nur an Feiertagen auflegt, damit sie sich nicht abnutzt. Gedankenverloren lehnt sie an ihrem Geschirrschrank, rückt mit einer Hand die Dosen für Zucker und Mehl zurecht und reibt mit dem Ärmel die Deckel ab. Dann zieht sie die Besteckschublade auf und ordnet das bereits in Reih und Glied liegende Besteck noch einmal, sie nimmt Löffel für Löffel heraus, prüft nachdenklich jeden Teelöffel auf die Spur einer Verunreinigung, legt Löffel für Löffel wieder zurück und sagt plötzlich ergriffen: Ach, wie scheen der spricht.

Und ich weiß nicht, ob sie den schönen Priester in Jomendorf oder den Nachrichtensprecher von RTL meint.

Ich bin kurz davor, meine Rindsroulade endgültig zu besiegen. Kaiser, König, Bettelmann. Ich war immer der Bettelmann. Frau Jekosch hat Wasser in die Spülschüssel laufen lassen und schrubbt bereits ungeduldig mit ihrer Spülbürste. Aus dem Wohnzimmer klingt der Fernseher, eine Talkshow. Frau Jekosch liebt Talkshows. Neji, sagt sie kopfschüttelnd, was die Leute nicht so alles erzählen. Die ejinen finden sich zu hässlich, die anderen strejiten sich vor den Leuten im Fernsehen. Und dann die Sexualität. Ieber nichts anders sprechen sie.

Sie reibt mit der Spülbürste den Rest Soße so hartnäckig aus der Pfanne, als sei diese für den Verfall der deutschen Sitten verantwortlich. Die Sexualität!, sagt sie, den Mund voller Verachtung. Haben die Frauen denn kejinen Stolz? Und dann nachts gibt es ja solche Programme … Wo sie da … na. Sie beißt sich auf die Lippen, damit ihr das Unaussprechliche nicht entschlüpft. Schaudernd trocknet sie das Besteck ab und legt es in die Schublade.

Es gibt ja so manche Frauen, sagt sie ahnungsvoll, haben Sie gesehen, die Frauen, die an der Warschauer Straße stehen und …

Sie kneift die Lippen zusammen, damit ihr keine Schimpfworte entweichen. Aber auch hier im Dorf gebe es ja Frauen, die nichts auf sich hielten. Manche sind ja so damlich!

Sie schüttelt sich, denn vor ihrem inneren Auge lässt sie die Frauen des Dorfes vorbeiziehen, jene, die keinen Stolz hatten und hinter den Männern her waren wie der Teufel hinter der armen Seele.

Wie hieß sie noch, Jantka? Die hatte ständig Männer hinter sich. Die war auch so wild her hinter Leos altem Vater. Ich bin so verliebt in ihn, ich nehm' mir das Leben, hat sie gesagt. Aber sie hat ihn nicht gekriegt. Und dann hat sie sich gewunden und zu Leos Vater gemejint: Jetzt mach, was du willst. Und ging da zum Boden hoch. Na, ist das nicht verrieckt, dass ejin Wejib sich für ejinen Mann aufhängt, weil sie verliebt ist?

Geringschätzig zuckt sie mit den Schultern, wie kann eine Frau nur so dumm sein! Aus Liebe erhängt! Kopfschüttelnd wischt sie mit dem Spültuch über den Tisch, nimmt mir endlich den Teller weg und stellt das Schüsselchen mit dem Vanillepudding vor mich hin.

Das Dorf ist in Ehrfurcht vor dem Sonntag erstarrt. Sogar die Hunde halten sich zurück, kein Gekläffe, nichts. Obwohl die Sonne scheint, sitzt Frau Piatek nicht auf der Bank, das gehört sich nicht, wie sähe das denn aus, mit diesem Kleid. Sicher sitzt sie in ihrem weißen Wollkleid auf dem Sofa wie eine feine Dame und wartet auf den sonntäglichen Besuch ihrer Töchter aus Allenstein und Ganglau. Ich bin der einzige Mensch auf der Straße. Ich will schwimmen, im Lansker See. Frau Jekosch liegt im Fenster im ersten Stock, ruft: Scheen aufpassen!, und sieht mir so besorgt nach, als steckte der ganze Wald voller betrunkener Tataren, die auf wehrlose Frauen warten. Herr Jekosch hat sie aber beruhigt, seitdem die Minister nicht mehr zur Wildschweinjagd in den Forst kämen, sei nur noch die Kreuzotter gefährlich, wenn sie beim Sonnen auf irgendeinem Stein zwischen den Blaubeerbüschen gestört würde. Aber vorher, mit den Ministern, das sei ja lebensgefährlich gewesen. Tausend Mark bezahlten sie für einen Schuss – nur um den Kopf des Wildschweins mitzunehmen, manchmal auch die Leber und das Herz.

Einen Förster haben sie auf dem Gewissen, im Schilf habe er mit seiner grünen Weste gestanden, und als er sich bewegte, habe einer der Minister ihn für ein Wildschwein gehalten, zielte und abgedrückt. Danach habe sich der Minister allerdings nicht lumpen lassen. Zahlte die ganze Beerdigung und den Marmorgrabstein auch, wenigstens das.

Neji, sagt Herr Jekosch kopfschüttelnd, so was Verricktes, die Ministers.

Dann erklärt er mir noch mal den Weg, bis hinein in die letzte Weggabelung – den Sandweg an der Alle vorbei, dann durch den Wald und immer schön rechts halten und auf dem Weg bleiben, wegen der Kreuzottern.

Der Wald ist ein Fichtenwald, aber keiner von den Wäldchen, wo magere Bäumchen in Reih und Glied stehen und aussehen, als würden sie jeden Tag herumkommandiert. Hier wachsen die Fichten seit Jahrhunderten ungestört in den Himmel. Dieser Wald verdient seinen Namen, er hört einfach nicht auf. Ich laufe über den weichen Boden, fühle die Temperaturunterschiede in der Luft, von den Sonnenlöchern in der Lichtung zum kühlen Dickicht, höre das Rufen der Vögel – stundenlang könnte ich so weiterlaufen, über sandige Wege, die sich ständig gabeln, durch ein Dickicht aus Farnen und Blaubeerbüschen, in der Nase den Geruch von Harz und Fichtennadeln. Langsam verliere ich die Orientierung. Ich gehe einfach weiter, seltsam furchtlos und lausche dem Wald, der atmet wie ein schlafender Riese.

Für meine Familie war es Heimat, für mich Ideologie. Für sie war es der Wald mit den Kreuzottern, die Alle mit den tanzenden Mückenschwärmen, der morgendliche Dunst über den Feldern, die abgeschliffenen Steinstufen vor dem Gasthaus zur Ostpreußischen Schweiz, das Schwarz des Waldsees, ein Brombeergebüsch, der Geruch von Kartoffelfeuer. Für mich ein unentwirrbares Knäuel von bedrohlichen Begriffen wie Nationalsozialismus, Revanchismus und Revisionismus.

Als die Ostverträge geschlossen wurden, dachte ich an meine orangerote Schirmmütze und die Willywählen!-Fähnchen, die die SPD vor unserem Gymnasium hatte verteilen lassen. Natürlich war ich für Willy und selbstverständlich auch für die Ostverträge. Ich hoffte, dass die Ostverträge meine Familie endlich dazu bringen würden, nicht mehr nach dem Ostpreußenlied zu weinen und nicht mehr von der Flucht zu erzählen. Das Wort »Vertrag« flößte mir Vertrauen ein. Ich hatte in der Schule mit Schrecken zur Kenntnis genommen, dass es zwischen Deutschland und seinen ehemaligen Kriegsgegnern immer noch keinen Friedensvertrag gab. Also könnte es jeden Tag wieder losgehen, und der

Russe würde wiederkommen, wie es seine Art war. Wenn es schon keinen Friedensvertrag gab, dann wenigstens einen Ostvertrag. Und damit das alles ein Ende hatte, und nicht ein ewiges Hin und Her würde, musste ein Vertrag her, das erschien mir nur logisch.

Mein Großvater war selbstverständlich gegen die Ostverträge, wie immer, wenn alle anderen dafür waren. Schließlich waren die Ostverträge Willy Brandts Idee gewesen, Willy Brandt alias Frahm. Ich hatte den Eindruck, dass es ihm gar nicht um den Ostvertrag ging, sondern dass sein quälender Widerspruchsgeist ein letzter Versuch meines Großvaters war, sich der Welt und sich selbst gegenüber zu beweisen. Gewissermaßen seine Ehrenrettung als Mann. Und zu einem Mann gehört eine Meinung, eine abweichende, denn sonst ist sie keine Meinung. Meine Großmutter war in ihrem Urteil über Männer ähnlich rigoros wie Frau Piatek. Die Männer in meiner Familie waren zwar da, aber doch irgendwie nutzlos, wie mir schien. Während mein Großvater aß und trank und sich über Herbert Wehners Reise nach Moskau aufregte, traf meine Großmutter die Entscheidungen. Wie hoch die Geldsumme sein sollte, die dem Enkelkind zur Kommunion geschenkt werden sollte. Ob im Streit zwischen Großtante Mia und Tante Rosi vermittelt werden sollte oder nicht. Ob Blutwurst zu Mittag gegessen werden sollte. Ob überhaupt zu Mittag gegessen werden sollte. Die Männer hatten keine Chance in diesem ostpreußischen Matriarchat aus Großmüttern, Schwiegermüttern und großohrigen Großtanten, die noch jeden Mann unter den Tisch trinken konnten. Das war so klar, dass sie sich nicht mal bemühten, den Männern auch nur die Illusion zu schenken, an irgendwelchen Entscheidungen beteiligt gewesen zu sein. Mein Großvater war sich seiner Machtlosigkeit bewußt. Er entschied zwar nichts – aber wenigstens sollte man ihm nicht vorwerfen können, keine Meinung gehabt zu haben.

Vielleicht aber war mein Großvater auch deshalb gegen die Ostverträge, weil er geahnt hatte, dass er der Einzige sein würde, auf den sie sich direkt auswirken sollten. Weil meine Tanten alle seine Ostpreußen-Anekdoten schon längst bis ins letzte Detail auswendig konnten, nutzten sie, wie auf Willy Brandts Geheiß, die Gunst jener historischen Stunde, um meinen Großvater immer häufiger mit der Bemerkung zum Schweigen zu bringen: Nu is gut, musst nichts mehr von Ostpreußen erzählen! Also erzählte mein Großvater nur noch von Ostpreußen, wenn die jüngsten Enkel ihn besuchten, denn sie schätzten durchaus noch die Geschichten von jenem wundersamen Land, wo man Aale und Flusskrebse mit der Hand fangen konnte. Sie schauderten bei der Geschichte vom grässlichen Wurm, der so groß war, dass zwei der stärksten Pferde ihn kaum von der Stelle schleppen konnten und dem die ostpreußische Stadt Wormditt ihren Namen verdankte. Sie träumten nachts vom Männlein zu Allenstein, das einer Frau das Augenlicht ausgeblasen hatte, weil sie nicht auf sein Geheiß die Augen schließen wollte.

Meine Hoffnung wurde durch die Ostverträge jedoch nicht erfüllt, geweint wurde nach dem Ostpreußenlied noch immer.

Tatsächlich hatte ich meine Verwandten im Verdacht, dass keiner von ihnen je ernsthaft die Heimat zurückhaben wollte, was ich letztlich inkonsequent fand. Nicht mal die Schwester meiner Mutter, Tante Ruth, wollte ihr Schlesien wirklich wiederhaben, obwohl sie regelmäßig zu den Schlesiertreffen nach Peine fuhr, worüber meine Großmutter spottete. Sie misstraute allem, was von den Vertriebenenverbänden kam und hielt es für einen absurden Gedanken, sich mit fremden Menschen zu treffen, nur weil sie aus dem gleichen Dorf kamen. Sie hatte ihren eigenen Ostpreußentag, jeden Sonntag, wenn die Familie in ihrem Wohnzimmer zusammenkam. Wo sie und ihre Familie war, war Ostpreußen, und Ostpreußen, die nicht mit ihr blutsverwandt waren, interessierten sie nicht mehr als zufällig ihren Weg kreuzende Passanten.

Einmal durfte ich mit Tante Ruth und Onkel Heinz zum Schlesiertreffen mitfahren. Onkel Heinz war schon so oft zum Schlesiertreffen gefahren, dass er sich am Ende selbst für einen Schlesier hielt, obwohl er eigentlich aus der Mark Brandenburg kam. Ich saß wie immer mit meiner Mutter auf dem Rücksitz ihres VWs, nie durfte ich vorne sitzen, und wie immer wurde mir auf der Fahrt schlecht, obwohl ich versucht hatte, mich damit abzulenken, mir unbekannte Autokennzeichen aufzuschreiben. Wir saßen in einem schmucklosen Saal bei Neonlicht, an langen Tischen, auf denen Kaffee, Schnittchen und schlesischer Mohnkuchen serviert wurde, an dem ich fast erstickt wäre, und meine ansonsten zurückhaltende Tante Ruth war so ausgelassen, wie ich sie noch nie zuvor erlebt hatte.

Ihr Gesicht war erhitzt, sie lief von Tisch zu Tisch, sprach einen mir fremden und unheimlichen Dialekt und umarmte Menschen, die ich noch nie gesehen hatte. Sie sprach alle zuerst mit dem Nachnamen an. Sie sagte: Da hinten ist ja die Olbrich Hildegard! Oder: Also, den Schwarzer Alfred hätte ich ja nicht wieder erkannt. Und ich dachte: Was für ein komisches Land, wo sich die Menschen von hinten nach vorn ansprechen.

Ist das da drüben nicht die Dittrich Anna?, fragte auch Onkel Heinz, der schon alle Schlesier mit Namen kannte. Aber Heinz, das ist doch nicht die Dittrich Anna, das ist doch die Schuster Liesel!, rief Tante Ruth lachend aus und vertiefte sich mit den anderen Schlesiern weiter in ihr Gespräch. Sie stritt darüber, welches der kürzeste Weg zum Ottmachauer Stausee sei, sie ereiferte sich bei der Frage, ob Ziegenhals schon vor dem Krieg ein berühmter Luftkurort gewesen sei, schließlich sei dort doch die Lungenheilstätte gewesen, sie diskutierte angeregt, welcher Weg direkt zur Kreisstadt Grottkau führte, und am Ende wettete sie mit meiner Mutter darüber, ob das Schloss in Bittendorf wirklich ein Schloss gewesen sei oder nur ein bescheidenes Gutshaus, wie meine Mutter behauptete.

Noch Wochen später war Tante Ruth ganz erfüllt, sie schwärmte allen Verwandten davon vor. Sie sprach von dem Schlesiertreffen, als sei es eine Art Gesundheitstee, den man regelmäßig zu sich nehmen sollte, um kein Rheuma zu bekommen, und ermunterte alle ihre Geschwister, das nächste Mal selbst daran teilzunehmen. Ich hingegegen wunderte mich noch lange darüber, wie es möglich war, dass die alleinige Nennung von Ortsnamen einen Menschen glücklich machen konnte.

Vor lauter Misstrauen gegenüber der Heimat konnte ich nicht mal richtig herauskriegen, was dieses Ostpreußen eigentlich wirklich war: deutsch oder polnisch? Deutsch schloss ich aus. Schließlich wollte ich der Nazi-Ideologie nicht erliegen. Von wegen immer schon deutsch. Also polnisch? Mal so, mal so, sagte meine Großmutter und machte meine Verwirrung komplett, eben Ostpreußen! Heimlich entschied ich mich für Polen. Die Polen hatten wenigstens nicht den Krieg angefangen, außerdem erschien es mir ungleich interessanter, polnische Wurzeln zu haben als deutsche, weshalb ich mir bei der Gelegenheit auch noch einen russischen Urgroßvater mütterlicherseits zulegte, der Husar gewesen war und gegen den meine Freundin Gabi Evers mit ihrem westfälischen Urgroßvater keine Chance hatte. Russisch war noch viel unheimlicher als polnisch, es würde Gabi sprachlos machen. Es war an einem Samstagnachmittag, Gabi stand vor mir am Bäckerwagen, der samstagnachmittags durch unsere Siedlung fuhr, und kaufte den letzten Liebesknochen. Es hatte mich sehr verdrossen, weil der Liebesknochen zu den wenigen Nahrungsmitteln gehörte, die ich freiwillig zu mir nahm. Statt des Liebesknochens musste ich mich mit einem trockenen Amerikaner begnügen. Nachdem ich seine Zuckerglasur abgegessen hatte, warf ich ihn in die Sträucher hinter der Garage und fragte Gabi beiläufig: Habe ich dir eigentlich schon von meinem russischen Urgroßvater erzählt?

Gabi blickte mich zerstreut mit ihren blauen Augen

an. Sie war gerade darin vertieft, vorsichtig die obere Hälfte des Liebesknochens von der unteren Hälfte zu lösen, um die Schokoladenfüllung abzulecken. Als Gabi nicht reagierte, fügte ich hinzu: Ich habe auch ein Foto von ihm. Da blickte sie interessiert auf.

Es war einmal ein treuer Husar, der liebt sein Mädchen ein ganzes Jahr. Ein ganzes Jahr und noch viel mehr, die Liebe nahm kein Ende mehr. Genüsslich, als ließe ich die Schokoladenfüllung eines gigantischen Liebesknochens auf meiner Zunge zergehen, beschrieb ich, wie mein russischer Urgroßvater vom russischen Zaren empfangen und mit einem Orden belohnt worden war, weil er so furchtlos gegen die Krimtataren gekämpft hatte, ich schilderte, wie er durch das verschneite Sankt Petersburg ritt, in weißer Uniform, die Brust voller Orden, belehrte Gabi bei der Gelegenheit darüber, dass Sankt Petersburg nun Leningrad heiße, und verlor mich in einer trunkenen Schilderung meines Urgroßvaters, der ein so schöner Mann gewesen sei, dass sich alle Frauen des Zarenreiches nach ihm verzehrt hätten, bis hin zu den Hofdamen der Zarin. Ich schilderte ihn bis in die Bartspitzen hinein, so farbenfroh, dass es Gabi vor Neid schier zerriss.

Wie hieß er denn, dein russischer Urgroßvater, fragte sie schließlich lauernd. Michail, antwortete ich und ließ das *ch* tief aus dem Rachen klingen. Und weiter?, fragte Gabi ungläubig. Ich dachte an Puschkin. Eine Wodkasorte hieß so, aber das wüsste Gabi vielleicht auch. Ich sah, wie Gabi bereits triumphierend anfing zu lächeln, weil ich immer noch zögerte.

Oder hatte dein russischer Urgroßvater am Ende gar

keinen Nachnamen?, fragte Gabi spöttisch. Karamasow, antwortete ich schnell. Die *Brüder Karamasow* standen bei uns im Wohnzimmerschrank zwischen *Und ewig singen die Wälder* und den *Buddenbrooks*. Aha, Karamasow, sagte Gabi gedehnt, und ich sah ihr an, dass sie mir nicht glaubte. Ja, Michail Sergejewitsch Karamasow, sagte ich, glücklich über meinen Einfall, und wenn ich seine Tochter gewesen wäre, dann hieße ich Petra Michalowa Karamasowa. Ach so, Petra Michalowa, sagte Gabi. Dann schwieg sie. Und weil es so schön war, sie sprachlos zu sehen, präsentierte ich ihr bei der Gelegenheit auch noch einen meiner polnischen Vorfahren, einen gewissen Stanislas Reski. Beflügelt von meinem Quartettspiel, dem ich die Erkenntnis von der Existenz des neapolitanischen Königreichs verdankte, beförderte ich Stanislas Reski zum polnischen Botschafter am Hof des Königs von Neapel und verwies beiläufig auf die Deklination der polnischen Namen, derzufolge ich korrekterweise eigentlich Petra Reska heißen müsste.

Schließlich wollte sich Gabi aber nicht mehr mit meiner Namenskunde zufrieden geben und gierte nach handfesten Beweisen. Also ging ich mit ihr in unsere Wohnung, ließ sie einige Zeit im Kinderzimmer warten, um die Spannung etwas zu steigern und holte aus unserem Wohnzimmerschrank den Karton vor, in dem meine Mutter die Fotos aufbewahrte. Daraus zog ich das sepiafarbene Foto meines Urgroßvaters hervor, das einen strengen Herrn mit Bart und Vatermörder zeigte.

Ich hielt Gabi das Foto hin, ließ sie es jedoch nicht

anfassen, wegen der Schokolade an ihren Fingern, und genoss still meinen Triumph. Und was ist an ihm russisch?, fragte Gabi da plötzlich ernüchtert. Ich war erbost. Als könnte man die Nationalität am Gesicht ablesen. Dann verlangte Gabi nach einem Beweis für die weiße Husarenuniform meines Urgroßvaters. Ich lächelte überlegen. Hochmütig verwies ich auf die Umstände, unter denen meine Familie ins Ruhrgebiet gelangt war. Natürlich sei mein russischer Husaren-Urgroßvater hier nur in Zivil zu sehen, erklärte ich bedauernd, denn alle Fotos, die ihn in Husarenuniform auf seinem Schimmel zeigten, und es waren nicht Wenige, seien leider auf der Flucht verloren gegangen.

In der Ferne sehe ich endlich etwas flimmern. Ich laufe einen sandigen Pfad entlang, im Rücken den Atem des schlafenden Riesen, vor mir das blinkende Etwas, das wie ein Geist zwischen den Bäumen auftaucht und wieder verschwindet, mal zum Greifen nah, dann wieder unsichtbar. Ich stolpere über Baumwurzeln und Fichtenzapfen, und plötzlich stehe ich am Ufer eines Sees. Kleine Wellen kriechen ans Ufer, umgestürzte Bäume liegen im flachen Wasser wie tote, von Lianen strangulierte Krokodile. Ab und zu steigen Luftblasen im Wasser auf. Als würden Fische rülpsen. Rosarote Seerosen. Ich habe noch nie einen See mit wilden Seerosen gesehen. Libellen fliegen knapp über der Wasseroberfläche ihre Schleifen. Ein See ohne Segler, ohne Windsurfer, ohne Motorboote, ohne Eisverkäufer, ohne Strandbäder, ohne Cafés und Ruderbootverleihe – einfach nur ein See. Drei Schwäne ziehen vorbei, erst majestätisch hintereinander weg, ohne von mir Notiz zu nehmen, dann verlieren sie jedoch die Contenance und zischen mich beleidigt an. Ich laufe am Ufer weiter, kämpfe mich durch das Schilf und finde endlich einen Bootssteg. Ich setze mich hin und strecke die Füße ins Wasser. Misstrauisch gegenüber der Idylle blicke ich mich um, aber tatsächlich ist weit und breit keine Menschenseele zu sehen. Ich stehe auf, strecke mich, lausche und schaue noch mal argwöhnisch nach rechts und links. Nichts. Nichts als leise rauschender Schilfsaum, Schwäne und handbreite Wellen. Schließlich fasse ich Mut und beginne mich auszuziehen. Mit Bistenhalter und Schlipfer, genau wie Frau Jekosch, gehe ich schwimmen. Ich mache ein paar Schritte, fühle den schlammigen Grund zwischen den Zehen und lasse mich treiben. Die Schwäne blicken mir fassungslos nach.

Als ich später wieder auf dem Bootssteg in der Sonne liege und darauf warte, dass meine Unterwäsche trocknet, denke ich an Tante Ruth und an meinen Großvater. Die einfach nur Sehnsucht hatten nach einem bestimmten Geruch und einem bestimmten Licht, das sie nirgendwo wieder finden konnten.

Frau Piatek sitzt wieder auf der Bank in der Abendsonne. Die Töchter sind wieder weggefahren, nichts gegen Familie, aber irgendwann ist genug. Sie hat für sich beschlossen, dass der elende Sonntag für sie zu Ende ist. Das weiße Sonntagskleid hat sie ausgezogen, zu schade für die Bank, stattdessen trägt sie die kornblumenblaue Strickjacke und eine graue Wollhose und atmet auf. Sie hat ein paar Stachelbeeren gepflückt. Bittescheen, voriges Jahr hab' ich zweji Gläserchen eingemacht, nich, mit Zucker, aber die schmecken mir nicht, neji, neji. Dies Jahr mach' ich nicht ejin.

Mit den Stachelbeeren in der Hand wartet sie darauf, dass sich etwas tut im Dorf. Aber da rührt sich immer noch nichts. Frau Jekosch setzt sonntags keinen Fuß vor die Tür, die Leszinska hat Besuch aus Deutschland, und Isoschka lässt sich nicht blicken, weil ein paar Frauen aus dem Dorf zu ihr nach Hause gekommen sind und den Rosenkranz beten.

Ich bin ja in ejiner anderen Rose, sagt sie. Und erklärt, dass polnische Frauen und deutsche Frauen den Rosenkranz getrennt beten. Als ich sie verständnislos anschaue, erklärt sie mir geduldig die Prinzipien des Rosenkranzbetens. Zu jeder Rose gehören fünfzehn Frauen, ein Mal im Monat treffen sie sich an einem Sonntagnachmittag im Wohnzimmer der Frau Koch und beten zusammen den Rosenkranz. Zu einer Rose können nur Frauen gehören, die nicht geschieden sind, nicht von ihrem Mann getrennt leben und die regelmäßig in die Kirche gehen und jeden Tag beten. Wenn eine stirbt, bestimmen die anderen, wer in die Rose aufgenommen werden soll. Das Rosenkranzbeten ist hier offenbar so straff organisiert wie das Vereinsleben des Sparclubs meiner Großmutter, bei dem jeder, der bei den monatlichen Treffen fehlte, drei Mark Strafe zahlen musste.

Außerdem haben wir zum Beten in der Woche eine Karte, fügt sie hinzu. Die wechselt zwischen den finfzejhn Schwestern von der Rose. Jeden Abend muss man nach der Karte sejin Gebet abbeten und die Karte wejitergeben. Die Karte wandert von Frau zu Frau, das ist der Rosenkranz. Da muss man jeden Abend sejinen Tejil absagen, nich wahr, Vaterunser und wo fier uns gekreuzigt ist, nich wahr, und heute bringt mir Brigittka wieder ejine andere Karte, und mejine Karte muss ich der Anka geben. Und wenn wir den Rosenkranz beten, dann legen alle Schwestern finfzehn Dinge auf den Tisch, Mutter Gottes und vielleicht auch Kreuz, vielleicht mechten auch Lichterchen brennen, und die Frauen, die knien alle und beten den Rosenkranz.

Zerstreut blickt sie einem vorbeitaumelnden Schmetterling nach. Schon lange war ich nicht mehr bejim Rosenkranz, sagt Frau Piatek, und ein leises Bedauern klingt mit. Komm' ich nicht mehr den Berg zu der Frau Koch hoch, wo der Rosenkranz gebetet wird.

Plötzlich reckt sie sich, streckt die Nase in die Luft und schnuppert.

Die Luft riecht nach Gewittern, riechen Sie das auch? Hat es in der Ferne nicht schon gedonnert?

Sie reicht mir die Schüssel. Nehmen Sie Stachelbeeren, bittescheen. Ich wage nicht abzulehnen. Sie sind so sauer, dass es mir eine Gänsehaut über den Rücken treibt. Frau Piatek lacht. Nicht mal die Nachbarskinder klauen ihre Stachelbeeren, weil sie so sauer sind. Wollen Sie Zucker drieber? Schon steht sie auf, tastet sich die Wand entlang bis ins Haus und kehrt mit einer Tüte Zucker zurück. Wieder schiebt sie mir die Stachelbeeren hin. Schmeckt Ihnen, mit Zucker, nicht?

Ich nicke stumm. Sie isst auch eine Stachelbeere, eine einzige, wie immer isst sie wie ein Vögelchen. Sie schiebt die Stachelbeere in den Mund, schließt die Augen und ergibt sich dem Genuss. Wenn sie die Augen geschlossen hält, sieht ihr Gesicht aus, als sei es aus Olivenholz geschnitzt. Gelblich mit feiner Maserung. Das Gesicht einer alten Indianerin. Dann öffnet sie wieder die Augen und wischt eine Ameise von ihrem Handrücken.

Sie zieht die Schüssel mit den Stachelbeeren zu sich heran und sucht sich eine Beere aus. Schiebt sie in den Mund, blickt über die Alle hinweg in Richtung Groß Bertung und schweigt.

Ich war ja mal in Deutschland, sagt sie dann, aber ich konnt' da nicht so … Sie schüttelt sich, als hätte sie eine besonders saure Stachelbeere erwischt, und ringt nach Worten. Ich konnt' da nicht so essen, nejin. Das Essen ist hier besser. Erbsen! Sauerkohl! Bohnen! Gemiese! Wejißkohl! Oh Jessus, hier ist doch besser. Auch die Kartoffeln schmecken hier anders.

Sie lacht, stützt sich langsam auf, um sich von der Bank zu erheben, und macht einen Schritt in Richtung Gemüsebeet. Dort beugt sie sich über die Kartoffeln und die Möhren, als flüsterte sie ihnen etwas zu, sie blickt strafend auf den Salat, der sich von den Schnecken halb auffressen ließ, und reißt mit einer kräftigen Bewegung etwas Unkraut aus der Erde. Sie wirft es mit Schwung auf den Komposthaufen und wischt sich die Hände an der Kittelschürze ab. Dann wendet sie sich wieder um und ruft: Wissen Sie, in Deutschland war ich immer abgemagert. Ich kam mager nach Hause. Mejin Sohn hat mich ja gepflegt, Hähnchen gebraten, was nicht alles, Jessus neji, aber das hat mir nichts geholfen. Neji. Unser Essen ist doch besser hier. Und das Wasser! Ich trink ja viel Wasser, von Jekosch sejin Brunnen, das ist ja scheenes Wasser. Anders als von diese Kräne da in Deutschland. Das hat nicht geschmeckt.

Sie schüttelt sich. Die Erinnerung an das deutsche Leitungswasser lässt sie so schaudern, als läge der fremde Metallgeschmack immer noch auf ihrer Zunge. Schnell steckt sie sich eine weitere kleine Stachelbeere in den Mund. Sie setzt sich wieder auf die Bank, stützt den Kopf in ihre Hände und versinkt in Gedanken an ihre Deutschlandreise – der ersten und einzigen Reise, die sie je in ihrem Leben unternommen hat.

Zur Zeit der Ostverträge war es, zu jener Zeit, als mein Großvater aufhörte, seine Ostpreußengeschichten zu erzählen, da fuhr Frau Piatek nach Bochum, zu ihrem jüngsten Sohn. In Allenstein stieg sie in den Zug, umsteigen in Neidenburg, das weiß sie noch wie heute. Außer zur Wallfahrt an die Quelle der Muttergottes nach Dietrichswalde hat es sie nie irgendwo hingezogen, weder vor noch nach ihrer Deutschlandreise. Selbst von Masuren weiß sie nur so viel, dass es da irgendwo hinter den Hügeln liegen muss, und das hält sie auch nicht für einen großen Verlust.

An der Grenze wurden die Koffers nachgeprieft. Ob welche Enten von hier nach Deutschland mitschleppten oder Gänse. Und nachher von Deutschland, da haben sie an der Grenz bloß gefragt: Was haben Sie? Und ich: Nur Sießigkeiten. Weiter nichts.

Sie kichert bei der Erinnerung daran, die Grenzpolizisten beschummelt zu haben. Reich war es ja in Deutschland, alles konnte man kaufen, und ihr Sohn sagte ihr jeden Tag, Mamma, so bleib doch, aber Frau Piatek bekam Heimweh. So ein Gefühl, wie sie es in ihrem ganzen Leben noch nicht verspürt hatte. Ein Ziehen in der Brust, das von Tag zu Tag schlimmer wurde. Erst dachte sie, dass das eigenartige Gefühl von den vielen Hähnchen käme oder von dem Leitungswasser, dann hörte sie auf zu essen, und trotzdem ging das Ziehen nicht weg.

Sie blickt in den Himmel, wo sich die Wolken ballen und zieht sich fröstelnd die blaue Strickjacke etwas fester um die Schultern. Ständig hatte sie kalte Füße in Deutschland.

Und mejin Sohn, der sagte immer: Mamma, wenn dich jemand frägt, woher du bist, sag nicht aus Polen! Ich sag: Warum nicht? Ach, das heert sich so schlecht an, Polen. Sag mal, du bist von Ostpreußen, ja. Na, so hat er mich immer so gelernt. Na, und die Frauen, die frugen. Wenn wir so rauskamen, dann haben sie gefragt: Von wo sind Sie denn? Na, ja. Sacht ich: Von Ostpreußen. Ob die das verstanden, wejiß ich nicht.

Sie zuckt mit den Schultern. Absurd. Als sollte sie sich für ihre Heimat entschuldigen. Was wussten die Frauen in Bochum denn schon von Ostpreußen? Deutschland roch fremd, es schmeckte fremd, es fühlte sich an wie nasse Füße. Und dann sollte sie auch noch darauf achten, dass sie das Richtige sagte, wenn sie jemand ansprach.

Waren wir doch immer Ostpreußen, sagt sie verwundert. Bloß nachher bejim Polen mussten wir unterschreiben. Sone Papiere, damit wir hier blejiben konnten. Und wie der Russe noch hier drin war, hat manch ejin Russe gesagt: Tut das nicht. Wir sollten blejiben wie wir sind. Na, haben wir doch unterschrieben. Und dann haben wir Deutsch wejitergesprochen und auch Polnisch und sprechen jetzt noch Polnisch und Deutsch.

Dann lacht sie wieder so beglückt, als hätte sie jemanden übers Ohr gehauen. Natürlich wollten die Polen nach dem Krieg nicht, dass Deutsch gesprochen wurde, aber die Deutschen wollten vor dem Krieg auch nicht, dass Polnisch gesprochen wurde. Sie hat es in ihrem langen Leben schon öfter erlebt, dass es verboten war, die eine oder die andere Sprache zu sprechen. Mit ihren Großeltern und ihrer Mutter sprach sie noch Polnisch. Aber mit ihren später geborenen Geschwistern sprach ihre Mutter nur noch Deutsch. Als Frau Piatek zehn Jahre alt war, nach der Volksabstimmung 1920, als das südliche Ermland und Masuren darüber entschieden, fortan zum Deutschen Reich zu gehören, sollte niemand mehr Polnisch sprechen. Woran sich ihre Großmutter nie gehalten hat. Ihre Mutter sprach Deutsch mit ihr, ihre Großmutter Polnisch.

Und die Elzbieta, sagt sie, nu, was war das? Ihre …

Sie sucht nach dem passenden Wort, um die Verwandtschaft, das Blutsband zwischen mir und jener Elzbieta zu bezeichnen, und ruft: Na, die Großmutter von der Anka. Die war auch ja ganz fier Polen. Die hat 1920 fier Polen gestimmt, wussten Sie das?

Ich schüttle den Kopf. Elzbieta. Wieder bin ich um eine Verwandte reicher.

So war das hier, sagt Frau Piatek. Mal so, mal so.

Und was hätten die Frauen, denen sie in Bochum sagen sollte, dass sie aus Ostpreußen komme, davon schon verstanden?

Dann wollte sie nach Hause. Eigentlich sollte sie noch länger bleiben, aber da war nichts mehr zu machen. Keinen Tag länger.

Ich wollt' nicht dableiben, nejin. Es zog mich nach Reußen. Ja, es zog mich nach Reußen. Und vielleicht wär' mir das in Deutschland auch zu ejinsam. Hier hab' ich doch mehr Bekannte, da war mir alles so fremd. Ich denk': Wo man geboren ist, da zieht man hin.

Sie macht eine abwehrende Handbewegung, als säße ihr immer noch der Sohn gegenüber, der sie bedrängt und zum Bleiben überreden will. Erbsen! Gemiese! Sauerkohl!

Neji, neji, neji, sagt sie noch mal mit Nachdruck und schüttelt den Kopf. Neji, ich bin hier geboren, und so blejib' ich hier. Reußen ist doch immer Reußen. Ja.

Dann schweigen wir. Blicken auf die schweren Köpfe der Sonnenblumen, über denen die Mücken tanzen. Gedankenversunken kratzt Frau Piatek mit einem kleinen Messer den Ruß von einem Aluminiumtopf.

8. Blut ist dicker als Wasser

Frau Jekosch hat schon seit dem Morgengrauen so entfesselt geputzt, dass ich davon aufgewacht bin. Treppauf, treppab höre ich sie laufen. Ich sehe sie vor mir, wie sie mit vorwurfsvollem Gesicht schon wieder über sämtliche Stufen des Hauses wischt, Fensterscheiben putzt, Türrahmen abscheuert, weißes Ameisenpulver in den Ecken des Flurs verstreut, den Hof fegt, Kartoffeln für das Mittagessen schält und sich darüber beklagt, dass ihr Sohn immer noch nicht nach Reußen zurückziehen will. Ihr Mann hackt Holz, aus der Scheune dringt das trockene Geräusch von splitternden Holzscheiten. Mit schlechtem Gewissen darüber, dass ich so lange geschlafen habe, ziehe ich mich eilig an und laufe über die knarrenden Flure. Als ich am Wohnzimmer vorbeigehe, fällt mein Blick auf das Hochzeitsbild von Herrn und Frau Jekosch. Es sieht aus wie eines jener Glanzbilder, die ich in mein Poesiealbum geklebt habe. Ein nachkoloriertes Brautpaar. Ihre Gesichter sind wie mit dem Tuschestrich gezogen, dem Schwung ihrer Wangenknochen wurde sanft nachgeholfen, die Augenbrauen modelliert, die Lippen aufgefüllt. Der Bräutigam bekam türkisfarbene Augen, die Braut einen dunkelbraunen Kastanienmund. Sie lächelt etwas schief, vermutlich weil sie sich wegen der kleinen, fehlenden Ecke vom rechten Schneidezahn geniert, allerdings hatte sie noch die Hoffnung, dass der Retoucheur die Ecke wieder anfügen würde. Sie konnte nicht ahnen, dass er ausgerechnet bei ihren Zähnen von einem plötzlichen Bedürfnis nach Realitätsnähe überfallen werden würde. Das Foto erinnert mich an das Hochzeitsbild meiner Eltern – meine Mutter mit bodenlangem, hoch geschlossenem weißen Kleid, ein Spitzenschleier wie eine spanische Mantilla über Kopf und Schultern, über ihren Arm ergießt sich ein Strauß von weißem Flieder. Mein Vater mit weißer Fliege und jenem halben Lächeln, für das seine schlechten Zähne verantwortlich waren. Das Hochzeitsfoto meiner Eltern stand im Büffetschrank meiner Großeltern. Zwischen den Römern und den aufgedeckten Tassen des Kaffeeservices fanden die Stationen unseres Lebens ihren Platz: Neben den Hochzeitsfotos die Fotos von der Taufe der Enkelkinder, von der Einschulung, der Erstkommunion.

Als mein Vater starb, wurde sein Kopf aus dem Hochzeitsfoto kopiert und zum Porträt vergrößert. Ich begegnete ihm überall. Er hing bei uns im Wohnzimmer, über der Musiktruhe, er hing über einer kleinen Grubenlampe in der Totenecke meiner Großeltern, er hing in den Wohnzimmern meiner Tanten. Und sah mich an.

In der Küche riecht es nach Kaffee und Kartoffelschalen. Unten vor der Tür spricht jemand. Ich höre Frau Piateks Stimme, in jener munteren Tonlage, die sie für die Unterhaltungen mit Frau Jekosch bereit hält. Offenbar wird unten auf der Bank das Leben im Kapitalismus resümiert. Die Arbeitslosigkeit, die steigenden Preise und die Prostituierten an der Warschauer

Straße – all jene Plagen, vor denen sie der Kommunismus bislang verschont hat. Der Zusammenbruch des Ostblocks, das Kriegsrecht, die Solidarność, das Ende des Kommunismus – alles zog wie ein fernes Donnergrollen an Reußen vorbei. Arm im Kommunismus, arm im Kapitalismus. In Danzig warteten die Menschen auf Walesa vor der Lenin-Werft, die alten Frauen hielten Blumensträuße in der Hand und bekreuzigten sich, wenn der Wagen des Geheimdienstes Walesas grauem Trabant hinterherfuhr, und hier war die Welt stehen geblieben.

Frau Jekosch hat es heute besonders mit den Prostituierten von der Warschauer Straße. Das gab es frieher nicht, sagt sie zu Frau Piatek.

Ja, das haben sie erst dies Jahr so ejingefiehrt, sagt Frau Piatek unbeeindruckt.

Dass da kejiner was macht, murmelt Frau Jekosch.

Die haben da so ejine Couch im Wald, die bedecken sie mit Folie. Der Rejini hat gesehen. Finfzig Zloty kostet das, sagt Frau Piatek, die mehr praktisch interessiert ist.

Dass so was noch gestattet wird, sagt Frau Jekosch mit bebender Stimme.

Sone Biester, sagt Frau Piatek und kichert anerkennend. Und was glaubst, Brigittka, wo schlafen die? Oder schlafen die ieberhaupt nicht?

Wejiß ich nicht, sagt Frau Jekosch abwehrend und schweigt.

Schade, dass ich kejin Mann bin, sagt Frau Piatek versonnen. Ich mecht ja da gehen und gucken.

Na, wirst du wohl, sagt Frau Jekosch. Sie will noch

mehr sagen, aber das hieße, der Verwerflichkeit zu viel Beachtung zu schenken, deshalb schluckt sie den Rest runter.

Nu was, sagt Frau Piatek in die Stille. Sind ja auch Lejite, die wo leben wollen.

Dann schweigen beide versunken. Sie hören nichts anderes als das Rauschen der Alle und bemerken nicht mal das Knarren der Holzdielen unter meinen Füßen, als ich den Flur entlanglaufe, nicht das Klacken meiner Absätze auf dem Treppenstein, als ich mich hinter sie stelle.

Nu, sagt Frau Piatek schließlich aufgeräumt, haben wir es jetzt auch nicht schlecht. Auch wenn wir große Springe nicht machen kennen.

Frau Jekosch lässt sich so schnell nicht von ihrem Optimismus überwältigen. Richtig arm sind wir, doch, richtig arm, beharrt sie, ihre Tasse hin und her schwenkend, bis der Kaffeesatz aufgewühlt wird. Dann schaut sie Frau Piatek an und beeilt sich hinzuzufügen: Doch wie sagt man immer: Sauber, aber arm. Wenn man sauber hat, dann freue ich mich.

Frau Piatek verdreht fassungslos die Augen und schickt einen Blick zum Himmel. Herrgott. Diese verfluchte Sauberkeit. Aber das ist noch nicht alles, Brigittka!, ruft sie aus.

Fast sieht es so aus, als würde sie sich jetzt von der Bank erheben, um unter einem Vorwand nach Hause zu gehen, wo sie Frau Jekoschs Jammerei nicht mehr ertragen muss. Da erblickt sie mich auf dem Treppenstein und lehnt sich wieder zurück. Ein Lächeln huscht über ihr Gesicht.

Kommen Sie, liebe Frau, ruft sie, lassen Sie sich von Brigittka Kaffee stellen.

Frau Jekosch steckt das Taschentuch, das sie vorsichtshalber hervorgekramt hat, wieder in die Tasche zurück und steigt hoch in die Küche. Als sie im Haus verschwunden ist, rutscht Frau Piatek ein wenig beiseite, um mir Platz zu machen. Nervees ist sie, flüstert sie. Und drejibastig, richtig drejibastig. Sie schüttelt empört den Kopf. Das Jammern haben sie ja alle hier, das ist schon ejine alte Sitte. Kaum hat sie den Satz ausgesprochen, ist Frau Jekosch wieder da, mit dem Kaffee in der Hand. Und wieder hat sie es mit dem Geld.

Mecht' ich mir wohl was lejisten, hab' ich gespart, sagt sie, und dann musste sich der Leo die Zähne rejinstellen lassen. Hab' ich drejizehn Millionen bezahlt. Oh, mejin Gott, sag' ich, mecht' ich doch schon …

Sie schluckt die wieder aufkommende Enttäuschung herunter und knetet das Taschentuch. Sie blickt zur Scheune, wo ihr Leo Holz hackt.

Ejine Couch hab' ich gedacht zu kaufen, flüstert sie. Sie blickt hoch, sehnsüchtig, als würde dort oben ihr Sofa vorbeifliegen, zum Greifen nah. Und dann kam das Gebiss dazwischen.

Nun hält sie inne, die dreizehn Millionen stehen noch in der Luft, da möchte sie den Satz schon ungeschehen machen. Was hat sie bloß angerichtet. Jetzt weiß doch jeder im Dorf, dass die Jekoschs dreizehn Millionen sparen konnten, wenn das die Leszinska erfährt, die mit Mann und Sohn, Schwiegertochter und Enkelkindern auf nur zwei Zimmern … und Frau Piatek, die sich mit ihrem Sohn ihre schmale Rente …

Mit Blick auf ihre Nachbarin beeilt sie sich, höflich zu versichern: Hast es ja auch scheen, Frau Piatek.

Ojei, sagt Frau Piatek. Sie macht eine abwehrende Handbewegung. Aber alte Mebel.

Die Klage um das Geld langweilt sie mindestens genauso wie die Sorge um die Sauberkeit. Sie lässt ihren Blick schweifen, in der Hoffnung auf irgendetwas, was von Brigittkas ewigem Klagelied ablenken könnte. Sie späht rüber zur Mühle, spaziert in Gedanken über die Katzenköpfe der alten Dorfstraße, fixiert die Weiden am Ufer der Alle und findet nichts Bemerkenswertes. Nicht mal über den Gang der Natur lässt sich hier räsonieren, in Jekoschs Vorgarten traut sich kein einziges Unkrauthälmchen, von Schnecken, die den Salat auffressen oder sauren Stachelbeeren ganz zu schweigen. Wo in den anderen Gärten schiefe Malvenstöcke stehen, Lupinen und Löwenmäulchen kreuz und quer wachsen, Dahlien und Tagetes um die Wette blühen, haben Jekoschs mit Zement Ordnung gemacht. Nur eine kleine Ameisenstraße hält sich störrisch. Einen großen Bogen um das von Frau Jekosch ausgestreute Ameisenpulver schlagend, tragen die Ameisen emsig unsichtbare Lasten an unseren Füßen vorbei, von einer Ritze, wo der Zement aufgesprungen ist, bis zu einem fernen Ziel unter der Bank, auf der wir sitzen.

Aber hast sauber, beharrt Frau Jekosch nasal. Und wir …

Sie schnauft in ihr Taschentuch. So ejin großes Haus, und wir, die wir ieber sechzig schon bald haben. Na denn, fier was willst hier remontieren? Willst nur warten, bis der Sohn kommt, dass er wird ejinmal im

Stande sejin, aber was wejiß ich, das wejiß ich ja selbst nicht.

Frau Jekosch schluckt. Frau Piatek hat sich von ihr abgewandt und sieht angestrengt dem Steilflug der Mauersegler zu. Höchste Zeit, das Thema zu wechseln. Wie war das noch mit dem Hochzeitsfoto?

Wenn sie nur daran denkt, wie sie ihren Leo kennen gelernt hat, dann glätten sich ihre Züge, und ihr Gesicht schimmert wie von innen beleuchtet. Ach Gottche, ruft Frau Jekosch aus, die Hochzejit! Was waren wir doch mal jung und scheen!

Damals, auf dem Geburtstag ihrer Freundin in Klaukendorf. Immer schon hatte die zu ihr gesagt: Mein Cousin Leo, der passt zu dir.

Gladiolen hatte sie mitgenommen und ihre neuen Schuhe angezogen. Der Bruder ihrer Freundin holte sie mit dem Motorrad vom Bahnhof ab, und Frau Jekosch sagte: Fahr mir bloß vorsichtig, dass mir meine Blumen nicht kaputtgehen! Sie war als erste da. Alles war leer geräumt für den Tanz, die Tische hergerichtet wie für eine Hochzeit. Und dann kam der Leo.

Frau Jekoschs ganzer Körper ist von Begeisterung erfasst, sie dreht und wendet sich, sie spielt ihre erste Begegnung mit verteilten Rollen vor, mal ist sie der Leo, mal sie selbst, sie lacht und lässt ihre Hände umherflattern wie Batisttaschentücher – plötzlich ist alles ganz leicht geworden.

Auf einmal kommt ejine Britschka vorgefahren, ruft sie aus und fügt mit Blick auf mich hinzu: Das war so ejin Landauer mit Lampen an den Sejiten.

Und drin in der Britschka, so ejin älteres Herrchen mit

ejinem großen Plischhut. Sah aus wie ejin Millionär. Das war der Vater, die Mutter war auch da. Und dann der Leo. Er gefiel mir glejich. Aber ich dacht', schau ihn dir erst mal an, ob er nicht zu viel trinkt, ob er auch ruhig ist. Na, dann krochen wir so zweji Jahre mitejinander. Der Mutti hat er ja auch gut gefallen. Sagte: Weijßt nicht, was drinsteckt, aber ist ejin ruhiger Junge. Trinken tut er auch nicht zu viel. Schnaps ist ja fier die Leute, aber jeder muss Grenzen haben. Na, und wenn ihn willst?

Wie auf ihr Geheiß kommt Herr Jekosch von der Scheune herübergeschlendert. Er trägt nur ein Unterhemd, seine Oberarme sind so weiß, dass die braun gebrannten Unterarme aussehen, als gehörten sie nicht dazu. Er setzt sich stumm zu uns auf die Bank, wischt sich den Schweiß aus der Stirn und trinkt etwas Wasser aus einer Flasche. Frau Jekosch hält inne, sie legt ihre Hände in den Schoß und lächelt ihren Mann an, als sähe sie ihn zum ersten Mal.

Hab' ich von unserer Hochzejit erzählt, sagt sie.

Ojei, wie lang ist das schon her, sagt er und lacht.

Dann blickt sie ihn wieder an. Sie kann die Augen nicht von ihm lassen. Sie sieht nicht sein weißes Haar, nicht seine welk gewordenen Züge, nicht sein Gebiss, für das sie ihr Sofa opfern musste. Sie sieht nur den Mund, in den sie sich verliebt hat.

Wie wäre es gewesen, wenn mein Vater zusammen mit meiner Mutter alt geworden wäre? Wäre er störrisch geworden oder altersmilde? Hätte er an Arthritis in den Knien gelitten, wäre er magenkrank geworden? Hätte er ein Gebiss wie Herr Jekosch?

Als Kind blieb mein Vater für mich immer der junge Mann mit der weißen Fliege. Ich zweifelte nie daran, dass er für immer jung bleiben würde, unberührt eingeschlossen in der Erinnerung. Ich dachte nicht vor, ich dachte zurück. Ich war täglich damit beschäftigt, mein Vergessen rückgängig zu machen. Ich wollte mich nicht damit abfinden, keine Erinnerung an meinen Vater zu haben. Ich hatte gehört, dass man die Merkfähigkeit trainieren könnte wie einen Muskel. Ich fuhr täglich Fahrrad, damit meine Waden dicker würden. Das Gehirn würde ich auch noch in den Griff bekommen. Übung macht den Meister!, sagte Tante Ruth immer. Eines Tages würde mir alles wieder einfallen. Wie mein Vater meine Mutter in den Arm nahm. Wie er ihr das Haar aus dem Gesicht strich. Ich begann damit, täglich Gedächtnisübungen zu machen. Zählte schon vor dem Frühstück von tausend rückwärts, lernte nachmittags die Namen der Flüsse Europas auswendig und die Sentenzen unserer Kalenderblätter dazu: *Der verlorenste Tag deines Lebens ist der, an dem du nicht gelacht hast*. Nicolas Chamfort. – *Wohl Keime wecken mag der Regen / der in die Scholle niederbricht / doch golden Korn und Erntesegen reift nur heran bei Sonnenlicht*. Theodor Fontane.

Kleine Fortschritte ließen mich hoffen. Plötzlich erinnerte ich mich wieder an das schwarz-weiße Kaninchen, das mein Großvater mir geschenkt hatte, und an mein Entsetzen, als es eines Tages gebraten auf dem Teller lag. Mir fiel das Christkind mit den goldenen Flügeln wieder ein, das bei meinen Großeltern am Heiligabend die Geschenke gebracht hatte, und meine

Enttäuschung, als ich entdeckte, dass es von der blonden Tochter der Familie Knispel aus dem zweiten Stock gespielt wurde. Und mein nachtblaues Samtkleid kam mir wieder in den Sinn, das sich angefühlt hatte wie eine Verheißung. Ein Kaninchen, das Christkind, ein nachtblaues Samtkleid. Dabei blieb es.

Du warst doch noch zu klein, sagte meine Mutter tröstend zu mir, und mein Vater lächelte mich mit seinem halben Lächeln von der Wand an. Eines Tages verschwand sein Foto aus unserem Wohnzimmer. Wir hatten tapeziert, es roch nach Kleister, die alte Tapete mit den Punkten, Kreisen und Dreiecken war einer Tapete mit silbrigen Streifen und altrosafarbenen, mittelalterlichen Ornamenten gewichen. Das Tefiphon war fortgeschafft worden, eine altdeutsche Anrichte hatte den Platz der Musiktruhe eingenommen, Zinnbecher standen an der Stelle der Sammeltassen, und meine Mutter hatte das Bild meines Vaters in die Schachtel zu den anderen Fotos gelegt.

Ich wäre sonst verrückt geworden, sagte sie.

Deine Mutter ist ja eine Witwe, sagte Gabi Evers eines Tages triumphierend zu mir. Wir saßen in meinem Kinderzimmer, auf Puppenstühlchen an einem Puppentisch, tranken mit abgespreiztem kleinen Finger Tee – aus den feinen, blauen Porzellantassen meines chinesischen Teeservices, in dessen Tassenböden man, wenn man sie gegen das Licht hielt, den winzigen Kopf einer Geisha sah. Wir aßen dazu Puffreis und die leicht angestaubten Marzipankartoffeln aus meinem Kaufladen, die ich ausnahmsweise zum Verzehr freigegeben hatte. Eine Witwe. Ich sah sie verblüfft an. Ihre Augen blitzten, als hätte sie mein bestgehütetes Geheimnis gelüftet, und ich fragte mich, wann ich sie das letzte Mal beim Stadt-Land-Fluss-Spielen geschlagen hatte. Oder wollte sie sich für den russischen Husaren rächen und für die Petra Michalowa? Vielleicht war sie auch neidisch darauf, dass ich bei der Kindermodenschau des Bekleidungshauses Küster in der ersten Reihe direkt am Laufsteg gesessen hatte, während sie selbst zu Hause bleiben musste, weil ihr Vater nicht einsah, das Geld für so einen Unsinn aus dem Fenster zu werfen? Eine Witwe! Vielleicht wusste sie ja gar nicht, was das war. Ob sie es mit »geschieden« verwechselte? Geschieden zu sein, das wusste ich, war fast so schlimm wie vorbestraft. Gott sei Dank war niemand in unserer Familie geschieden. Aber so wie Gabi das Wort »Witwe« aussprach, klang es ebenso schlimm. Als hätte mein Vater uns im Stich gelassen, um irgendwo auf der Welt eine neue Familie zu gründen. Es klang bedrohlich, wie eine ansteckende und zugleich unheilbare Krankheit, und ich fragte mich, ob man es meiner Mutter ansah, dass sie eine Witwe war. Sicher, manchmal war sie traurig, und wenn sie mir von meinem Vater erzählte, traten ihr Tränen in die Augen, aber davon konnte Gabi nichts wissen. Eine Witwe!

Ja und, sagte ich schließlich und riss Gabi die chinesische Tasse mit dem Geisha-Kopf aus der Hand, obwohl sie den Tee noch gar nicht ausgetrunken hatte. Ich räumte das Puppenservice zusammen, verpackte den Puffreis und legte die übrig gebliebenen Marzipankartoffeln wieder zurück in die Gemüseauslage meines Kaufladens. Dann öffnete ich die Tür von meinem

Kinderzimmer und sagte: Ich habe keine Lust mehr zu spielen.

Ein paar Tage lang blieb Gabi verschwunden. Ich hörte, wie sie vor meinem Fenster mit ihrem Bruder gelangweilt Hinkeln spielte, den Stein mit dem Fuß mühelos von Feld zu Feld stieß und kein einziges Mal auf den Strich trat. Doch wenige Tage später stand sie wieder bei uns vor der Tür und fragte meine Mutter: Ist die Petra da?

Ich saß in meinem Kinderzimmer, kämmte meiner Barbiepuppe die Haare und blickte nicht mal auf, als Gabi das Zimmer betrat. Sie hielt die Hände hinter dem Rücken verschränkt und lehnte sich an die Gemüseauslage meines Kaufladens. Schweigend sah sie mir beim Kämmen zu. Ich setzte die Barbie mit übereinander geschlagenen Beinen auf einen rosa Puppenstuhl und kämmte ihr blondes Haar noch hingebungsvoller als gewöhnlich. Ich wusste, wie sehr Gabi bei diesem Anblick das Herz bluten würde, denn sie hatte nur eine *Petra*, die meinem Namen allerdings keine Ehre machte, sondern aus billigem Plastik war, ihre Knie nicht knicken konnte und verfilzte, brünette Haare hatte. Nachdem Gabi mir einige Minuten schweigend zugesehen hatte, fragte sie mich: Woran ist dein Vater eigentlich gestorben?

Ich blickte nicht von meiner Barbie auf. Ich legte ihr das Haar zur Außenrolle, zur Innenrolle, zum Mozartzopf und sagte beiläufig: Schädelbasisbruch.

Ah, sagte Gabi mit gerunzelter Stirn.

Wir schwiegen. Gabi knibbelte an der Kordel, mit der sie ihre Strickjacke schloss.

Und wie kriegt man einen Schädelbasisbruch?, fragte sie schließlich.

Auf Monopol, antwortete ich, ohne sie anzuschauen.

Ach, war er auch auf Monopol?, fragte sie erstaunt, was mich erboste.

Ja natürlich, presste ich mit zusammengekniffenen Lippen hervor. Schließlich arbeitete nicht nur Gabis Vater auf der Zeche Monopol.

Unter Tage?, fragte sie, wofür ich sie am liebsten erwürgt hätte.

Wo sonst, zischte ich und bürstete wütend. Schließlich wusste doch jedes Kind, dass ein Mann nur dann über Tage arbeitete, wenn er blind oder lahm war.

Ich senkte den Kopf. Ohne Gabi anzuschauen, sagte ich: So ein Unfall kann da jedem passieren.

Aus den Augenwinkeln verfolgte ich die Wirkung meiner Worte. Mit einem Mal schien es mir, als ob Gabi blass würde.

Ein Unglück wie in Lengede?, fragte sie.

So ähnlich, sagte ich und band die Haare meiner Barbie zu einem Pferdeschwanz hoch. Ich sah, wie Gabis Lippen begannen, leicht bläulich zu schimmern, als sei sie zu lange in kaltem Wasser geschwommen.

Wieder schwiegen wir. Minutenlang.

Ich hörte, wie meine Mutter in der Küche mit dem Wasserkessel hantierte, um Kaffee zu kochen. Schließlich ging die Tür zu meinem Zimmer auf. Was ist denn mit euch los?, fragte meine Mutter.

Nichts, sagte ich.

Gabi murmelte nur: Na ja, ich geh' dann mal. Dann wand sie sich mit verschränkten Armen an meiner

Mutter vorbei. Sie drückte sich im Rückwärtsgang durch den Korridor, unter der Garderobe entlang zu unserer Wohnungstür und verschwand grußlos.

In der Hand hielt sie zwei Marzipankartoffeln.

Ich vertraute darauf, dass Gabi wieder kommen würde, wenn es Zeit für die Kinderstunde wurde. Anders als wir hatte ihre Familie noch keinen Fernseher. Bei uns hatte der Fernseher im selben Jahr Einzug in unsere Wohnung gehalten, in dem ich meine erste Barbie geschenkt bekommen hatte. Er hatte große, eckige Tasten, die wieder heraussprangen, wenn man sie nicht fest genug drückte, was mir nur mit Mühe gelang und zur Folge hatte, dass ich beim Fernsehen auf meine Mutter angewiesen blieb. Mir war im Wesentlichen die Kinderstunde am Nachmittag vorbehalten, mit Klaus Havenstein und der Augsburger Puppenkiste. Gabi und ich saßen dann immer nebeneinander auf dem Sofa, ließen uns die mit Krokant gefüllte Bruchschokolade auf der Zunge zergehen, die ich zuvor an Fillers Bude gekauft hatte, und sahen *Jim Knopf und die wilde Dreizehn, die Blechbüchsenarmee, Frau Malzahn* und *Alfons der Viertelvorzwölfte*. Das Fernsehen ermöglichte mir erstmals, Raum und Zeit zu überwinden, mal befand ich mich auf Lummerland, mal im kaiserlichen Österreich, mal auf der Ponderosa-Ranch, aber nach acht gehörte ich ins Bett.

Als das Wunder von Lengede geschah, blickte meine Mutter so gebannt in den Fernseher, dass sie vergaß, mich ins Bett zu schicken. Sie fragte mich nicht, ob ich mir schon Hals und Ohren gewaschen hatte, sondern saß mit schreckgeweiteten Augen neben mir auf dem Sofa. Abend für Abend verfolgten wir die Nachrichten und sorgten uns um die Bergleute, die in der niedersächsischen Erzgrube von Schlamm und Wassermassen überrascht worden waren. Schweigend sahen wir die Bilder weinender Frauen, die am Bergwerkstor auf Nachrichten über ihre verschütteten Männer warteten, wir verfolgten das Schicksal der Bergmänner, die immer noch unten eingesperrt waren und deren Lebenschancen, wie der Tagesschausprecher bedauernd mitteilte, von Tag zu Tag geringer wurden. Sondersendungen berichteten über die Bohrungen für die Röhren, in denen die Dahlbusch-Bombe in die Tiefe gelassen wurde. Die Spannung wurde unerträglich. Meine Mutter bekam rote Augen. Als die Bombe wie eine unterirdische Rakete endlich wieder aus den Tiefen der Erde hochstieg und ihr ein verdreckter Bergmann mit verbundenen Augen entstieg, weinten wir. *Das Wunder von Lengede*.

Ich fragte meine Mutter, warum es für meinen Vater keine Dahlbusch-Bombe gegeben hatte, kein Wunder, das ihn hätte retten können, unter Tage. Der Heine war ja gar nicht eingeschlossen, sagte meine Mutter. Sie sagte immer Heine und nicht Hejini, wie meine ostpreußische Familie. Heine klang erwachsener, angemessener für einen Vater, dachte ich. Sie wirkte angesichts meiner Frage nach der Dahlbusch-Bombe verwundert, als müsste ich eigentlich wissen, dass mein Vater unter Tage allein zu Tode gekommen war, weil er in einem Streb abgestürzt war und nicht bei einem großen Grubenunglück. Es war das erste Mal, dass sie mir erzählte, wie mein Vater gestorben war.

Das Fernsehen lief. Eine Ansagerin kündigte das Abendprogramm an. Meine Mutter versuchte zu lächeln, als sie zu erzählen begann. Sie lächelte und ihre Stimme zitterte, als sie erzählte, wie ein Kumpel meines Vaters gegen acht zu uns nach Hause gekommen war und gesagt hatte: Der Heini hat einen Unfall gehabt. Sie beschrieb, wie seltsam eckig die Bewegungen dieses Kumpels gewesen waren, als er sich beeilte hinzuzufügen: Ist aber nichts Schlimmes – obwohl er die Tasche und die Kleider meines Vaters bereits auf dem Rücken versteckt bei sich trug, obwohl der Krankenwagen, der meine Mutter zu meinem Vater bringen sollte, bereits draußen wartete. Sie fuhr zuerst zu meinen Großeltern, wo sie mich bei meiner Großmutter ließ, auf der Fahrt in das Krankenhaus begleitete sie mein Großvater. Als meine Mutter die Stufen zur Unfallstation heraufstieg, sah sie eine Krankenschwester oben auf dem Treppenabsatz stehen, die, als sie meine Mutter erblickte, »Mein Gott, so jung!« ausstieß, sich abwendete und weglief. Dann ließ man sie im Arztzimmer warten, eine Krankenschwester streckte kurz den Kopf in das Zimmer und sagte: Es dauert noch ein bisschen, Ihr Mann muss noch gewaschen werden und bekommt noch Spritzen. Meine Mutter schilderte, wie befremdet sie war, als nach einer Weile jemand nach der Konfession meines Vaters fragte. Wieder blieben sie allein in dem Zimmer sitzen. Bis die Tür schließlich aufgestoßen wurde – mit der Bahre, auf der die Leiche meines Vaters lag. Und der Arzt sagte: herzliches Beileid.

Meine Mutter verschwand hinter ihren Worten, sie

schwebte, sie entfernte sich von mir wie ein Geist, eingeschlossen in eine Seifenblase. Und er hat immer gesagt: An Reskis Kopf, da kommt nichts dran, sagte sie ganz leise, und sah wieder sich selbst, dort im Arztzimmer stehend, als sie auf die Bahre blickte, auf das weiße Laken, das meinen Vater bedeckte – und vergeblich versuchte, zu begreifen.

Die Oma hat geschrien, sagte meine Mutter und blickte aus dem Fenster in die Dunkelheit, stundenlang hat sie geschrien. Ach, du kannst dir das alles gar nicht vorstellen, sagte sie. Und ich hörte, wie sie versuchte, das feine Zittern in ihrer Stimme herunterzuschlucken.

Aber ich konnte mir alles vorstellen. Ich sah, wie mein Großvater das Laken hob, um seinen toten Sohn zu sehen. Wie meine Mutter das Bewusstsein verlor. Wie die Ärzte ihr eine Flüssigkeit einflößten und sie wieder zurück ins Leben holten. Wie meine Großmutter im Dunkeln am Gartenzaun wartete und langsam begriff, dass in dem Krankenwagen, der am frühen Abend mit Blaulicht von der Zeche an ihrem Haus vorbeigefahren war, ihr sterbender Sohn gewesen war. Ich sah, wie meine Mutter, meine Großeltern und meine Tanten und mein Onkel drei Tage lang in die Totenhalle liefen, weil sie meinen Vater nicht allein lassen wollten. Ich sah, wie meine Mutter über sein Gesicht fuhr, das nur einen kleinen blauen Fleck hatte und flüsterte: Warum lässt du dir das gefallen? Warum wehrst du dich nicht? Ich sah, wie meine Mutter vor dem offenen Grab meines Vaters stand, als die Bergmannskapelle von der Straße herkommend über den Friedhof marschierte und *Ich hatt einen Kameraden* spielte. Wie sie sich von niemandem Beileid wünschen ließ, sondern den Friedhof allein verließ, sobald der Sarg heruntergelassen worden war. Ich hörte, wie Großtante Mia sagte: Na, so ejine Beerdigung hab' ich noch nie erlebt, und sich darüber aufregte, dass meine Mutter für meinen Vater eine Gruft gekauft hatte, in der auch sie eines Tages begraben werden wollte, obwohl doch ein Einzelgrab viel billiger gewesen wäre. Ich sah, wie alle ein Jahr lang gemeinsam zum Grab meines Vaters gingen, meine Mutter, meine Großeltern, meine Tanten, mein Onkel. Ich sah, dass meine Mutter ein Jahr lang Schwarz trug. Ich sah, wie sich meine jüngste Tante ihre schwarzen Strümpfe heimlich auszog, um zur Kirmes zu gehen, und wie mein Großvater sie dabei erwischte und sie fast totgeschlagen hätte. Ich sah, wie meine Großmutter über Nacht grau wurde.

Unser Leben war vorbei, bevor es angefangen hatte, sagte meine Mutter und räusperte sich. Sie bemühte sich, wieder zurückzukommen, zu mir auf das Wohnzimmersofa – was passiert ist, ist passiert, Tränen machen ihn auch nicht wieder lebendig. Mit dem Handrücken wischte sie die Tränen weg, die auf ihren Pullover tropften. Sie putzte sich die Nase und versuchte, vernünftig zu sein. Ich ballte meine Hände zu Fäusten, bis sich die Fingernägel in meine Handflächen bohrten. Von mir gab es ein Foto, das mich auf dem Grab meines Vaters stehend zeigt. Ich trage einen weißen Schutenhut, schwarze Lackschuhe und ein helles, kariertes Mäntelchen, das nach vorn absteht. Ich bin nicht viel größer als der Strauß weißer Kalla, der neben mir auf dem Grab steht.

Die Ansagerin kündigte einen weiteren Film an. Meine Mutter blickte auf die Wohnzimmeruhr. Jetzt wird es aber Zeit, ins Bett zu gehen, sagte sie mit belegter Stimme. Sie stand auf und ging in die Küche. Ich hörte, wie sie in ihr Taschentuch schnaufte.

Wasch dir das Gesicht mit kaltem Wasser ab, rief sie mir zu. Creme dich mit Mattcreme ein. Sonst sieht man noch morgen früh, dass du geweint hast.

Ich beschloss, wenn ich mich schon nicht an meinen Vater zu erinnern vermochte, wenigstens seinen Wunsch zu erfüllen, den er unter der Küchenlampe ausgesprochen hatte. Ich beschloss, mich so früh wie möglich auf meine Existenz als Auslandskorrespondentin vorzubereiten. Ich wünschte mir einen beleuchtbaren Globus zum Geburtstag. Nachts lag ich unter dem Globus, der an meinem Kopfende auf dem Regal stand, und suchte in dem Leuchten nach Formosa, dem Land, aus dem die Mandarinenkonserven kamen. Als ich endlich den Heimatkundeunterricht mitsamt seinen Landschaften der münsterländischen Bucht, den Wasserstraßen im niederrheinischen Industriegebiet und den Talsperren des Sauerlandes hinter mir lassen konnte, hoffte ich auf die Welt. Der Erdkundeunterricht des Gymnasiums begeisterte mich. Ich lernte alle Hauptstädte der Welt auswendig und konnte Budapest von Bukarest unterscheiden, obwohl sie so verdammt ähnlich klangen. Ich merkte mir, dass die Hauptstadt von Bulgarien so heißt wie eine italienische Schauspielerin: Sofia. Man hätte mich nachts wecken können, und ich hätte gesagt, dass Manila die

Hauptstadt der Philippinen ist. Ich malte jede Landkarte ab, die sich mir bot. Wenn es darum ging, stumme Karten auszufüllen und die Namen der Städte in sie einzutragen, war ich unschlagbar. Ich wusste blind, dass Tripolis in Afrika oben in der Mitte liegt, Johannesburg hingegen unten rechts. Nur ein Mal rebellierte ich kurz, als es darum ging, zu lernen, wie man in Deutschland ein Moor abtorft. Ich weigerte mich, meine Zeit mit Deutschland zu verschwenden. Ich lernte Englisch. Schon bald war ich in der Lage, mit dem englischen Mädchen, das ich während unserer Ferien auf Mallorca kennen gelernt hatte, einen Briefwechsel aufzunehmen. Eine Brieffreundschaft war mir nicht genug. Der *International Youth Service* aus Turku – Finnland vermittelte mir gegen ein geringes Entgelt Adressen von Brieffreunden aus der ganzen Welt: *Here is the name and address of your new pen friend. He would like to hear about you, your daily life, family, country etc. Please write clearly and carefully so as to be sure of a reply, and don't forget to let your pen friend know your postal address.*

Bald korrespondierte ich aus meinem Kinderzimmer mit der ganzen Welt. Zu meiner englischen Brieffreundin Bridget kamen Esther aus der Schweiz, Sudnya und Olovia aus Indien, Elfil von den Philippinen, Kate Helen aus Norwegen und Ramon aus Spanien. Ich hätte wahnsinnig gern eine russische Brieffreundin gehabt, aber englischsprechende Russen waren nicht im Programm. Ich tauschte mit meinen Brieffreundinnen Fotos aus, Esther aus der Schweiz posierte neben ihrem Vater und einem Papierkorb, Kate Helen schickte mir aus Norwegen ein verwackeltes Foto von ihr und ihrer kleinen Schwester, und die philippinische Elfil ließ sich in T-Shirt mit Sonnenbrille und Pepitahütchen fotografieren, was mich enttäuschte, weil ich von einer Philippinin mehr Eleganz und vor allem Puffärmel erwartet hatte, so wie ich sie bei den Frauen der philippinischen Präsidentenfamilie im *Goldenen Blatt* gesehen hatte. Ich achtete immer darauf, dass auf meinem Foto nichts von meinen dünnen Beinen zu sehen war.

Ich schrieb auf hauchdünnem Luftpostpapier über meine Abneigung gegen Rosenkohl. Ich schrieb, dass ich schon zwei Mal in meinem Leben im Ausland gewesen war, ein Mal in Nordwijk in Holland und ein Mal auf Mallorca in Spanien. Ich schrieb, dass ich, als ich klein war, manchmal Pfauenaugen gefangen und sie in Erdlöchern einsperrt hatte, über die ich ein Stück Damenstrumpf gespannt hatte, was ich jetzt bereute. Ich schrieb, dass Barry Ryan mein Lieblingssänger war, und dass ich Gitarrenunterricht bekam. Ich schrieb, dass der Gitarrenlehrer gelacht hatte, als er mich mit der alten Schlaggitarre sah, die mir mein Cousin geschenkt hatte. Ich schrieb, dass ich Mathematik und Physik hasste. Ich schrieb, dass meine Mutter aus Schlesien kam, *Silesia*, und mein Vater aus Ostpreußen: *East-Prussia*.

Dass mein Vater tot war, schrieb ich nie.

Irgendwo hinter dem Horizont soll Jomendorf liegen, Jaroty, das Heimatdorf meines Großvaters. Hinterm Berg, glejich iber die Bricke in Groß Bertung, Richtung Kellaren, hat Frau Jekosch gesagt. Immer wieder bleibe ich stehen und blicke ungläubig in den Himmel. Für diesen Himmel sollte man Eintritt verlangen. Jeder, der den Kopf in den Nacken legt und wie gebannt mitten auf der Landstraße stehen bleibt, müsste fünfzig Zloty zahlen. Erst dann bekäme er den freien Blick nach oben. Denn da wird jede Stunde ein neues Drama gezeigt. Quellwolken stellen Schäfchenwölkchen nach und treiben sie bis zur Erschöpfung durch das Blau, so dass nichts mehr von ihnen bleibt, außer etwas Dunst. Schon quillt eine weitere Riesin heran, baut sich drohend auf, verfärbt sich wütend und verfinstert die Sonne – das Ganze eine Handbreit über meinem Kopf. Die Spannung steigert sich ins Unerträgliche, und ich laufe schneller.

Ich überquere das Gut von Kellaren, das den Zusammenbruch des Sozialismus nicht überlebt hat. Der Putz hat sich handtellergroß von den Wänden der verlassenen Wirtschaftsgebäude und der Ställe gelöst, drei verrostete Mähdrescher stehen verloren auf dem Hof herum. In der Mitte des Gutsgeländes steht ein Haus, das noch bewohnt scheint. Ein bescheidenes gekalktes Haus, keine Villa. Hat hier jene Gutsbesitzerin gelebt, die meinen Großvater noch bis ins hohe Alter verfolgte? Aus dem Haus zieht der Duft von frisch gebackenen Waffeln und kriecht mir in die Nase. Eine Erinnerung an die Sonntagnachmittage bei meiner Großmutter. Sie betrieb das Waffelbacken wie eine rituelle Handlung. Hostien im Kampf gegen die Unterernährung, von der sie uns Enkel ständig bedroht sah. Sie rieb das Waffeleisen mit einer Speckschwarte ab, goß den Teig mit Bedacht auf das Eisen und schloss weihevoll den Deckel. Dann zischte es, etwas Teig lief über und verbrannte. Fluchend kratzte sie die schwärzlichen Teigreste ab, löste die dampfende Waffel mit einem Messer, und legte sie zum Auskühlen zu den anderen, die bereits auf einem Teller aufgetürmt waren. Meine Cousins saßen ungeduldig daneben, schließlich hatten sie den Ehrgeiz, sich im Waffelwettessen zu überbieten. Der Rekord lag ungebrochen bei fünfzehn. Heiko hielt ihn seit Wochen. Der letzte Herausforderer hatte sich bei vierzehn übergeben müssen.

Eines Tages erzählte meine Großmutter davon, dass der Jude Peiser in Reußen Waffeleisen verkauft hatte. Es war das erste Mal, dass ich das Wort »Jude« aus dem Mund meiner Großmutter hörte. Sie löste die frisch gebackene Waffel aus dem Eisen und beschrieb, wie der Peiser immer ins Dorf gekommen sei, mit seinem buckligen Pferd, das einen Karren mit einem Berg aus Geschirr und Töpfen und Haushaltsgeräten zog, vom Waffeleisen bis zur Nähmaschine, und wie mein Urgroßvater dem Juden Peiser ein Mal eine Nähmaschine abgekauft hatte, allerdings im betrunkenen Zustand, und dass meine Urgroßmutter angesichts dieser Ausgabe schier habe verzweifeln wollen.

Sonst gab es ja kejine Juden in Reußen, sagte meine Großmutter. Die kamen nur zum Verkaufen aus Allenstejin.

Ich blickte auf den Waffelstapel, beobachtete, wie mein Cousin Heiko seine Waffel in vier Herzen zerriss, die er zusammengerollt in den Mund stopfte, und fragte mich, warum sie das so besonders betonte. Ob sie froh darüber war, dass es keine Juden in Reußen gab? Ich forschte in ihrem Gesicht nach einer Gemütsregung, aber da war nichts zu sehen, als ihre Hand, die mit einer ungeduldigen Bewegung die vom Dampf beschlagene Brille von der Nasenspitze zur Nasenwurzel rückte. An der Nasenwurzel hatte der Metallsteg der Brille eine Kerbe gegraben, in der die Brille ruhte.

Oder hatte meine Großmutter die Juden in Reußen übersehen? Sozusagen zwanghaft, als wären sie durchsichtig gewesen? Überall hatte es schließlich Juden gegeben, das war bekannt, und wenn es keine Juden gab, dann aus gutem Grund. Und wenn sie sich nicht mal Gedanken darum gemacht hatte, warum es keine Juden gab, war das noch viel ungeheuerlicher. Eine dritte Möglichkeit, nämlich die, dass es in Reußen wirklich keine Juden gegeben hätte, schloss ich aus. Das hätte ich als persönliche Niederlage empfunden.

Ich holte Luft und wollte sie fragen, warum es keine Juden gab, in Reußen. Ich sah, wie ihre Brille zur Nasenspitze rutschte. Ich sah, wie sie versuchte, die Brille mit dem Handrücken zurechtzurücken. Dann atmete ich wieder aus. Ich fragte sie nicht. Meine Großmutter hielt mir eine Waffel unter die Nase und sagte: Jetzt iss endlich.

Der Himmel hat sich inzwischen schwarz verfärbt. Es sieht nach Weltuntergang aus. Die ersten Tropfen fallen. Ein paar Meter entfernt steht eine überdachte Bushaltestelle, in die ich mich flüchte. Ich setze mich auf die verrostete Bank und schaue dem Regen zu. Bald tropft der Regen durch die Löcher im Dach der Bushaltestelle. An den Seitenwänden kleben Reste von Plakaten, eins wirbt für einen Zirkus, das andere für die neuesten Notebooks. Im Nu ist die Straße überflutet.

Lehmiges Wasser läuft über den löchrigen Asphalt und sammelt sich in den Schlaglöchern. Die Feuchtigkeit kriecht mir zwischen die Schulterblätter. Langsam hört der Regen auf. Ein paar Tropfen noch, dann hellt der Himmel wieder auf. Die Luft riecht nach frisch geschnittenem Gras. Über meinem Kopf ist Frieden geschlossen worden. Die Haufenwolken, die Quellwolken, die Schönwetterwolken, die Schleierwolken, alle leuchten weiß im Sonnenlicht, als wäre nichts gewesen, und ziehen geordnet Richtung Horizont. Am Ende kriegen sich alle. *Vom Winde verweht* an der Projektionswand des ostpreußischen Himmels.

Statt eines Busses kommt ein Pferdewagen vorbeigefahren. Ein fuchsbraunes Tatarenpferdchen zieht einen klapprigen Wagen. Ich springe auf und winke. Der Mann, der den Wagen mit gekrümmtem Körper kutschiert, zieht an den Zügeln, bringt das Tatarenpferdchen zum Stehen und sieht mich an wie eine Sinnestäuschung. Jaroty, stammle ich. Er nickt und entblößt grinsend eine Reihe von silbrig schimmernden Metallzähnen wie der Beißer in dem James-Bond-Film *Der Spion, der mich liebte*. Ich setze mich in vorsichtiger Distanz mit dem Rücken zu ihm auf die lehmige Ladefläche. Auf einem Pferdewagen nach Jomendorf. Siehst, hätte mein Großvater gesagt. Siehst, sagte er immer, wenn er mit irgendetwas Recht behalten hatte. Ostpreußen, siehst.

Wir fahren bergauf durch ein Stück Lindenallee, die Bäume bilden ein Dach über unseren Köpfen, von dem es jetzt heruntertropft, obwohl die Sonne wieder scheint. Der Wagen bewegt sich schlingernd, den

Schlaglöchern ausweichend. Als wir oben auf dem Hügel angelangt sind, halten wir an, und der Mann dreht sich zu mir um. Seine Zähne blitzen, und er deutet mit ausgestrecktem Arm über die Felder. Plötzlich ist es, als sei am Horizont eine Herde Ungeheuer aus der Erde gewachsen. Sozialistisch graue und postmodern pastellfarbene Plattenbauten in Reih und Glied, so weit das Auge reicht.

Jaroty, sagt der Mann.

Ich springe von der Ladefläche auf die Straße und murmele *przepraszam*. Der Mann lacht, ruckt an den Zügeln und lässt sein Tatarenpferdchen wieder anziehen. Als mir einfällt, dass ich nicht »danke«, sondern »Entschuldigung« gesagt habe, ist er schon fast hinter der Bergkuppe verschwunden.

Wie benommen stehe ich auf dem Berg und blicke auf Jomendorf und das, was von ihm blieb. Jomendorf gibt es nicht mehr. Nicht mal mehr Ruinen. Das Dorf meines Großvaters ist versickert. Aufgesogen von den Vorstadtsiedlungen Allensteins, untergegangen wie Atlantis.

Vielleicht tut sich der Boden ja auf, und das alte Dorf taucht wieder auf. Ich mache ein paar unschlüssige Schritte. Aus einiger Entfernung sehe ich Kinder auf Plastik-Dreirädern über die Gehwege vor den Häusern um die Mülltonnen herumkurven, vorbei an platt getretenen Rasenflächen, in deren Mulden sich das Regenwasser sammelt, vorbei an den parkenden Autos, Fiat-Polskis stehen dort Stoßstange an Stoßstange mit neuen Audis. Neben den Plattenbauten gibt es noch ein Bauernhaus, es steht so geduckt da, als erwarte es seine baldige Hinrichtung. Ein kleines Backsteinkapellchen hat auch überlebt, trotzig steht es vor einem pastellfarbenen Häuserblock, der wie eine schläfrige Katze aussieht, als läge er auf der Lauer, um das Kapellchen in einem unbeobachteten Augenblick endlich zu schlucken.

Dann kehre ich um. Zurück über die verwilderten Felder, zurück zu den Krüppelkiefern und dem Schilf am gewundenen Ufer der Alle.

Jomendorf. Siehst.

Wie sich der Winter hier wohl anfühlen mag, wenn man am Horizont nichts anderes sieht als verschneite Felder und nichts hört als die Schreie der Krähen und Dohlen, wenn überhaupt. Jetzt wachsen Kornblumen und Klatschmohn am Rande eines vernachlässigten Weizenfeldes, Silberweiden begleiten den Lauf der Alle, und die Gräben sind mit Sauerampfer bedeckt. Von ferne sehen die Felder aus wie eine endlose Wüste, sandfarben und golden, durch die sich ein paar Krüppelkiefern ziehen wie eine Karawane.

Die erste und einzige Auslandsreise im Leben meiner Großeltern führte sie nach Frankreich zur Hochzeit eines Enkelsohnes. Onkel Oskar fuhr. Wir waren in der Nacht aufgebrochen und durchquerten Paris im Morgengrauen. Onkel Oskar war stolz, seinen Opel sicher über den Boulevard Périphérique zu bringen. Mein Großvater hielt sich an dem Haltegriff über dem Fenster fest, meine Großmutter umklammerte die Handtasche auf ihrem Schoß. Paris ließ sie kalt. Wir fuhren durch das Loire-Tal, und das Loire-Tal ließ sie kalt. Wir passierten die kiesbestreuten Auffahrten der Loire-Schlösser, wir fuhren durch Weinberge, die Sonne spiegelte sich auf Schieferdächern, wir fuhren vorbei an den geometrischen herrschaftlichen Gartenanlagen mit ihren kugelförmigen Buchsbäumen, aber meine Großeltern hatten nur Augen für die Erde. Sie diskutierten ihre Farbe, sie fragten sich, wie ertragreich sie sein könnte und welche Fruchtfolge hier wohl betrieben würde. Kein Roggenfeld, kein Weizenfeld, kein Kartoffelfeld blieb unbemerkt – und überall sahen sie die Felder des Ermlandes. Sie wunderten sich darüber, wie hoch das Korn schon stand, wäre nicht längst Zeit für die Ernte gewesen? Mein Großvater machte eine abfällige Handbewegung und sagte zu meiner Großmutter: Nu, wejißt, die Franzmänner … trinken den ganzen Tag Wejin.

Bei der Weinprobe am Tag vor der Hochzeit leerte meine Großmutter jedes Glas. Sie brachte es nicht übers Herz, den Wein auf den Boden des Weinkellers zu gießen, geschweige denn zu spucken. Am Ende trank sie mit dem Weinbauern Bruderschaft und sang *So ein Tag, so wunderschön wie heute*.

Der Wind wühlt in den Ähren, und ein Audi fährt so scharf an mir vorbei, dass ich fast in den Straßengraben zum Sauerampfer gesprungen wäre. Bald tauchen die ersten Häuser von Reußen wieder auf, die resignierten Bauernhöfe mit ihren knochigen Hunden, die Schule, daneben ein weiß gekalktes Haus, das sich das Dach tief in die Stirn gezogen hat, die Forellenzucht, der giftgrüne Dorfladen, vor dessen vergitterten Fenstern wie immer ein paar Männer stehen, die mich mit ihren milchigen Blicken verfolgen. Ich zwänge mich an ihnen vorbei und betrete den Laden. Ein armseliges Angebot, etwas Käse, etwas Wurst, aber jede Menge Wodka, Weinbrand, Wein in Fünf-Liter-Flaschen. Der Rest sind verstaubte Konserven von Cornedbeef, Ananas und Hering in Gelee, daneben stehen Duschgel und Haarspray im Regal. Die neue Welt hat in Form einer Langnese-Eis-Truhe Einzug gehalten. Eine junge Frau mit pink gefärbten Haaren und von schweren Ohrringen lang gezogenen Ohrläppchen steht hinter der Verkaufstheke und zählt Käsescheiben ab. Als ich den Laden mit meinen bescheidenen Einkäufen wieder verlasse, Fischkonserven für Frau Piatek, etwas Tee, etwas Kaffee, stehen die Männer immer noch in der gleichen Haltung davor, als seien sie in Gips gegossen.

Ein paar Schritte weiter, auf der gegenüberliegenden Straßenseite, komme ich an dem winzigen Haus meiner Urgroßeltern vorbei, es ist weiß gekalkt mit kleinem Vorgarten, in dem ein paar Glockenblumen unbeachtet verblühen. Eine Parabolantenne an der Außenwand kündet vom Anschluss an die Welt. Die Einfahrt zum Hof ist mit Gras überwachsen. Ich versuchte mir meine Großmutter vorzustellen, wie sie auf diesem Hof mit meinem Vater auf dem Arm auf und ab ging und hoffte, so das Herz meines auf der Kutsche vorbeifahrenden Großvaters zu rühren. Er sah dem Allo doch so ähnlich.

Jetzt lebt die Dorfschullehrerin in dem Haus, wusste Frau Leszinski zu berichten, als ich sie kurz vor dem Mittagessen besuchte: Die Tochter von dem Lehrer, der gestorben ist, sagte die Leszinska, als müsste ich ihn kennen. Er war ejin guter, ejin guter Lehrer, der Schanowski. Freundliche Leute, aber die kennen nicht Deutsch. Aber gute Leute, sagte sie und zeigte mit der Spitze des Gemüsemessers auf mich. Sie fixierte mich streng und fügte hinzu: Ich will Ihnen was sagen. Sind auch polnische gute Leute. Sind auch deutsche Deuwels. Sagen Sie nicht neji. Das ist ieberall so. Ich sag' die Wahrheit. Das kommt nicht darauf an, wer du bist. Bloß, wie du bist.

Dann putzte sie weiter die Möhren für das Mittagessen.

Endlich der Garten von Frau Piatek. Sie winkt mir schon von weitem. Als ich ihr vom verschwundenen Jomendorf alias Jaroty erzähle, lauscht sie so interessiert, als berichte ich von einer Reise zum Mond. Ihre Welt endet diesseits der Chaussee.

Isoschka ist zum Kaffeetrinken gekommen und erzählt, dass sie am Sonntag keineswegs den Rosenkranz gebetet, sondern ein Schwein geschlachtet hat. Mit Genuss beschreibt sie, wie das Schwein auf dem Küchentisch lag und aussah, als schliefe es. Dann, zack, hat sie es zerteilt. In kleine handliche Stücke für die Gefriertruhe. Sie steht auf, stellt ihren Kaffee auf dem Fensterbrett ab und zeigt uns anschaulich, wie sie das Filet aus dem Bauch schnitt. Das Schwein liegt zu ihren Füßen, und sie beugt sich so weit herunter, bis man ihre Strumpfhalter sieht, all das, nur um zu demonstrieren, wie geschickt sie den Rückenspeck löste, das Eisbein vom Schinken trennte und schließlich aus dem Schweinskopf Sülze kochte. Die ganze Kiche war voll Blut, sagt sie und strahlt. Dann nimmt sie ihren Kaffee wieder vom Fensterbrett neben ihr, trinkt einen Schluck und verdreht so schwelgerisch die Augen, als verspüre sie auf der Zunge den Geschmack von einem guten Schluck Schweineblut.

Mir fällt die Geschichte von dem Schwein mit zwei Schwänzen wieder ein, die ich als Kind nie verstanden habe. Vielleicht ist das jetzt die Gelegenheit, Licht in die Dunkelheit zu bringen? Warum wurde mein Großvater von seinem Bruder Anton gefragt, ob sein Schwein zwei Schwänze gehabt hätte? Und warum lachten dann alle?

Erinnern Sie sich eigentlich an einen Bruder meines Großvaters, an den Anton Reski?, frage ich Frau Piatek. Sie ist noch ganz gebannt von Isoschkas Schilderung der sonntäglichen Schlachtorgie und blickt mich zerstreut an. Mit gerunzelter Stirn versucht sie, einen Bogen von Isoschkas Schwein zu Anton Reski zu schlagen, aber das passende Verbindungsstück fehlt.

Anton Reski?, fragt sie gedehnt und legt die Hand an das Ohr, als flüsterte ihr der Wind etwas zu.

Na, murmelt sie vor sich hin, war der nicht …? Sie stützt den Kopf auf ihre großen Hände und denkt nach. Sie blickt zu Isoschka, aber Isoschka kann ihr nicht weiterhelfen. Sie kam ja erst nach Kriegsende in das Dorf. Frau Leszinskis Schwiegertochter schiebt den Kinderwagen über die Straße in Richtung Dorfladen. Versunken blickt Frau Piatek ihr nach.

Der war doch Birgermejister von Bertung, sagt sie schließlich triumphierend, weil sie wieder mal das Vergessen besiegt hat. Ja! Der war doch in der Parteji. Der kam doch immer nach Reußen, wenn ejin Mann gefallen war. Der gab dann Beschejid. Haben die Russen ihn nicht erschossen?

Aus ihrem Mund klingt es wie eine ganz normale Todesart. Der eine kriegt einen Schlaganfall, der andere wird von den Russen erschossen. Sie kneift die Augen zusammen, um sich besser zu erinnern. Blickt zurück und sagt dann bestimmt: Ja, den haben die Russen erschossen.

Es ist, als hätte ich in einen Spiegel geblickt und wäre Zeugin einer Szene geworden, die niemand sehen sollte. Von einem Nazi-Großonkel, den die Russen erschossen, hatte nie jemand gesprochen. Jedenfalls nicht in ganzen Sätzen. Vielleicht war er aufgetaucht in jenen Halbsätzen, von denen alle außer uns Kindern wussten, wie sie zu Ende gingen. Aber sonst war er seltsam abwesend. Als hätte ihn meine Familie irgendwann unter den Tisch fallen lassen. Was vorbeji ist, ist vorbeji. Ich denke an die Brüder meines Großvaters, die ihren Namen in Reder germanisierten, und an jenes Familienfoto, wo ein Mann mit Hitlerbärtchen im Hintergrund steht.

Er hat meinen Großvater gefragt, ob sein Schwein zwei Schwänze gehabt hätte, sage ich zu Frau Piatek. Vermutlich findet sie mich jetzt etwas befremdlich. Stattdessen lacht sie sich kaputt. Ein großartiger Heiterkeitserfolg. Auch Isoschka lacht. Sie lacht, als hätte ich einen zotigen Witz gerissen. Wieder weiß ich nicht, was an dem Schwein so lustig sein soll.

Nu, wird der Allo zweji Schwejine geschlachtet haben!, ruft Frau Piatek aus, belustigt über meine Begriffsstutzigkeit. Ejins davon schwarz. Wenn ejiner schwarz geschlachtet hat, dann kam der Anton Reski doch ins Dorf. Und hat die Lejite angezejigt. Der Allo hat Glick gehabt, wejil der Anton sejin Bruder war. Hat er ihn nicht angezejigt. Sonst wär der doch wegen zweji Schwänze ins Gefängnis gekommen.

Immer noch kichernd steht Frau Piatek auf und schlurft mit ihren kleinen, bedächtigen Schritten ins Haus. Nach wenigen Minuten kehrt sie wieder zurück zu uns auf der Bank, in der Hand trägt sie eine Pralinenschachtel. Hier, inmitten der Gartenbeete, neben dem Plumpsklo und der verwitterten Bretterbank, wirkt die pastellfarbene Pralinenschachtel so unwirklich, als könnte sie sich jeden Augenblick wieder in Luft auflösen. Sorgfältig löst Frau Piatek das Papier von dem Karton. Hebt den Deckel ab, schlägt die Folie beiseite und reicht uns die Pralinen. Isoschka sucht sich eine aus, die aussieht wie ein Lampenschirmchen, ich entscheide mich für ein Stückchen aus hellem und dunklem Nougat. Als es auf meiner Zunge zergeht, habe ich meinen erschossenen Nazi-Großonkel schon fast wieder vergessen und schäme mich ein bisschen.

Nehmt euch!, ruft Frau Piatek und reicht die Pralinen wieder herum, obwohl unsere Münder noch voll Schokolade sind. Ich bin ja nicht so fier Sießes, sagt sie entschuldigend.

Aus Deutschland?, fragt Isoschka und faltet genüsslich die Hände über ihrem Bauch.

Ja, sagt Frau Piatek. Schickt mir mejine Schwiegertochter.

Ojei, sagt Isoschka. Die wo immer kommt?

Ja, sagt Frau Piatek und verdreht die Augen, als versuchte gerade ihre Schwiegertochter der Pralinenschachtel zu entsteigen. Schnell schließt sie den Deckel wieder.

Ejine Deutsche, sagt sie in einem Ton, der nichts Gutes ahnen lässt, und ich nicke betroffen.

Hat er sich fier sie schejiden lassen, sagt Frau Piatek kopfschüttelnd, als sei dies der Beweis, dass ihr Sohn nicht ganz von dieser Welt ist. Sie kneift die Lippen zusammen, als könnte sie, wenn sie nur wollte, die schrecklichsten Dinge erzählen. Dann reicht sie die Pralinenschachteln noch mal herum, ruft: Nehmt euch, nehmt euch!, als gelte es, mit den Pralinen auch die Schwiegertochter zu vernichten.

Jetzt sind sie sejit ejinundzwanzig Jahren zusammen, sagt sie mit abwesendem Blick, als sähe sie das Paar vor sich: Ihr jüngster Sohn, der Vielgeliebte mit den braunen Augen, die sie immer an den Chauffeur erinnern sollten, der Sohn, dessen Blick genügt hatte, um für immer zu ihr zu gehören, – jetzt zu Füßen der deutschen Schwiegertochter hockend, die ihm vor den Augen seiner Mutter den Nacken krault. Wenn sie nur an dieses Bild denkt, wird ihr schlecht.

Wenn sie kommen, dann schlafen sie in dem Bett in der Kiche, sagt Frau Piatek. Seufzend fügt sie an: Na, was willst, sind ja Mann und Frau. Kennen sie ja in ejinem Bett schlafen.

Ächzend erhebt sie sich von der Bank, stützt sich an der Hauswand ab und geht herüber zum Gemüsebeet. Zupft etwas von der dünnen Petersilie ab und zerreibt die Blätter gedankenverloren zwischen ihren Fingern.

Eines Tages kam es zwischen meiner Großmutter und meiner Mutter zu einem Streit. Meine Großmutter war zu Besuch, sie saßen in der Küche und tranken Kaffee, ich war damit beschäftigt, im Kinderzimmer meiner Echthaar-Puppe einen Pony zu schneiden, und war froh, dass meine Mutter sich nicht für mein Tun interessierte. Da lass' ich mir nicht reinreden, hörte ich meine Mutter sagen, und meine Großmutter entgegnete: Ich hatte gedacht, du würdest alleine bleiben. Danach klappte unsere Wohnungstür zu. Meine Großmutter hatte sich nicht mal von mir verabschiedet. Als ich neugierig meinen Kopf in die Küche steckte, spürte ich, wie ihr Geruch noch in der Luft hing. Tosca und Kartoffelschalen. Meine Mutter saß am Tisch und sah abwesend aus dem Fenster. Dann schickte sie mich in mein Kinderzimmer zurück.

Ein paar Tage später kam Tante Rosi zu uns, meine Patentante. Das heißt, sie kam nicht wirklich, sie klingelte nur, stieß die Haustür auf, blieb in der Tür stehen und rief mit bebender Stimme in den Hausflur: Man muss sich ja was schämen! Meine Kinder lass' ich mit deiner jedenfalls nicht mehr spielen! Dann zog sie die Tür wieder zu.

Ich stand hinter meiner Mutter unter der Flurgarderobe und wunderte mich. Warum sollten wir uns schämen? Und warum sollten meine Cousins nicht mehr mit mir spielen? Nicht, dass ich darin einen besonderen Verlust sah, ganz im Gegenteil. Das letzte Mal, als sie bei uns zu Besuch gewesen waren, hatten sie in meinem Kinderzimmer wie die Vandalen gehaust, sie hatten alles Essbare aufgegessen, meine goldenen Schoko-Weihnachtsmänner vom letzten Jahr, meine Zitronen und Apfelsinen aus Zuckerguß, meinen Marzipanaufschnitt, den Marzipanblumenkohl, die Schokoladen-Katzenzungen, ja, sie hatten sogar die winzigen Waschpulverpackungen meines Kaufladens gierig aufgerissen, um den Puffreis darin aufzuessen. Wenn mir das in Zukunft erspart bliebe, wäre mir das nur recht.

Das hat nichts mit dir zu tun, beruhigte mich meine Mutter, mach' dir keine Sorgen, es ist nichts.

Ein paar Tage später heiratete meine jüngste Tante. Meine Mutter erklärte mir, dass ich von jetzt an ein großes Mädchen sei und allein zur Hochzeit gehen würde. Sie zog mir das rote Cordkleid mit dem weißen Kragen an, das wir eigens für diesen Anlass gekauft hatten, und frisierte mir die Haare zu einem Dutt, der aussah wie ein Nadelkissen. Sie band eine schwarze Samtschleife darum. Ich war sieben und ebenfalls der Meinung, alt genug zu sein, allein auf diese Hochzeit zu gehen. Wir standen vor dem Spiegel im Flur, vor dem sie mich immer frisierte, ich verzog das Gesicht, weil es ziepte, wenn sie mir die Haare mit Klammern wegsteckte, und verstand nicht, warum sie mir sagte, dass ich nicht heulen dürfte und niemals vergessen sollte, dass meine Familie die Reskis seien, zu denen ich genauso gut dazugehören würde wie alle anderen Familienmitglieder. Das war doch ganz natürlich.

Mit dem Geschenk unter dem Arm machte ich mich auf zur Kirche. Auf dem Weg legte ich mir verschiedene Ausreden für meine Mutter zurecht, vom verstauchten Fuß, den sie sich beim Abspringen vom Fahrrad geholt hatte, bis zum vereiterten Backenzahn, der ihr Gesicht bis zur Unkenntlichkeit habe anschwellen lassen. Als meine Großmutter mich erblickte, drückte sie mich an ihren Busen und schluckte. Alle meine Tanten drückten mich und schluckten. Tante Ursel trug ein revolutionär modernes, kniekurzes Brautkleid, in dem sie so schön aussah wie meine Barbiepuppe, und kniff mir in die Wangen. Aber niemand fragte mich, warum meine Mutter nicht mit mir gekommen war.

Beim Kaffeetrinken wurde mir schnell langweilig. Ich befürchtete, noch ein weiteres Stück Frankfurter Kranz essen zu müssen, und überredete meinen Cousin Roland dazu, mit mir vor der Musikbox zu tanzen. Er akzeptierte ohne zu zögern, offenbar ahnte er nichts von dem Verdikt meiner Tante. Ungeschickt hampelte er vor mir rum – zwar ohne jedes Rhythmusgefühl, aber mit gutem Willen. Ich schnippte mit den Fingern zum Takt der Musik und drehte mich, bis mir schwindelig wurde. Als Roland bemerkte, dass die Erwachsenen uns beobachteten, wurde er rot, und ich ließ ihn stehen.

Als ich wieder zu Hause war, fragte mich meine Mutter, wie das Brautkleid meiner Tante ausgesehen habe, und wer alles da gewesen sei. Ich sagte nur: Weiß ich nicht mehr, und schwieg.

Kurze Zeit danach fehlte das Bild von der Hochzeit meiner Eltern neben den Sammeltassen im Schrank meiner Großeltern. Nur das Foto von meiner Einschulung war geblieben und mein Vater in der Ecke, in der die Toten hingen. Blut ist dicker als Wasser. Ich versuchte mich daran zu gewöhnen, allein auf die Geburtstagsfeste meiner Familie zu gehen. Ich kam mit meinem Geschenk unter dem Arm und setzte mich ordentlich auf den Stuhl am Kaffeetisch, mit geraden Schultern, ohne herumzurutschen wie meine jüngeren Cousins, die ständig von ihren Eltern zu mehr Ruhe ermahnt werden mussten. Ich kleckerte nicht herum, ich rannte nicht mit meinen Cousins den Flur auf und ab und fühlte mich überlegen, weil ich ganz allein kommen konnte. Ich strengte mich an, mir die Vorteile meiner Situation vor Augen zu führen: Niemand konnte nachprüfen, ob ich wirklich an einer leichten Magenverstimmung litt, die mir verbot, Nudelsalat zu mir zu nehmen. Und wenn ich es leid war, musste ich nicht unter der dichten Decke aus Zigarettenqualm endlose Stunden darauf warten, dass meine Mutter nach Hause gehen wollte, sondern konnte selbst beschließen, wann für mich Schluss war. Außerdem war ich die einzige, die in den Genuss von zwei Bescherungen kam. Zu Weihnachten fand die Bescherung bei meinen Großeltern statt, das war so unverrückbar wie der Blumenkohl in der Mitte der Gemüseplatte bei jeder Familienfeier. Schon seit den frühen Morgenstunden des Heiligen Abends war meine Großmutter auf den Beinen. Sie schob zwei Gänse in den Backofen, bewarf den Weihnachtsbaum im Vorbeigehen mit Unmengen von Lametta, Engelshaar und Wunderkerzen, deckte den Tisch für die Erwachsenen und für die Kinder und spielte ab elf Uhr mit meinem Großvater Halma, weil sie wieder mal zu früh fertig geworden war. Gegen zwölf trafen die ersten Kinder und Enkelkinder ein, setzten sich an den Tisch und konnten es kaum abwarten, mit dem Essen anzufangen. Nachdem die beiden Weihnachtsgänse bis auf die Gerippe abgenagt, die Weihnachtslieder abgesungen, die Gedichte vorgetragen und die Blockflötenstücke einschließlich der schwer zu treffenden Fis vorgespielt worden waren und wir am frühen Abend in einem Meer von Geschenkpapier, Plastiktüten und Kartons ertranken, war für meine Cousins der Höhepunkt des Weihnachtsfestes bereits überschritten. Sie konnten nur noch ihre Chemiebaukästen, Carrerabahnen und Spielesammlungen in die eigens für diesen Zweck mitgebrachten Reisetaschen packen und nach Hause gehen. Nur ich hatte zwei Bescherungen. Eine bei meinen Großeltern und eine bei uns zu Hause. Unendlich viele Weihnachtsfeiern verliefen so. Zahllose Sonntage, endlose Familienfeiern ohne meine Mutter.

Natürlich ahnte ich, dass alles etwas mit dem Mann zu tun haben könnte, der meine Mutter manchmal besuchen kam. Er war Musiker, eines jener Wesen aus einer anderen Welt, die ich auf Familienfesten gesehen hatte, ein bleicher Mann mit bräunlichen Schatten unter den Augen, die einen eigentümlichen Kontrast zu seiner schillernden Musikerjacke bildeten. Manchmal hing seine nach Rauch riechende Glitzerjacke an der Flurgarderobe, ich ließ meine Fingerkuppen über den Glitzer gleiten und stellte mir vor, in so einer schillernden Jacke Gitarre zu spielen und dazu zu tanzen. Einmal besuchten wir ihn zu Hause. In seinem Wohnzimmer stand ein rotes, perlmuttschimmerndes Schlagzeug, mit Trommeln wie riesige, runde Muscheln – farbenprächtige Boten aus jener Welt, in der getanzt, geraucht und gesungen wurde und zu der ich noch keinen Zugang hatte. Ich rührte mit den Schlagbesen etwas auf den Trommeln herum und wünschte mir, schnell erwachsen zu werden.

Das war das letzte Mal, dass ich den bleichen Mann mit dem Schlagzeug sah. Er verschwand aus meinem Leben so überraschend, wie er darin aufgetaucht war. Kurze Zeit später erfuhr meine Mutter, dass er schwer erkrankt war. Einen Tag bevor er starb, schickte er ihr aus dem Krankenhaus einen Strauß roter Rosen.

Isoschka nimmt noch eine Praline, ganz bestimmt die letzte, eine Weinbrandbohne, die sie ohne jede Kaubewegung in ihrem Munde zergehen lässt, mit auf dem Bauch gefalteten Händen. Hat sie hier gesessen, sagt sie zu Frau Piatek, als gelte es, das Gespräch über die Schwiegertochter vor dem Versickern zu bewahren. Ist noch nicht lange her, dass sie dich besucht haben.

Neji, brummt Frau Piatek versunken.

Sie wejiß ja, wie man mit Männern umgehen muss, sagt Isoschka, als hätte sie Frau Piateks Gedanken erahnt. Wie hat sie gesagt: Man muss dem Mann was bieten, ich koch' schon mal griechisch!

Ojei, sagt Frau Piatek, griechisch.

Das Gartentor knarrt, und plötzlich steht die Leszinska zwischen den Lupinen. Wie immer im blauen Kittel. Hinter ihr läuft ein kleiner, brauner Hund, dessen Fell aussieht wie ein Stück verbrannter Waldboden.

Anka!, ruft Frau Piatek zärtlich. Lässt dich wieder sehen! Komm! Willst Pralinen?

Sie hält ihr die Schachtel vor die Nase. Vielleicht trägt ja die Leszinska etwas Neues bei zum Gesprächsthema, schließlich ist sie seit kurzem auch mit einer Schwiegertochter geschlagen.

Frau Leszinski lässt zögerlich ihren Blick über die Pralinen schweifen, über die Krokantberge, die Mandelsplitter – neji, sagt sie schließlich, ich wejiß nicht, so gute Schokolade, willst nicht aufbewahren?

Der braune Hund sieht die Schachtel und wedelt mit dem Schwanz. Frau Piatek wirft ihm ein Stück Würfelzucker zu, das sie aus der Tasche ihres Kittels hervorgekramt hat.

Jetzt überwindet auch die Leszinska ihre Bedenken und nimmt sich eine Praline. Sie schließt die Augen, um besser genießen zu können. Ejin Geschenk?, fragt sie, als sie die Augen wieder aufschlägt, und fügt an: Von dejiner Schwiegertochter aus Deutschland, nich?

Ja, murmelt Frau Piatek unwillig. Gerne würde sie den Geist ihrer Schwiegertochter wieder in die Pralinenschachtel zurückzaubern, aber da setzt sich die Leszinska schon aufrecht hin und sagt süffisant: Die pflegt sich ja, mit Cremes und allerhand. Als hätte ihr der Geschmack der Schokolade die Erinnerung gerade wieder aufgefrischt.

Und was hat sie gesagt: Die Jekosch braucht Sex, ruft Isoschka und kann vor Lachen ihren Busen kaum unter Kontrolle halten.

Das muss doch alles mal richtig durchblutet werden, hat sie gesagt, ruft die Leszinska und schnipst kichernd einen Marienkäfer von ihrer Kittelschürze.

Durchgeschittelt muss sie werden, hat sie gesagt, durchgeschittelt, japst Isoschka.

Frau Piateks Lippen kräuseln sich spöttisch. Dann runzelt sie die Stirn und kneift die Augen zusammen. Läuft dort hinten nicht Brigittka?

Sie macht ein paar Schritte, steigt zwischen die Latten des Gartentors, um sich wie immer größer zu machen, und winkt Frau Jekosch zu, die sich zögerlich nähert und am Gartentor stehen bleibt. Stirnrunzelnd. Schließlich sitzt da auch die Leszinska. Und Isoschka. Und eigentlich hat Frau Jekosch keine Zeit zu verlieren, aber sie will Frau Piatek nicht enttäuschen. Also zieht sie den Vierkantbolzen beiseite, stößt das Gartentor auf und betritt, nervös den Rock glatt streichend, den Garten.

Frau Piatek reicht ihr die Pralinenschachtel. Bitte scheen.

Ojei, sagt Frau Jekosch und setzt sich auf die Bank neben den Holzscheiten, die Reini heute Morgen für seine Mutter gehackt hat.

Nimm dir, sagt Frau Piatek.

Aus Deutschland?, fragt nun auch Frau Jekosch. Ohne auf eine Antwort zu warten, fügt sie an: Ich hab' Mozartkugeln. Aus Deutschland. Manchmal stell' ich sie auf Tellerchen. Und dann gucken alle. Aber sollen sie sich die Augen ausgucken, ich stell' sie wieder weg. Die gehen doch niemals kaputt. Warum soll ich sie dann essen?

Aber die hier isst, sagt Frau Piatek bestimmt und hält ihr wieder die Schachtel unter die Nase.

Frau Jekosch steckt sich einen Mandelsplitter in den

Mund und nuschelt: Von dejiner Schwiegertochter, nich?

Seufzend nickt Frau Piatek mit dem Kopf.

Frau Jekosch verzieht angewidert das Gesicht, als hätte sie auf einen bitteren Kern im Mandelsplitter gebissen, und sagt: Schlejiderhosen.

Schlejiderhosen?, fragt Frau Leszinski.

Schlejiderhosen hat sie angehabt, das letzte Mal, sagt Frau Jekosch und schüttelt sich. Alle blicken verständnislos. Weil die anderen so schwer von Begriff sind, fügt Frau Jekosch unwillig hinzu: Nu, solche Hosen, so Hosenrecke. Damit hätt' ich mich nicht rausgetraut.

Zustimmend nicken die Frauen. Frau Piatek reicht die Pralinenschachtel noch mal herum. Drei Pralinen sind noch drin. Für jede eine. Noch nie waren sie sich so einig.

Der Bannspruch meiner Großmutter hinderte meine Mutter nicht daran, mich Sonntag für Sonntag zu drängen, meine Großeltern zu besuchen. Die Angelegenheit mit ihr habe nichts mit mir zu tun, sagte sie mir schon beim Zähneputzen, meine Großeltern und ich dürften uns auf keinen Fall entfremden, wiederholte sie mir beim Anziehen, schließlich stellten sie doch meine Familie dar, betonte sie beim Frühstück. Ich bliebe immer eine Reski, egal, was geschehe. Meine Mutter redete so lange auf mich ein, bis ich mich am späten Vormittag auf den Weg zu meinen Großeltern machte, die nur zwei Straßen weiter wohnten. Die Oma freut sich doch! Als ich die Treppen zur Wohnung meiner Großeltern hinaufstieg, sah ich, wie meine

Großmutter den Kopf über das Geländer ins Treppenhaus streckte und sich schnell die Kittelschürze über den Kopf zog. Und ich hörte, wie sie meinem Großvater zurief: Die Pee-jii-trr-aa kommt! Jedes Mal klang es, als sei ich wieder aufgetaucht, nachdem mich ein Wal verschluckt und wie durch ein Wunder wieder lebendig ausgespuckt hatte. Ich genoss es mit scheinbarer Gleichmut. Wie eine Auszeichnung, ein heimliches Privileg, das mir jedoch zustand und mich dafür entschädigen sollte, ohne meine Mutter kommen zu müssen. Schließlich war ich die Älteste. Die erste Enkelin. Und die Tochter des ältesten Sohnes. Meine Großmutter wurde ihr Leben lang nicht müde, meinen besonderen Rang zu betonen: Sie ist doch unsere Älteste. Jeden Sonntag umarmte sie mich fest. Wenn ich mich aus ihren Armen gelöst hatte, putzte sie sich die Nase, rückte die Brille wieder in die Kerbe an der Nasenwurzel, sah an mir herab und sagte vorwurfsvoll: Hast schon wieder kejinen Rock an.

Nein, ich trug keinen Rock. Ich trug ein Bekenntnis. Ein Bekenntnis, das im Wesentlichen von Flicken zusammengehalten wurde: Meine erste Levi's. Ich war mit ihr in die Badewanne gestiegen und hatte sie an meinem Körper trocknen lassen wollen, damit sie sich, wie ich gehört hatte, besser an meine Figur und insbesondere an meine immer noch zu dünnen Beine anschmiegen würde, was meine Mutter allerdings verhinderte. Ich hatte meine Mutter daraufhin gezwungen, die Beine meiner Levi's enger zu nähen, ohne jedoch auch nur einen Zentimeter vom Schlag wegzunehmen, wobei meine Mutter sich die Nadel ihrer Nähmaschine an den dicken Kappnähten abbrach. Ich hatte meine Levi's mit der Nagelbürste bearbeitet, damit sie schneller ausblich, und sobald meine Mutter das Haus verließ, wusch ich sie heimlich mehrmals hintereinander, wodurch ich unsere Waschmaschine zum Überlaufen brachte. Die Seifenlauge überschwemmte den Flur und das Wohnzimmer, ruinierte den Teppichboden, und ich wurde mit einer Woche Stubenarrest gestraft. Für meine Levi's hatte ich sogar meine Abneigung gegen Handarbeiten aller Art überwunden, auf die Gesäßtaschen hatte ich eine Blumenwiese mit Regenbogen und Sternenhimmel gestickt, auf das Loch am Knie einen roten Lederflicken genäht, auf den durchgesessenen Hosenboden einen schwarzen, dazu rosafarbene Glitzersteine an die Beine geheftet. Über den Eingriff an den Taschen hatte ich herzförmige Nieten in den Stoff gezwickt. In der Tat war meine Levi's kein Rock.

Während meine Großmutter scheinbar begeistert vom bevorstehenden Ausflug ihres Sparclubs erzählte, betrachtete sie mich wie einen Marsmenschen, der in einem Lichtkegel in ihr Wohnzimmer gezaubert worden war. Wieder und wieder sah sie an meiner Hose herab und schluckte, als verursache ihr der Anblick körperliche Übelkeit. Sie bot mir etwas an, Lakritz, Pfefferminzbruch, Gummibärchen, sogar ein Glas Coca-Cola, ebenso höflich wie beiläufig fragte sie nach dem Befinden meiner Mutter, nickte, wenn ich ihr von meinem bevorstehenden Sprachkurs in England erzählte, und konnte doch den Blick nicht abwenden von den verblichenen Nähten, den zerfaserten Säumen und den vom vielen Waschen steif gewordenen Lederflicken. Mein Großvater sah Werner Höfers Frühschoppen und war gegen Willy Brandts Besuch in Erfurt. Meine Großmutter ignorierte meinen Großvater und Willy Brandts Besuch, ließ endlich ihre sich selbst auferlegte Zurückhaltung fallen und stieß mit letzter Kraft hervor: Diese … Nietenhosen! Bist doch ejin Mädchen!

Ich zuckte mit den Schultern. Das war das letzte Argument, was mich überzeugt hätte. Schlimm genug, ein Mädchen zu sein, fast so schlimm, wie Neger in Amerika, da musste man sich ja nicht obendrein noch mit einem Rock erniedrigen. Ich jedenfalls würde nicht mein Leben damit verbringen, einem Mann die Wäsche zurechtzulegen, stattdessen würde ich mich selbst verwirklichen, dazu gab es Gott sei Dank die Gleichberechtigung, und gegen den Rassismus war ich selbstverständlich auch, außerdem gegen die alten Nazis überall und gegen Vertriebene, die immer noch nicht eingesehen hatten, dass sie zu Recht aus ihrer Heimat vertrieben worden waren. Aber von all dem sagte ich nichts. Ich vermisste meine Mutter, die mich und meine Jeans sicher verteidigt hätte, vielleicht hätte sie sogar darüber gespottet, dass mir die Hosenbeine immer zu weit waren, dann hätten alle gelacht, und ich hätte hier nicht bedrückt an meiner Coca-Cola nippen müssen. Ich drehte so lange an einem rosa Glitzersteinchen an meiner Levi's, bis es abfiel, und schwieg.

Wir schwiegen uns eine ganze Weile an, am Ende sogar feindselig, wie mir schien. Werner Höfers Gäste waren sich immer noch uneins über die geschichtliche Bedeutung von Willy Brandts Besuch in Erfurt und rauchten genüsslich eine Zigarette nach der anderen, und ich murmelte, dass ich dringend auf die Toilette müsse. Ich raffte meine indische Tasche zusammen, die mein ganzer Stolz war, weil sie aus ganz vielen ganz kleinen Spiegeln bestand. Ich ging zum Badezimmer am anderen Ende der Wohnung und schloss mich ein. Aus der Tasche holte ich eine Packung Drum hervor und drehte mir eine dünne Zigarette. Dann stellte ich mich auf den Rand der Badewanne, rauchte aus dem offenen Fenster des Badezimmers in den Himmel und fühlte mich ein bisschen freier. Aber als ich nach Hause kam, warf ich mich auf mein Bett und heulte. Drei Tage später rief meine Großmutter meine Mutter an und sagte ihr, dass ich rauchte.

Diese Zigarette sollte das Wunder der Annäherung beschleunigen. Es hatte schon Jahre zuvor begonnen – allerdings nur tröpfelnd. Es hatte damit begonnen, dass meine Großmutter wieder an meinem Geburtstag erschienen war. Sie war allein gekommen, ohne meinen Großvater, gewissermaßen als Delegierte der Reski-Familie. Sie war wie üblich als erster Gast gekommen, um Viertel nach zwei, als meine Mutter und ich noch mitten in den Vorbereitungen steckten und schwitzend damit beschäftigt waren, Sahne steif zu schlagen und rosa Servietten zu kleinen Schwalben zu falten. Sie hatte meine Mutter umarmt, stolz und zerknirscht zugleich, sich an die Kaffeetafel gesetzt und ein großes Stück Buttercremetorte gegessen. Bis zu jenem Tag, als meine Großmutter mich beim Rauchen erwischte, waren meine Großmutter und meine Mutter jedoch nur an meinem Geburtstag miteinander in Berührung gekommen. Erst meine Zigarette versöhnte sie wieder vollständig. Meine Mutter fand in meiner Tasche das von meiner Großmutter beschriebene Päckchen Drum, beschied, dass dreizehn Jahre noch kein Alter fürs Rauchen seien und warf den Tabak in den Abfalleimer. Ich war glücklich, zum ersten Mal von meiner Mutter und meiner Großmutter gemeinsam beschimpft worden zu sein, kaufte mir von meinem Taschengeld eine neue Packung Tabak und fand es erstaunlich, dass eine einzige kleine Zigarette in der Lage sein konnte, einen Krieg zu beenden. Seither hatte ich das Gefühl, dass meine Großmutter mir für mein Rauchen damals dankbar war.

Die Familie folgte meiner Großmutter in die Versöhnung ebenso geschlossen wie zuvor in die Ablehnung. Die Tanten weinten und jammerten und sagten immer nur zu meiner Mutter: Was haben wir nur mit dir gemacht! Meine Mutter war nicht nachtragend. Zu mir sagte sie nur: Das muss man verstehen, der Heine war doch ihr ältester Sohn. Sie hatte offenbar nie aufgehört, meine Großmutter zu lieben – für ihre Lebenslust ebenso wie für ihre Unerbittlichkeit, mit der sie die Familie zusammenhielt. Ich bewunderte den Edelmut meiner Mutter und bezweifelte, ob ich zu ähnlicher Großherzigkeit fähig wäre. Gerade erst war es zum Bruch zwischen Gabi Evers und mir gekommen. Gabi hatte mich im Werben um den hübschesten Jungen unserer Siedlung überrundet. Fredi, dem ich sogar schon einen silbernen Freundschaftsring geschenkt hatte. Seither hatte ich mir geschworen, nie mehr ein Wort mit der Verräterin zu wechseln.

Bei der nächsten Familienfeier sangen sie wieder das Schlesierlied. *Hohe Tannen weisen die Sterne an der Iser wildspringender Flut, liegt das Lager auch in weiter Ferne, doch du, Rübezahl hütest es gut.* Ich saß neben meiner Mutter und trug ein kariertes Kleid mit einem Dekolleté, das meine aufkeimende Brust betonte und meine Großmutter begeisterte. Und plötzlich war mir, als sei meine Mutter nie ausgeschlossen gewesen, mit einem Mal hatte ich alles vergessen – wie einsam es auf der Straße war, wenn ich mich am Heiligabend allein auf den Weg zu meinen Großeltern machte, wie verlassen ich mich gefühlt hatte, als ich mein Wintergedicht *Der See hat eine Haut bekommen / so dass man fast drauf gehen kann / und kommt ein großer Fisch geschwommen / so stößt er mit der Nase an* ohne zu stocken aufgesagt und meiner Großmutter das Weihnachtsgeschenk mit den Worten überreicht hatte: Das ist von der Mamma und von mir. Und wie verloren ich manchmal gewesen war, wenn ich allein am Tisch saß, während meine Cousins sich immer enger an ihre Mütter klammerten und sie drängten, endlich nach Hause zu gehen. Ich suchte den Blick meiner Mutter in der Menge der Tanzenden und war glücklich, als ich sie lächeln sah.

9. Schöne Momente

Wenn sie ihn so von hinten sieht, dann hätte sie nicht wenig Lust, ihm mit der Axt vielleicht nicht unbedingt den Schädel zu spalten, aber immerhin doch einen solchen Hieb zu geben, dass er in sich zusammensacken würde und sie ihn in den Schuppen mit den Holzscheiten schleifen und dort gefesselt halten könnte.

Der mecht den ganzen Tag saufen, sagt Frau Piatek. Auf ihren Stock gestützt steht sie an der Bushaltestelle und sieht ihrem Reini hinterher, der zügig Richtung Dorfladen läuft und dabei mit den Armen rudert, als müsste er die Luft aus dem Weg schaufeln. Nie wird sie die Hoffnung aufgeben, nie, aber einfacher wäre es, wenn sie ihn eingesperrt halten könnte.

Wir warten auf den Bus. Zum Abschied wollen wir gemeinsam essen, im Gasthaus des verblichenen Leczko, jenes Gastwirtes, der sich vor den Augen seiner Frau totgeschossen hat, weil er davon überzeugt war, sie würde ihn betrügen. Frau Piatek saß schon seit Stunden fertig angezogen vor dem Fenster – ganz wie meine Großmutter, die ihr Leben lang darunter litt, zu früh fertig zu werden und warten zu müssen. Wenn sie von zu Hause abgeholt werden sollte, stand sie schon eine Stunde vor der Zeit am Fenster. Sie steckte den Kopf unter die Gardine, suchte ungeduldig die Straße ab und konnte es nicht erwarten. Sie war die erste auf

Familienfeiern, auf Reisen stand sie zu früh an Bahnhöfen, sie nahm versehentlich frühere Züge, die in keinem Plan verzeichnet waren und wunderte sich darüber, warum sie keiner am Bahnhof erwartete.

Frau Piatek hat ihr Haar zu einem winzigen Knoten frisiert, der von einem Schildpattkamm gehalten wird. Im Arm hält sie eine schwarze Handtasche, in deren Falten sich der Staub von Jahrzehnten eingenistet hat. Gespannt blicken wir auf die Straße, doch vom Bus ist immer noch nichts zu sehen.

Immer hat er Durst, sagt Frau Piatek. Dabeji ist doch so scheenes Wasser im Eimer. Aber neji, Bier muss er haben. Jetzt hat er die Zähne kaputt. Da sag' ich: Die Zähne hat das Bier verfressen. Hat er nichts gesagt, aber dachte er sich, na, hast es auch wieder mit dem Bier. Ach Gottchen, ja.

Sie faltet ihre Hände wie zum Gebet. Schaut zum Himmel, an dem sich wie gewohnt die Wolken jagen, über die Straße, wo immer noch keine Spur vom Bus zu sehen ist und lässt die Hände wieder sinken. Dann sagt sie: Schade nur, dass ich ihn genommen hab', von der Frau weg. Konnt' er mit sejiner Frau sitzen, vielleicht wär das anders.

Schon glänzen ihre schwarzen Augen wieder kampflustig. Wissen Sie, sagt sie, die hatte sich so einen Verehrer angeschafft, dann blieb der Kerl da dauernd beji ihr, und der Rejini konnte das nicht ansehen, er schlief in der Kiche und die Frau mit dem Kavalier im Bett. Na und deswegen nahm ich ihn nach Hause nachher.

Sie zuckt mit den Schultern. Man sieht ihr an, wie

sehr sie es bedauert, dass ihr Sohn so gar nichts von ihrer Kampfeslust geerbt hat. Sie schaut sich um. Sie trägt ihr bestes Kleid, das wollweiße, und hat ihre geliebten Fellpuschen gegen richtige Schuhe getauscht, und das, obwohl nicht mal Sonntag ist. Wenn sie so in ihrem weißen Kleid dasteht, gestützt auf ihren Stock, den Rücken gerade aufgerichtet, unverwandt auf die Straße blickend, dann hat sie die Aura einer Herrscherin. Einer Herrscherin, die ihre Untertanen despotisch und zärtlich, zänkisch und versöhnlich zugleich regiert.

Mecht der Rejini wohl auch nach Deutschland fahren, wenn ich nicht mehr bin, sagt sie, ohne die Augen von der Straße abzuwenden. Im letzten Winter wäre es fast so weit gewesen. Sie wollte sterben. Es ging ihr so schlecht wie nie zuvor. Sie hatte die Augen schon fast geschlossen, sich bereit gemacht für die letzte Reise, da überlegte sie es sich doch anders und öffnete wieder die Augen. Was soll der Reini schließlich ohne sie machen? Nu, muss ich mich also wejiter frisch halten, sagt Frau Piatek energisch und drückt die schwarze Handtasche fest an ihre Brust.

Suchend geht ihr Blick umher. Sie dreht sich um und schaut, ob sie eine ihrer Nachbarinnen sieht. Schließlich geschieht es nicht jeden Tag, dass sie das Dorf verlässt. Sie ahnt, dass die Leszinska schon lange hinter der Gardine steht und sich fragt, was Frau Piatek an der Bushaltestelle macht. Der Ausflug zu Leszeks Gasthof ist für sie ein Abenteuer, von dem sie noch lange zehren wird. Scheinbar unbeteiligt schaut sie wieder auf die Straße. Immer noch kein Bus. Manchmal ist hier nachts mehr los als tagsüber, findet sie, jedenfalls in sternenklaren Nächten, wenn sie am Fenster steht, weil sie nicht schlafen kann und am Himmel nach dem Kleinen und dem Großen Bären sucht. Sie hat schon gesehen, wie die Sterne über das Firmament schossen, als wären sie über Nacht toll geworden.

Der Wind wirbelt etwas Sand von der Straße auf, treibt ihn über den Asphalt und lässt ihn lustlos wieder fallen. Plötzlich ertönt Geschrei: Ich mecht' ihn totschlagen, den Hund! Ich mecht' ihn mit Wasser begießen, den Hund!

Frau Piatek dreht sich um und schaut herüber zum Gasthaus zur Ostpreußischen Schweiz. Dort steht Frau Jekosch am Brunnen, mit einem Eimer in der Hand. Frau Jekosch schreit, als sei ihr der Leibhaftige erschienen, dabei steht nur Reini vor ihr, der sich offenbar mit ihr unterhalten will. Allerdings hat er dabei Mühe, sich aufrecht zu halten. Er umklammert die Zaunpfähle und knickt immer wieder in den Knien ein, ganz so, als versetze ihm ein Unsichtbarer einen Hieb in die Kniekehlen.

Die wird doch wohl nicht, sagt Frau Piatek kopfschüttelnd. Aber da hat Frau Jekosch schon den Eimer mit Schwung über den zeternden Reini gekippt, der immer noch wimmert: Brigittka, ich will dir sagen, herr mir mal zu.

Nichts wirst du sagen!, schreit Frau Jekosch.

Drei blonde Kinder stehen mit ihren Fahrrädern in sicherer Entfernung und beobachten das Spektakel mit offenen Mündern. Reini wischt sich fassunglos das Gesicht ab. Die Haare kleben an seinem Schädel. Er steht immer noch vor dem Gasthaus zur Ostpreußischen Schweiz. Für einen Moment verschlägt es ihm die Sprache, dann schreit er los. Brüllend reißt er die Arme hoch und ballt die Hände zu Fäusten, bis er, unsichtbare Widersacher in der Luft boxend, weiterläuft.

Jessus, flüstert Frau Piatek. Hoffentlich geht er in den Schuppen. Sonst schrejit er wejiter rum, Schimpfwörter gibt er auch noch.

Schon steht Reini im Vorgarten und schreit die Malvenstöcke an, er biegt um die Ecke und schreit hinter dem Haus herum.

Wir schweigen. Reini schreit. Mit einem Ruck läuft Frau Piatek los. Was zu viel ist, ist zu viel. Muss man sich noch mit so ejinem damligen Kerl … Sie setzt überraschend behend Schritt an Schritt und reißt das Gartentor auf.

Komm bloß nicht hierhin, ruft sie mit vor Wut bebender Stimme. So muss sie geklungen haben, wenn sie mit ihren Kindern stritt, als sie noch klein waren. Setz dich da hin, befiehlt sie. Und komm nicht näher. Sonst geh beji der Jekosch – die wird dir geben. So was macht man nicht!

Reinis Protest wird immer leiser, aus dem Schreien wird ein Brummen, ein Murmeln, ein Wispern und schließlich verebbt es ganz.

Frau Piatek schließt das Tor wieder hinter sich und kehrt zu ihrem Platz an der Bushaltestelle zurück.

Da, sagt sie. Endlich kommt der Bus.

Ich sehe nur einen Punkt, der sich erst beim Nähern als Bus entpuppt. Frau Piatek ist froh, den jammernden Reini für ein paar Stunden sich selbst überlassen zu können, ergreift ungeduldig ihre Handtasche und schreitet dem Bus hoheitsvoll entgegen, vorbei an den ungläubigen Blicken von Frau Leszinski, die inmitten ihrer verschossenen Margeriten und verblühten Lupinen steht und ihren Augen nicht traut, als sie Frau Piatek den Bus nehmen sieht. Bevor Frau Piatek die Stufen zum Bus hochsteigt, blickt sie noch mal kurz und triumphierend über die Schulter zurück. Als sie sitzt, hält sie sich mit einer Hand am Haltegriff über dem Sitz fest, mit der anderen an ihrer Handtasche. Sie bedauert, dass niemand auf der Straße unterwegs ist, dem sie zuwinken könnte.

Schwer atmend streicht sie über ihr Kleid. Dass Reini ausgerechnet heute besoffen durch das Dorf laufen muss. Als würde er es mit Absicht tun, an diesem besonderen Tag, an dem sie sich entschlossen hat, ausnahmsweise das Dorf zu verlassen. Und welch einen schlechten Eindruck werde ich erst von Reußen wieder nach Hause mitnehmen? Mann blejibt Mann, sagt sie entschuldigend. Der denkt nicht! Der denkt nicht! Das war doch immer schon so, sagt sie. Wenn sie sich nur an ihre Hochzeit erinnert. Einer der Gäste war so betrunken, dass er eingesperrt werden musste. Ja, mejin Onkel hat ihn in den Keller gesperrt, sagt Frau Piatek und kichert. Der lief so hinter den Frauen her, und mejin Onkel konnte das nicht ansehen, da hat er ihn in den Keller gesperrt. Sitz da, bis du ausnichterst, hat er gesagt. Nachher war Ruhe, ja.

Getraut wurde sie in der Kirche von Groß Bertung. Damals wohnte sie auf dem Gut in Kellaren, die Feier fand zu Hause statt. Überall hatten sie Papiergirlanden aufgehängt, aus Wiesenblumen gewundene Kränze, die Möbel waren weggeräumt worden, so dass dreißig Gäste Platz fanden. Ihr Vater, der ihr die Erlaubnis zur Hochzeit nicht geben wollte und nicht zur Trauung in der Kirche erschienen war, hatte sich aus lauter Enttäuschung über den Schwiegersohn betrunken. Saß mit traurigem Blick da, wie ein Hofhund, der zu alt zum Bellen war. Und die Gäste tanzten um ihn herum.

Als wir an dem Dorfladen vorbeifahren, schaut sie weg. Sie blickt in den Himmel, als würde sie ihn zum ersten Mal sehen. Der Himmel und die Landschaft um sich herum, die Hügel, die schillernden Seen dazwischen, die Silberpappeln, das Röhricht am Ufer der Alle, die Eiche, die ihre Krone über das Wegkreuz breitet. Und wie viele neue Häuser sind dazugekommen, seitdem sie das letzte Mal im Auto die Strecke lang gefahren ist. Hier rechts das Fertighaus eines Zahnarztes aus Allenstein, dort links, kurz vor dem Haus des Bürgermeisters, das Haus der Schulz', die schon lange nach Deutschland ausgesiedelt sind, aber hier in Reußen gebaut haben, weil Heimat doch eben Heimat ist. Jahrzehntelang wurde in Reußen kein Stein angerührt, und jetzt wird schneller gebaut, als man gucken kann. Sie zeigt auf ein niedriges Backsteinhaus und sagt: Nowak. Der Sohn hat ja jetzt das Haus geerbt! Von dem, der gestorben ist, fügt sie hinzu. Als ich mich nicht schnell genug erinnere, sagt sie ungeduldig: Nowak, wissen Sie. Der mit dem abgebissenen Finger. Sie schüttelt grimmig den Kopf, am liebsten würde sie sich bekreuzigen, mejin Gott, wohin soll das alles noch führen.

Der Kirchturm von Groß Bertung taucht in der Ferne auf, und Frau Piatek sagt bereits: Ah, neue Fenster!, bevor wir die Kirche überhaupt wahrgenommen haben. Schließlich kommen wir an Leczkos Gasthaus an, das aus niedrigen, ineinander verschachtelten Holzhäusern besteht. Frau Piatek macht ein paar Schritte und bleibt dann mitten auf dem Parkplatz stehen, ganz so, als wolle sie die Eindrücke langsam auf sich wirken lassen. Anerkennend nimmt sie die vielen Autos zur Kenntnis, die auf dem Parkplatz stehen: Macht er gutes Geschäft, sagt sie, als würde der selige Leczko noch leben.

Die Hand am Treppengeländer haltend, zieht sie sich Schritt für Schritt die Stufen zum Restaurant hoch. Wählt den schwarzen Holztisch neben dem Eingang und nimmt Platz. Die Tischplatte reicht ihr bis zur Brust. Der Kellner bringt die Speisekarten und stellt Mineralwasserflaschen auf den Tisch. Frau Piatek blickt auf das Mineralwasser, als traute sie ihren Augen nicht. Sie nimmt die Flasche in die Hand, dreht sie, liest das Etikett und sieht fassungslos zu, wie ihr der Kellner Wasser ins Glas schenkt. Neji, sagt sie kopfschüttelnd. Als der Kellner uns den Rücken zuwendet, flüstert sie: Missen wir zahlen fier das Wasser? Als ich nicke, blickt sie mich strafend an und sagt: Hätten wir doch mitbringen kennen! Scheenes Wasser aus Jekoschs Brunnen! Dann nimmt sie die Speisekarte und beginnt zu lesen, wie immer ohne Brille. Ihre Augen wandern von den Suppen zur Hauptspeise, von der Hühnersuppe und den geräucherten Forellen bis zur Rinderleber mit Zwiebeln. Empört legt sie die Speisekarte wieder weg.

Neji, neji, neji, sagt sie, und: Haben Sie Erbarmen!, und will aufstehen und wieder gehen, weil alles so teuer ist. Widerwillig lässt sie sich überzeugen zu bleiben und bestellt sich ein Stück gebratene Rinderleber. Als ihr die Leber serviert wird, schaut sie auf den Teller, als könnte das alles nicht ganz ernst gemeint sein. So eine große Portion. Können die da überhaupt noch etwas verdienen, wenn sie den Gästen solch große Portionen servieren? Anscheinend doch, wenn man sieht, denn das Lokal ist gut besucht. Langsam fängt sie an, sich wohl zu fühlen. Schon spottet sie über eine Familie am Nebentisch, die sich bei der Bestellung nicht einigen kann. Der Kellner reicht ihr einen kleinen Rote-Bete-Salat, und sie nimmt ihn so geschmeichelt lächelnd entgegen, als hätte er ihr dabei ein Kompliment zugeflüstert.

Sie nippt an ihrem Mineralwasser. Führt ein Stück Rote Bete zum Mund, und kaut so lange darauf herum, bis der Rote-Beete-Saft ihre Lippen dunkel färbt. Wir hatten ja Bohnen, sagt sie kauend. Bohnen hatten wir beji der Hochzeit. Und der Vater hatte ejin Schwejin geschlachtet! Und dann taucht alles wieder vor ihr auf, die Eltern, die Trauzeugen, ihre beste Freundin, mit der sie auf dem Gut arbeitete, die festlich gedeckten Tische, die Kränze aus Wiesenblumen, als würde ihre Hochzeit noch mal hier in Leczkos Gasthof stattfinden, hier auf den wenigen Metern zwischen dem schwarzen Holztisch und der Eingangstür. Ob ihre Hochzeit der schönste Moment in ihrem Leben war? Sie überlegt. Sie war doch jung, knapp zwanzig und dumm und verliebt. Schöne Momente!

Die Frage klingt für sie wie: Besitzen Sie Juwelen? Schöne Momente, wer konnte sich denn schon so etwas leisten! Krieg und Vertreibung, vergewaltigt und vom Mann verlassen, sieben Kinder und kein Geld. Sie streicht mit einem Ruck über die Papierserviette, die neben ihrem Teller liegt, als wollte sie einen unsichtbaren Krümel beseitigen. Dann beugt sie sich vor, schaut nach rechts und links, schüttelt den Kopf und sagt vernehmlich: Neji. Ich hab' kejin scheenes Leben gehabt. War Schejiß-Leben. Nur Kinder. Ejins nach dem anderen. Nie von dem Dreck rausgekommen, bloß ejins nach dem anderen. Jetzt haben es die Leute doch gut. Na, was haben die jungen Frauen denn jetzt. Die haben doch heute herrliche Tage mit den Kindern.

Schöne Momente. Sie schweigt und versinkt im Anblick der Rinderleber, die sie immer noch nicht angerührt hat. Sie atmet konzentriert. Kramt noch mal in ihrem Leben herum. Dreht und wendet. Plötzlich richtet sie sich wieder auf. Und befördert einen kleinen Brillanten ans Licht. Keinen lupenreinen, sondern einen mit gebrochenem Licht. Wie wir gesungen haben, auf der Hochzejit, sagt sie mit leuchtendem Gesicht. Ich hab ja frieher gehejiratet als die Ania, fügt sie erläuternd hinzu.

Jetzt lässt sie auch wieder den Betrunkenen frei, den der Onkel schon am frühen Abend ihrer Hochzeitsfeier in den Keller gesperrt hatte, weil er von den Frauen nicht lassen wollte. Sie hatten ihn fast schon vergessen, als er sich plötzlich durch Schreie bemerkbar machte. Um Mitternacht nahmen die Gäste ihr den Brautkranz ab, dann tanzten alle so lange unter ihrem Schleier, bis er zerriss. Der scheene Schlejier, sagt sie noch heute bedauernd angesichts der Verschwendung. Sie tanzten weiter, immer weiter – bis sich die Männer nicht mehr auf den Beinen halten konnten und der Morgen graute. Bis zum friehen Morgen sangen wir! All die deutschen Lieder. *Es war ejinmal ein treuer Husar*, und das *Ännchen von Tharau*. Sie lacht, weil ihr mit einem Mal wieder Sätze und Melodien einfallen, die sie schon längst vergessen glaubte: *In einem kühlen Grunde/da geht ein Mühlenrad/meine Liebste ist verschwunden/die dort gewohnet hat*. Und: *Du, du liegst mir im Herzen! Du, du liegst mir im Sinn*. Sie schüttelt den Kopf, als fände sie den Text heute sehr albern. Mit einem Mal bricht sie ab.

Wir blicken der Sonne hinterher, die mit einem Mal durch das Fenster über dem Eingang an unseren Tisch dringt. Die Sonne streift den Tisch, Frau Piateks Hände, die mit der Papierserviette spielen, und lässt den Staub in der Luft tanzen.

Hab' ich ihn doch gemocht, den Kerl, sagt Frau Piatek.

Ich sehe sie vor mir, wie sie tanzt. Ihr weißes Brautkleid schleift über den Boden, dann hebt sie es an, weil es sonst zu schmutzig würde, und die Männer blicken auf ihre Beine. Es ist, als würden die Beine meiner Großmutter wieder vor mir auftauchen, jene glatten und makellosen Beine, die eine versteckte Existenz unter ihren langen Röcken geführt hatten und die ich im Krankenhaus zum ersten Mal wahrgenommen hatte. Beine, die nun leblos dalagen und von niemandem mehr berührt wurden, außer von der Krankenschwester. Ich wünschte in diesem Augenblick, meine Großmutter hätte Liebhaber gehabt. Männer, die diese ebenmäßigen Beine küssten, Zentimeter für Zentimeter. Schöne Momente. Meine Großmutter hätte gelacht. Hatte man für so etwas Zeit? Man muss das Leben nehmen, wie es kommt, der Herr gibt, der Herr nimmt, schließlich sind wir alle nur auf Durchrejise.

Diese Beine und keine Liebhaber. Eine Verschwendung. Statt sich einen Liebhaber gewünscht zu haben, war sie gottfroh, dass die Plage eines Tages aufhörte, die Plage mit dem Kinderkriegen. Am Ende blieb es doch immer ihre Schuld, wenn sie wieder schwanger war. Als hätte sie es mit böser Absicht getan. Mein Großvater gab sich ein Leben lang unbeteiligt. Die Wechseljahre waren für sie eine Erlösung. Nie mehr zittern, nie mehr die überfälligen Tage zählen, hoffen, sich doch verrechnet zu haben, um ein paar Tage später feststellen zu müssen, dass ihre Rechnung doch stimmte. Verfluchte Fruchtbarkeit.

Aber als mein Großvater starb, bestand meine Großmutter darauf, ein Gesteck aus roten Rosen auf sein Grab zu legen. Meine Tanten versuchten ihr die roten Rosen auszureden, die einzig angemessene Farbe für eine Beerdigung sei Weiß. Weiße Chrysanthemen, weiße Astern, höchstens ein zartes Gelb noch, zartgelbe Nelken vielleicht. Rote Rosen, beharrte meine Großmutter, Rot oder gar nichts.

Nach dem Tod meines Großvaters wurden die Familienfeiern weniger, der ostpreußische Satzbau wurde normalisiert, und auch das Ostpreußenlied wurde seltener gesungen. Meine Tanten und Onkel strichen das gemeinsame Weihnachtsfest, weil es für meine Großmutter zu anstrengend sei. Nur sonntags, wenn wir Enkel sie besuchten, gab es noch einen Hauch von Ostpreußen. Willst trinken Wejin?, war seit Jahren zu einer Standardformel geworden.

Eines Tages fiel meine Großmutter um. Sie war bei Tante Ursel zu Besuch und putzte ihrem Urenkel den von Schokolade verklebten Mund ab, da fiel sie einfach um. Bewusstlos lag sie auf dem Teppich, neben sich ein zerknülltes Stückchen Stanniolpapier von der Schokolade, die sie mitgebracht hatte. Schlaganfall. Der Arzt hatte sie gewarnt, der hohe Blutdruck, in Ihrem Alter. Er hatte ihr Medikamente verschrieben. Sie hatte sie beiseite gelegt. Tabletten nahm sie nicht. In Ostpreußen nahm auch kejiner Tabletten, und die Leute wurden alt, sagte sie.

Von diesem Tage an bedeutete meine Großmutter: Innere II, dritter Stock, vierte Tür rechts nach dem Aufzug, Zimmer vier. Sie lebte noch, sie war zäh, sie ließ sich nicht von einem kleinen geronnenen Stückchen Blut in ihrem Kopf kleinkriegen. Sie atmete seufzend mit geschlossenen Augen. Aber sie war nicht mehr da.

Niemand aus der Familie hatte geglaubt, dass meine Großmutter sterben könnte. Ihre Kinder nicht, ihre Enkel nicht. Sie war die Familie. Ich konnte mir nicht vorstellen, dass sie nie wieder *Schwarzbraun ist die Haselnuß* singen würde, nie wieder zu früh zum Geburtstags-Kaffeetrinken erscheinen, nie wieder entrüstet sagen würde: Ejin Schwejin ohne Blut!, wenn sich einer besonders niederträchtig benommen hatte. Dass sie nie wieder ihre familiäre Geheimdiplomatie zwischen zerstrittenen Schwestern, Eheleuten, Enkelkindern betreiben würde – mit ihren Briefen halb in Sütterlin, die mit »Nun muss ich schließen, Deine Oma« endeten, und ihren Telefonaten, die nie länger dauerten als fünf Minuten, länger brauchte sie nicht, um jemandem ihre Meinung zu sagen. Dass sie nie wieder nach dem Ostpreußenlied weinen würde. Sie war nie müde gewesen, nie krank. Sie war unsterblich.

Als es passierte, war Onkel Oskar bei ihr. Sie lag so unverändert da, wie sie in den ganzen Wochen dagelegen hatte, den Rücken leicht aufgestützt, die Arme an den Seiten ruhend, das weiße Haar, das sich in ihrem Nacken kräuselte, war verschwitzt. Ihr Herz blieb stehen wie eine Uhr, die nicht mehr aufgezogen worden war. So banal kam das Ende.

Erst das Kranzgebirge, die Predigt, der Pfarrer, der endlose Zug der Trauernden gab ihrem Tod etwas Erhabenes. Die Beerdigung war ganz nach ihrem Geschmack. Und der Leichenschmaus. Wie immer beleuchtete das Neonlicht in der *Mühle* die verheulten Augen und die roten Nasen so gnadenlos wie in einem Operationssaal. Wie immer servierte der Wirt der verfrorenen Trauergesellschaft Schnaps. Einen kurzen Schnaps zum Aufwärmen. Wie immer tranken alle den ersten Schnaps mit schmerzverzerrten Gesichtern, als entledigten sie sich einer unangenehmen Pflicht. Einen Schnaps auf die Tote. Auf die Mamma, die es so und nicht anders gewollt hätte. Auch ich hatte einen Schnaps getrunken. Das Glas war eisgekühlt gewesen, so dass meine Finger daran festklebten. Es war wie immer gewesen. Ein letztes Mal.

Und hejit läuft das Geschäft auch ohne den Leczko, sagt Frau Piatek munter und isst ein winziges Stückchen von der Rinderleber. Wie immer isst sie wie ein Spatz. Sie nimmt eine Gabelspitze vom Kartoffelpüree zu sich und ist satt. Vielleicht ist es auch der Gedanke an Reini. Sie lässt sich die Leber für ihn einpacken, zusammen mit dem Salat und den gebräunten Zwiebeln und dem Kartoffelpüree und ist glücklich.

Als wir über die Chaussee zurück nach Reußen fahren, kommen wir wieder an dem Haus meiner Urgroßeltern vorbei. Die Sonne scheint auf die leuchtend weiß gekalkten Wände. Frau Piatek sieht dem Haus nach wie einem Passanten, dessen Gesicht sie kennt, aber dessen Name ihr entfallen ist. Ich wejiß gar nicht, wie alt die Frau Gapowski war, als sie starb, sagt sie gedankenverloren. Wejiß ich nicht, wejiß ich nicht. Entsinnen kann ich mich an die Frau, aber, mejin Gott, ich wejiß nicht mehr, wann sie starb.

Schweigend gedenkt sie meiner Urgroßmutter und hält ihre Handtasche fest, bis wir wieder in Reußen ankommen. Als sie aus dem Bus aussteigt, lächelt sie. Stolz und erleichtert zugleich. Stolz, mal wieder einen Schritt in die Welt draußen getan zu haben, und erleichtert, wieder wohlbehalten in ihre vertraute Welt zwischen Gartenbank und Kachelofen zurückgekehrt zu sein. Sie geht ins Haus, um das Essen für Reini in den Kühlschrank zu stellen. Als sie zurückkehrt, hat sie wieder ihre Fellpuschen an und das wollweiße Kleid gegen eine Kittelschürze vertauscht, über die sie ihre kornblumenblaue Strickjacke gezogen hat. Dann steht sie etwas gedankenverloren am Gartenzaun, sie schwankt leicht im Wind und sucht Halt an den verwitterten Zaunlatten. Sie blickt über die Schlaglöcher der Straße, die Pfützen, in denen sich der blassblaue Himmel spiegelt, sie schaut zum Gasthaus zur Ostpreußischen Schweiz, vor dem nun Norberts Auto mit Warschauer Nummer steht, holt tief Luft und sagt bestimmt: Aber frieher waren doch bessere Leute.

Sie blickt umher, als suchte sie nach etwas. Zustimmung, Widerspruch oder einfach nur Kenntnisnahme.

So … anständiger waren die Leute, sagt sie und macht eine lange Pause. Ejiner hatte den anderen gerne. Und jetzt ziehen sie sich scheen an und denken sich: Ach, du hast ja nichts. Dann verachten sie da ejinen so. Und frieher hat ejiner den anderen so … Sie hält inne und blickt kurz auf ihre Fellpuschen und die verschossenen Margeriten, als verberge sich hinter ihnen das richtige Wort. Dann schaut sie wieder auf. Frieher hat ejiner den anderen so mehr geliebt, sag' ich. Ja. Mehr geliebt hat ejiner den anderen.

Haben Sie sich schon von Brigittka verabschiedet?, fragt sie. Und fügt an: War sie nervees?

Ich nicke. Frau Jekosch war heute Morgen so nervös, dass sie sich sogar mit ihrem Leo in die Haare kriegte, wegen der Treppe, die er gerade fliest und die noch nicht fertig war, obwohl heute ihr Sohn Norbert mit der Schwiegertochter aus Warschau kommen sollte, zusammen mit den beiden Enkelkindern. Es war bereits elf Uhr, und die Aussicht, spätestens in drei Stunden ihren

Sohn in die Arme schließen zu können, brachte Frau Jekosch schier um den Verstand. Mit Seifenlauge schrubbte sie noch mal die Holztreppe ab und den Treppenstein dazu, mit ihrer ganzen Kraft wusch sie den Küchenschrank ab, von innen und von außen, sie kontrollierte jeden Teller auf Sprünge und abgeschlagene Stellen, stärkte die Tischdecke, lüftete alle einundzwanzig Zimmer und fing schließlich an zu weinen. Aus Glück, wie sie beteuerte, weil endlich der Norbert aus Warschau kam. Sie nahm mich in den Arm und weinte noch ein bisschen mehr, als ich mich von ihr verabschiedete.

Herr Jekosch stand auf der Treppe, hielt einen Eimer in der Hand und rauchte eine Zigarette. Wie immer hielt er sie verschämt hinter dem Rücken, als gelte es, sie vor Frau Jekosch zu verstecken. Er machte mit seinem Arm eine ausladende Bewegung, schlug einen Bogen über seine ganze Heimat, ein Bogen, der so groß war, dass er vom Treppenstein des Gasthauses zur Ostpreußischen Schweiz über die Forellenzucht, die Alle und die Mühle bis fast nach Masuren jenseits der Hügel reichte. Sehen Sie, sagte er, besser braucht schon nicht mehr sejin. Die Wälder, das Wasser, die Stille. Hier ist es scheen, wunderscheen.

Er klang wie ein Fremdenführer, der die Nostalgietouristen durch Ermland und Masuren führt. Als müsste er mich noch mal daran erinnern. Gibt so ejin Lied, sagte er. Er stellte sich in Positur, räusperte sich und näherte sich summend einer Melodie. Dann deklamierte er halb singend, halb sprechend: *Reußen ist ejin schönes Derflein / wejil es an der Alle liegt / darin gibt es schene Mädchen / aber kejine ist für mich.*

Oder so ähnlich, sagte er verlegen.

Leo!, rief Frau Jekosch von oben. Nu, was? Bringst den Ejimer hoch oder nicht?

Na denn, sagte er und reichte mir seine Hand.

Isoschka war mit den Vorbereitungen für ein größeres Mittagessen in Anspruch genommen. Sie hielt mich fest umarmt und bat mich, ohne ihren Schweinebraten aus dem Auge zu verlieren, denjenigen meiner Verwandten zu grüßen, der ihr seinerzeit aus Deutschland das Mittel geschickt hatte, mit dem sie endlich ihren Bandwurm losgeworden war. Frau Leszinski trank mit mir zum Abschied einen Wodka. Sie hatte Besuch aus Deutschland, ein dicker Herr, der in Bertung zur Schule gegangen war und heute in Remscheid wohnte. Alle saßen im Hof vor dem Haus, Frau Leszinski, ihr Mann und ihr Sohn und der Besucher aus Deutschland, sie aßen Schnittchen mit Tomaten und feierten schon seit Stunden ihr Wiedersehen. Als der dicke Mann aufgestanden war, hatte er so geschwankt, dass Frau Leszinski ihm unter die Arme greifen musste. Den Mann am Arm balancierend, grüßte sie mich eher beiläufig und sagte zu mir: Sie kommen ja bald wieder! Und ich nickte gehorsam.

Als ich wieder in den Bus steige, bleibt Frau Piatek am Gartentor stehen. Wie immer tritt sie zwischen die Zaunlatten, um größer zu sein und um mir über den Zaun hinweg winken zu können. Sie winkt dem Bus so lange nach, bis er aus ihrem Gesichtskreis verschwindet. Nach der ersten Kurve taucht sie noch mal auf. Immer noch winkend, bis sie sich in einen kleinen, blauen Punkt in der Ferne verwandelt.

Epilog

Manchmal gehe ich an dem Haus meiner Großeltern vorbei und versuche mich an den Geruch zu erinnern. An den Geruch von Kartoffelschalen, abgestandener Luft und Orangenlimonade, der sie umgab. Ich weiß nicht, wer heute dort wohnt. Die Gardinen in der Küche sind dieselben geblieben. Das Rauschen der Autobahn wird man heute in ihrem Wohnzimmer vielleicht nicht mehr hören, dafür sorgt eine Mauer aus grauem Kunststoff. Damals rauschte die Autobahn noch. Sie hörte sich an wie ein hektischer Fluss, mal gemächlich plätschernd, mal überbordend daherschießend wie nach einem Gewitterregen. Das Geräusch gehörte zu der Wohnung wie ein Geruch, der so vertraut ist, dass man ihn nicht mehr riecht. An dem Abend, an dem mein Großvater starb, hatte meine Großmutter gebratene Hähnchen vom Imbiss geholt. Die Tüten mit den halben Hähnchenteilen standen auf dem Tisch. Mein Großvater saß auf dem sandfarbenen Sofa und hatte noch nicht angefangen zu essen, weil er damit beschäftigt war, mit seiner üblichen Verachtung das Weltgeschehen zu kommentieren, das ihm die Heute-Nachrichten lieferten. Plötzlich verlangte er nach einem Glas Wasser. Eigentlich wäre das ein Moment gewesen, in dem meine Großmutter gespottet hätte – kannst nicht endlich mal was allejine holen, muss ich denn immer alles fier dich machen, gerade habe ich dir noch ejin Hähnchen geholt –, aber er hatte es anders gesagt als sonst. Irgendwie flehentlicher. Also lief sie in die Küche, um das Wasser zu holen. Sie reichte ihm das Glas, das er mit zitternden Fingern zum Mund führte. Er nippte daran und fiel zur Seite. Als hätte er am Ende doch vergessen, Luft zu holen.

Der Krankenwagen kam sofort. Die Wiederbelebungsversuche blieben allerdings vergeblich. Mein Großvater war bereits tot. Der Notarzt packte wieder seinen Koffer, der Sanitäter ordnete die Injektionsnadeln, die Sauerstoffmaske, den Blutdruckmesser zurück an die richtige Stelle, sie wünschten herzliches Beileid und gingen. Mein Großvater lag auf dem Boden, mit bläulichem Gesicht. Sein Körper begann kalt zu werden.

Meine Großmutter stand neben ihm und konnte den Blick nicht von ihm lösen. Sie weinte nicht. Sie sagte nur: Und er hat mich nie in den Arm genommen.

Dann stellte sie ihm rote Rosen aufs Grab.

Memel
Ostsee
Königs
Pillau
Frisches Haff
Braunsbg.
Gotenhafen
Stolp
Danzig
330
Turmbg.
Elbing
Nogat
Marienbg.
Dirschau
Weichsel
Konitz
Graudenz
Ostpreußen
Bromberg
Thorn
Mielau
Hohensalza
Leslau
Gnesen
Schröttersburg